普通高等教育应用创新系列教材·经管基础课程系列

经济法律基础与实务

（第二版）

主　编　肖　琳　孔令秋
副主编　武梦笛

科学出版社
北　京

内 容 简 介

本书适应新形势下经济法教学的需要，以解决实际经济法律问题为根本目的，在侧重经济法的基本理论、基本知识、基本技能的同时，强调对学生综合素质和实践能力的培养。本书在内容上涵盖了经济法总论、企业法、公司法、合同法、物权法、市场规制法、工业产权法、金融法与保险法、税法、会计法和审计法、劳动合同法与社会保险法等内容。

本书可作为普通高校经济管理及其他相关专业经济法律课程的教材，也可供高职高专、成人院校、民办独立院校及其他相关人士阅读参考。

图书在版编目（CIP）数据

经济法律基础与实务/肖琳，孔令秋主编. —2版. —北京：科学出版社，2018.9

普通高等教育应用创新系列教材·经管基础课程系列

ISBN 978-7-03-057985-0

Ⅰ.①经… Ⅱ.①肖… ②孔… Ⅲ.①经济法-中国-高等学校-教材 Ⅳ.①D922.29

中国版本图书馆CIP数据核字（2018）第130456号

责任编辑：王京苏 / 责任校对：郑金红

责任印制：吴兆东 / 封面设计：蓝正设计

科学出版社 出版

北京东黄城根北街16号

邮政编码：100717

http://www.sciencep.com

北京盛通数码印刷有限公司印刷

科学出版社发行 各地新华书店经销

*

2014年8月第 一 版 开本：787×1092 1/16

2018年9月第 二 版 印张：16 1/2

2024年1月第九次印刷 字数：390 000

定价：45.00元

（如有印装质量问题，我社负责调换）

前　言

党的二十大报告明确指出，“社会主义法治国家建设深入推进，全面依法治国总体格局基本形成，中国特色社会主义法治体系加快建设”，在这一大背景下，经济法的地位日益突出，作用也日显重要。经济法课程也随之成为经济管理类专业及其他相关专业的必开课程。如何使学生能够快速掌握经济法的基本原理，并在工作生活实践当中能够灵活运用相关的经济法律，也就成为该课程的教学目标，而教材建设则是实现该教学目标的根本。为此，本书适应新形势下经济法教学的需要，以解决实际经济法律问题为根本目的，在侧重经济法的基本理论、基本知识、基本技能的同时，强调对学生综合素质和实践能力的培养。

本书在内容上涵盖了经济法总论、企业法、公司法、合同法、物权法、市场规制法、工业产权法、金融法与保险法、税法、会计法和审计法、劳动合同法与社会保险法等内容。本书采用模块式结构便于教学，章首为“学习目标”和“ 导入案例”模块，章内分若干节，在理论部分中穿插“相关链接”“相关案例”等模块，每章最后设“本章学习反馈”模块，以对经济法的基本知识、基本理论和基本技能进行系统的阐释。

本书力求理论与实践技能相结合，教与学互动，便于学生在学习过程中动脑思考，强化学生对经济法律知识的掌握与运用。该书定位准确、结构完整、内容全面，着力突出系统性、针对性、实务性和新颖性。

本书由肖琳（哈尔滨华德学院）、孔令秋（哈尔滨学院）任主编，负责统稿工作；由武梦笛（哈尔滨华德学院）任副主编。具体章节分工如下：孔令秋编写第一章、第六章、第七章和第十一章，肖琳编写第二章、第八章、第九章和第十章，武梦笛编写第三章、第四章和第五章。

本书在编写过程中参考和借鉴了大量的相关书籍、报纸、学术论文和网站资料，在此表示感谢。由于经济法本身是一门不断发展与更新的课程，加之作者水平有限，书中疏漏之处在所难免，恳请专家、读者不吝赐教。

编　者

2023 年 5 月

目　录

第一章　经济法总论

☞ 学习目标

通过本章的学习，要求：了解法的概念与法的分类；掌握经济法的概念；了解经济法的调整对象；理解经济法的特征；掌握经济法的形式；掌握经济法律关系的概念及要素；掌握经济法律责任的承担方式；掌握经济纠纷解决方式的种类；了解仲裁程序、掌握经济诉讼案件的受案范围与管辖；了解经济诉讼审判程序，能够解决简单的经济和民事纠纷。

☞ 导入案例

中华人民共和国成立以来特别是改革开放 40 年来，中国的立法工作取得了举世瞩目的成就。截止 2023 年 8 月 4 日，我国已颁布法律 295 件，行政法规 714 件，司法解释 520 件，地方性法规 12699 件，规章 11058 件[①]，涵盖社会关系各个方面的法律部门已经齐全，各个法律部门中基本的、主要的法律已经制定，相应的行政法规和地方性法规比较完备，法律体系内部总体科学、和谐、统一，中国特色社会主义法律体系已经形成。中国特色社会主义法律体系是以宪法为统帅，以法律为主干，以行政法规、地方性法规为重要组成部分，由宪法相关法、民法、商法、行政法、经济法、社会法、刑法、诉讼与非诉讼程序法等多个部门法组成的有机统一整体。

问题：①中国特色社会主义法律体系是如何划分的？②经济法为什么能成为独立的部门法？

第一节　经济法的基本内涵

一、经济法的概念

经济法源于法国空想社会主义者摩莱里 1755 年的著作《自然法典》。1842 年，德萨米在《公有法典》中主张的经济法主要是对社会分配关系的调整。1916 年，德国学者赫德曼在《经济学字典》中使经济法概念化并迅速成为各国通用的法律概念。由此，经济法的概念流行开来，并被越来越多的人所接受和使用。

（一）我国学者对经济法的不同定义

经济法作为我国新兴法律部门，学者们对其有不同的认识。影响较大的经济法学说

---

① 中国现行规范性法律文件数据库 . www. chinalawindex. cn. 2018-02-20.

主要有如下几种。

（1）国家协调经济法论。杨紫煊教授认为，经济运行需要国家的协调，经济法就是调整国家在协调本国经济运行过程中所发生的经济关系的法律规范的总称，它是一个独立的法的部门。

（2）经济管理和经营协作经济法论（纵横统一论）。刘文华教授认为，经济法是对社会主义商品经济关系进行整体、系统、全面和综合调整的一个法律部门，但它并不调整全部经济关系，而是调整一定范围的经济关系。

（3）社会公共性论。王保树教授认为，经济法是调整发生在政府、政府经济管理机关和经济组织、公民之间的，以社会公共性为根本特征的经济管理关系的法律规范的总和，其调整对象范围包括市场管理关系、宏观经济管理关系、对外经济管理关系。

（4）国家干预经济法论。李昌麒教授认为，经济法是调整需要由国家干预的经济关系的全部法律规范的总称。经济法调整的对象有四个，即微观经济调控关系、市场调控关系、宏观经济调控关系和社会分配关系。

（5）国家调节经济法论。漆多俊教授认为，经济法是调整国家调节社会经济过程中所发生的各种社会关系，以保障国家调节，促进社会经济协调、稳定和发展的法律规范的总称。

（二）本书对经济法的定义

经济法是调整因国家对经济活动的管理所产生的社会经济关系的法律规范的总称。

从定义上，我们不难理解：首先，经济法是调整经济关系的法律规范；其次，经济法所调整的经济关系发生在国家的经济管理和经济协调活动过程中；最后，经济法是一系列法律规范的总称。

相关链接

经济法与民法、行政法的关系

民法主要调整平等主体间的财产关系，即横向的财产、经济关系。

经济法是政府对经济的管理，其调整国家和企业之间以及企业内部等纵向经济关系或者行政管理关系，不是平等主体之间的经济关系，主要由有关经济法、行政法调整，民法基本上不做规定。

行政法的行政是指国家行政机关进行的执行、管理活动。经济法调整的经济管理关系和行政法调整的行政管理关系都是纵向的管理关系。经济法中的经济管理关系大多是由行政机关作为管理主体形成的行政管理关系，行政法中的行政管理关系中亦有相当部分涉及经济领域，并具有经济性的内容，因此这部分行政管理关系亦可称为经济管理关系。

本书考虑到经济管理专业学生专业知识需求的特殊性，仍将部分调整平等主体间财产关系的法律列入经济法之中。

二、经济法的调整对象

一般认为，经济法的调整对象主要如下。

（一）市场主体组织关系

市场主体组织关系是指在我国社会中与市场经济的环境下，国家在对市场主体的活动进行管理与监督，以及市场主体在自身运行过程中所发生的社会关系。这里的市场主体，主要是指在市场上从事直接和间接交易活动的经济组织，如合伙企业、个人独资企业、公司法界定的公司制企业和非企业性经济组织等。

（二）市场运行与规制关系

市场运行与规制关系是指我国为了建立社会主义市场经济秩序，为维护国家、生产经营者和消费者的合法权益而干预经济所发生的经济关系。例如，关于市场竞争、金融活动、消费者权益保护、反垄断、产品质量等方面的法律所涉及的关系。

（三）宏观经济调控关系

宏观经济调控关系是指国家对关系国计民生的重大经济因素，实行总体管理过程中与其他社会组织所发生的具有隶属性或指导性的社会经济关系。主要包括产业调节、税收、计划、国有资产管理等方面的关系。

（四）劳动与社会保障关系

劳动与社会保障关系是指对作为劳动力资源的劳动者实行社会保障过程中发生的经济关系。健全的、多层次的社会保障体系是社会成员遇到风险后基本生活的保障，是市场经济发展的后盾，如劳动合同、社会保险等方面的法律关系。

三、经济法的特征

经济法具有一些独有的特征，主要表现在以下几个方面。

（一）综合性

经济法的综合性主要体现为：经济法律规范的构成综合性和调整范围综合性。经济法律规范的构成综合性从表现形式上看，既包括各种法律，也包括法令、条例、细则和办法等许多规范形式；从内容上看，经济法律规范既包括实体法规范，又包括程序法规范等。经济法律规范的调整范围综合性是指经济法既调整宏观经济领域的管理和调控关系，也调整微观经济领域的管理和协作关系，从经济法律规范调整的领域来看，包括工业、农业、财政、税收、金融，以及统计、审计、会计、海关、物价、环保、土地等各个领域。

（二）政策性

经济法的很多内容实际上就是国家政策的法律化。经济法成为国家自觉地对经济活动进行调控的重要手段，其重要任务是实现一定经济体制和经济政策的要求，而且随着社会经济的发展和变化，其内容也会随着经济体制和国家政策的调整及变动而进行相应的调整。

（三）经济性

经济法反映社会生活的基本经济规律，以经济关系为基本的调整对象。经济法往往把经济制度、经济活动的内容和要求直接规定为法律，其反映了经济生活的基本经济规律，并服务于经济基础，受经济基础的决定和制约。

（四）行政性

为了保证市场经济的发展，防止破坏市场秩序、影响公平竞争的行为发生，国家须以经济立法的手段来调控和管理市场经济秩序，对违法经济行为进行惩治。为此，经济法更倾向于法的强制性、授权性、指导性的色彩，并多以限制或禁止性规定来规范主体作为或不作为，体现明显的行政主导性。

四、经济法的形式

经济法的形式是指经济法律的存在或表现形式。我国的经济法虽然都属于成文法，但却没有以法典这一法律表现形式进行体现。其形式主要有以下几种。

（一）宪法

宪法作为国家的根本大法，是由全国人民代表大会制定和修改，具有最高法律效力的母法，一切法律、行政法规和地方性法规都不得与宪法相抵触。宪法是经济法的渊源，经济法主要是从宪法中吸收有关经济制度的精神，宪法规定为其他形式的经济立法提供了依据。例如，它对经济法的相关规定“中华人民共和国的社会主义经济制度的基础是生产资料的社会主义公有制，即全民所有制和劳动群众集体所有制”，“国家在社会主义初级阶段，坚持公有制为主体、多种所有制经济共同发展的基本经济制度，坚持按劳分配为主体、多种分配方式并存的分配制度”等成为我国现行经济法律法规的立法依据。

（二）法律

法律是由全国人民代表大会及其常务委员会制定的规范性文件，在地位和效力上仅次于宪法。涉及经济领域的法律主要有《中华人民共和国刑法》（简称《刑法》）、《中华人民共和国公司法》（简称《公司法》）、《中华人民共和国产品质量法》（简称《产品质量法》）、《中华人民共和国反不正当竞争法》（简称《反不正当竞争法》）、《中华人民共和国消费者权益保护法》（简称《消费者权益保护法》）、《中华人民共和国著作权法》（简称《著作权法》）、《中华人民共和国个人所得税法》（简称《个人所得税法》）和《中华人民共和国商业银行法》（简称《商业银行法》）等。

（三）行政法规

行政法规是由我国的最高行政机关国务院制定的规范性法律文件，其法律地位和法律效力低于宪法和法律，而高于其他层次的法律性文件。我国行政法规主要有《中华人民共和国企业所得税实施条例》《中华人民共和国外汇管理条例》《股票发行与交易管理暂行条例》《中华人民共和国企业法人登记管理条例》等。

（四）地方性法规

地方性法规由省、自治区、直辖市和设区的市的人民代表大会及其常务委员会，根据本行政区域的具体情况和实际需要，在不与宪法、法律、行政法规相抵触的前提下制定，由大会主席团或者常务委员会用公告公布施行的文件。地方性法规在本行政区域内有效，其效力低于宪法、法律和行政法规，如上海市人民代表大会 2014 年出台的《中国（上海）自由贸易试验区条例》等。

（五）部门规章和地方规章

部门规章是国务院各部、委员会、中国人民银行、审计署和具有行政管理职能的直属机构，根据法律和国务院的行政法规、决定、命令，在本部门的权限范围内，制定规章。部门规章规定的事项应当属于执行法律或者国务院的行政法规、决定、命令的事项，如中国证监会发布的《证券市场禁入暂行规定》和《公开发行股票公司信息披露实施细则》、中国人民银行颁发的《人民币银行结算账户管理办法》和《支付结算办法》等。

地方规章是由省、自治区、直辖市和设区的市的人民政府，根据法律、行政法规，以及本省、自治区、直辖市的地方性法规制定的。地方政府规章可以就下列事项做出规定：为执行法律、行政法规、地方性法规的规定需要制定规章的事项；属于本行政区域的具体行政管理事项。

相关链接

根据《中华人民共和国立法法》第 91 条，部门规章之间、部门规章与地方政府规章之间具有同等效力，在各自的权限范围内施行。

第 95 条第 3 项规定：部门规章之间、部门规章与地方政府规章之间对同一事项的规定不一致时，由国务院裁决。

（六）司法解释

司法解释是最高人民法院发布的指导性文件和法律解释，是经济法的重要形式之一。最高人民法院颁发的《最高人民法院关于修改关于适用〈中华人民共和国公司法〉

若干问题的规定的决定》(2014 年)、《最高人民法院关于适用〈中华人民共和国保险法〉若干问题的解释(二)》(2013 年)和《最高人民法院关于审理买卖合同纠纷案件适用法律问题的解释》(2012 年)等都属于司法解释。

(七)国际条约或协定

国际条约或协定是指我国作为国际法主体同外国或地区缔结的双边、多边协议和其他具有条约、协定性质的文件。上述文件生效以后对缔约国的国家机关、团体和公民具有法律上的约束力，因而国际条约或协定便成为经济法的重要形式之一。例如，我国为加入世界贸易组织与相关国家签订的协议(《1994 年关税与贸易总协定》《农业协议》《与贸易有关的投资措施协议》《补贴与反补贴措施协议》等)，我国与有关发达国家签订的双边投资保护协定(中美签订的《中美农业合作协议》《中美关于中国加入 WTO 双边协议》及中国与新西兰签署的《中华人民共和国政府和新西兰政府自由贸易协定》等)。

第二节 经济法律关系与经济法律责任

一、法律关系与经济法律关系

(一)法律关系

法律关系是法律在调整人们行为的过程中形成的特殊的权利和义务关系。法律关系是以法律为前提而产生的社会关系，没有法律的规定，就不可能形成相应的法律关系。或者说，法律关系是指被法律规范所调整的权利与义务关系。

社会关系是多种多样的，因而调整它的法律规范也是多种多样的，如调整平等主体之间的财产关系和人身非财产关系而形成的法律关系，称为民事法律关系或民商法律关系；调整行政管理关系而形成的法律关系，称为行政法律关系；调整因国家对经济活动的管理而产生的社会经济关系，称为经济法律关系。它们也可以称为民法关系、行政法关系、经济法关系等。

法律关系是由法律关系的主体、法律关系的内容和法律关系的客体三个要素构成的。缺少其中任何一个要素，都不能构成法律关系。

(二)经济法律关系的概念与特征

经济法律关系是指经济关系被经济法律规范确认和调整之后所形成的权利和义务关系，即经济法主体根据经济法律规范产生的经济法主体之间在国家管理与协调过程中形成的权利与义务关系。经济法律关系由经济法律关系的主体、经济法律关系的内容和经济法律关系的客体三个要素构成。

经济法律关系是诸多法律关系中的一种，既具有法律关系的一般特点，也有其本身的特征。

(1)经济法律关系是经济管理关系和经济协作关系相统一的法律关系。经济法调整的经济管理关系和经济协作关系之间尽管有差别，但它们又是有机联系、相互统一的，是统一在社会经济关系中的两个不可分割的方面。

(2) 经济法律关系是以经济权利和经济义务为内容的。任何法律关系都是以当事人之间一定的权利和义务关系为内容。在经济法律关系中的两个不可分割的方面则是以经济权利和经济义务为内容，否则不是经济法律关系。这种经济权利和经济义务直接反映当事人之间的经济利益，体现了经济性。为此，经济法律关系的产生、变更，一般采用法定的书面形式来表示，以体现经济法律关系的稳定性和严肃性，并作为将来可能发生争议的处理依据。

（三）经济法律关系的主体

1. 经济法律关系主体的概念

经济法律关系的主体简称经济法的主体，是指在经济法律关系中享有权利承担义务的当事人或参加者。

可以看出，经济法律关系主体包括以下内涵：一是经济法律关系主体能够以自己的名义独立地参加经济法律关系；二是经济法律关系主体是经济权利和经济义务的担当者；三是经济法律关系主体能够独立地承担经济法律责任。

2. 经济法律关系的主体资格

经济法律关系的主体必须具备一定的主体资格，只有具有经济法律关系的主体资格的当事人才能参与经济法律关系，享受经济权利和承担经济义务。经济法律关系的主体资格通过以下两种方式取得：一是法定取得，即依据法律的直接规定而取得；二是授权取得，即依据有授权资格的机关的授权，从而取得可以对社会经济生活实施某种干预的资格。

没有取得经济法律关系主体资格的任何主体都不能参与经济法律关系，不享有经济法律权利和承担经济法律义务，不受经济法律法规的保护。

经济法律关系主体要具有经济活动的资格，它就必须具有经济法上的经济权利能力和经济行为能力。经济权利能力是指经济法律关系主体依照法律规定，享有经济权利和承担经济义务的资格。按照权利主体的不同划分，权利能力分为自然人的权利能力和法人与社会组织的权利能力。经济行为能力是指经济法律关系主体能以自己的行为行使权利和履行义务的资格。

3. 经济法律关系的具体主体

(1) 国家机关。国家机关是指国家行政机关中的经济管理机关，是行使经济管理职权、参与经济法律关系的主体，在市场管理和宏观经济调控过程中发挥着重要的作用。国家机关主要包括以下几类：综合性经济管理机关，主要负责对国民经济全局进行宏观调控，如财政部、中国人民银行等；行业性经济管理机关，主要负责对国民经济特定部门、行业进行管理，如交通运输部、农业农村部等；职能性经济管理机关，如国家税务总局、国家市场监督管理总局、审计署等。此外，国家也可作为一般的经济法的主体参加经济法律关系，如发行国债、以政府名义与外国签订经济贸易协定或国内采购合同。

（2）企业与社会组织。企业与社会组织是参与市场经济的主要主体，包括从事生产经营活动的企业、事业单位和社会团体三种类型。其中，企业按所有制的不同可分为国有企业、集体企业、私营企业等，按组织形式的不同可分为个人独资企业、合伙企业和公司制企业。

（3）经济组织的内部机构和有关人员。经济组织内部担负一定经济管理职能的分支机构和有关人员，在根据法律、法规的有关规定参与经济组织内部的经济管理法律关系时，则具有经济法律关系主体的资格。

（4）自然人（公民）。自然人（公民）是依法从事经营活动、接受经济行政机关社会公共管理、参加经济法律关系的主体。目前，作为经济法律关系主体的形式，我国有关法律、法规对从事经营活动的公民主要规定为个体工商户和农村承包经营户。其中，公民在法律允许的范围内，依法经核准登记，从事工商业经营的，为个体工商户。个体工商户有两种类型：一是公民一人经营，以公民个人财产承担债务；二是家庭经营，以家庭财产承担债务。农村集体经济组织的成员，在法律允许的范围内，按照承包合同规定从事商品经营的，为农村承包经营户。农村承包经营户的类型及承担债务的方式与个体工商户相同。

（四）经济法律关系的客体

经济法律关系的客体是指经济法律关系的主体享有的经济权利和承担的经济义务所共同指向的对象和目的，或者说是经济法律关系主体通过经济法律关系所追求的经济目标和经济利益。经济法律关系如果没有客体，它就失去了设立的意义和必要性。因此，经济法律关系的客体是经济法律关系中不可缺少的因素。

不同的经济法律关系的权利、义务所要达到的具体要求和目标不同，因而反映的客体特征也有很大差异。通常，经济法律关系的客体主要有以下几类。

（1）物。物是指现实存在的，能为人们所控制和支配的，具有经济价值和实物形态的物品，以及可以充当一般等价物的货币和有价证券。物是经济法律关系中使用较为广泛的一种客体。根据传统法学理论，按照不同的标准，物可分为以下几种：生产资料和生活资料；流转物、限制流转物和禁止流转物；种类物和特定物；可分物和不可分物；固定资产和流动资产。

（2）行为。行为是指经济法主体为达到一定经济目的，实现其权利与义务而进行的有意识、有意志的活动。经济行为包括经济管理行为和完成工作行为两种。经济管理行为是指经济法主体行使经济管理权或经营管理权的行为，如经济决策行为、经济命令行为、审查批准行为、监督检查行为等；完成工作行为是指经济法主体的一方为对方完成一定的工作任务或为对方提供一定的劳务或服务，而对方根据完成工作或提供服务的数量和质量支付一定报酬的行为。

（3）智力成果。智力成果又称无形资产，是指人们通过脑力劳动所创造的无形财产。可以成为经济法律关系客体的智力成果的种类主要有发明、实用新型、外观设计、商标、商业秘密、计算机软件、非专利技术、商誉及其他经济信息等。

（五）经济法律关系的内容

经济法律关系的内容是指经济法律关系的主体依法享有的经济权利和经济职权，以及依法承担的经济义务和经济职责。它是经济法律关系的基础和核心，是经济法律关系的基本要素。经济法律关系的内容包括经济权利和经济义务两部分内容。

1. 经济权利

经济权利是指经济法律关系主体在国家干预经济过程中依法具有的自己为或不为一定行为和要求他人为或不为一定行为的资格。

经济法律关系主体享有经济职权和其他经济权利。

经济职权。经济职权是指国家经济管理机关进行经济管理时依法享有的权利。对于国家机关来说，这种职权既是权利又是义务。经济职权必须依法进行，不得滥用；同时，经济职权亦不可随意转让和放弃。经济职权的内容包括经济决策权、命令权、审批权、确认权、许可权等。

其他经济权利。除经济职权以外的经济权利可以统称为其他经济权利，主要包括所有权、经营管理权、法人财产权、经济债权、工业产权等。

2. 经济义务

经济义务是指经济法律关系主体在国家干预经济的过程中依法必须为一定行为和不为一定行为的责任。

经济义务的含义包括：经济法律关系的义务主体应根据权利主体的要求，依法为和不为一定的行为，以保证权利主体的权益得到实现；义务主体必须履行的义务限制在法定或约定的范围；义务主体应自觉履行义务，不履行或履行不当将受到法律的制裁。

（六）经济法律关系的发生、变更和消灭

经济法律关系的发生、变更和消灭需要具备以下三个条件：一是经济法律规范，这是经济法律关系产生的基本依据；二是经济法律主体，即权利与义务的实际承担者；三是法律事实，是指能引起经济法律关系的发生、变更和消灭的客观现象。以下主要对法律事实进行介绍。

法律事实是一种客观存在的社会生活中出现的事实，而不是当事人主观的内心的意思。根据法律事实的发生是否具有直接的人的意志性，法律事实可以分为事件与法律行为。

事件是指不以经济法主体的主观意志为转移而产生的法律事实，包括自然现象和社会现象。自然现象如自然灾害；社会现象如战争、会计政策变更等。

法律行为是指依经济法主体意志为转移，能够引起经济法律关系发生、变更和终止的有意识的活动，包括合法行为和违法行为。

法律事实能否引起一定的法律后果或者引起何种特定的法律后果，最终都取决于法律的规定。只有为法律规范支配的事实才是法律事实。有的法律关系的发生、变更和消灭只需一个法律事实出现即可成立，有的法律关系的发生、变更和消灭则需要两个或者两个以上的法律事实同时具备。引起某一法律关系发生、变更和消灭的数个法律事实的

总和称为事实构成。法律事实出现时会产生如下法律后果：一是引起经济法律关系的产生。只有通过法律事实，才能使经济法律所规定的权利和义务转化为当事人实际享有的权利和承担的义务。二是引起经济法律关系变更。这通常包括主体变更、内容变更、客体变更。三是引起经济法律关系消灭，即使主体之间的权利义务不再存在。

二、经济法律责任

（一）经济法律责任的概念

法律责任是指因违反了法定义务或约定义务而由行为人承担的不利后果。在国家干预和调控经济的过程中，经济法律关系主体如果因为故意或者过失而违反经济法律、法规，给其他组织或个人造成损失的，也应当承担不利的后果。所以，经济法律责任是指在国家干预和调控社会经济过程中，因主体违反经济法律、法规而依法应承担的具有强制性的不利的法律后果。

（二）经济法律责任的特征

1. 经济性

经济性是经济法的重要特征，也是经济法律责任的重要特征。经济法律责任发生在国家对经济管理和经济协调活动的过程中，主要表现为经济法律关系主体违反经济法定义务，因而要承担相应的责任。虽然经济法律责任的实现方式包括经济制裁、行政制裁和刑事制裁，即制裁方式并非都具有经济性，但经济制裁是一种重要的责任方式。

2. 否定性

经济法律责任是由于违反经济法律规范所规定的法定义务和当事人之间的约定义务，给对方造成了一定的直接的或间接的损失，并给整个经济秩序的有序运行造成了一定的影响，因此法律会对这种行为给予否定性评价，对违反法定或约定义务的一方给予相应的惩罚。

3. 强制性

法律的强制性是法律与其他社会规范的重要区别。法律的强制性主要体现在法律责任的承担上。经济法律责任同样也是一种法定的强制性义务，责任的具体形式由经济法律规范予以明文规定，并由国家强制力保证实施。

4. 单向性

根据法律的基本原理，权利和义务是对等的，没有无权利的义务，也没有无义务的权利；不能要求一方只享有权利而不承担义务，也不能要求另一方只承担义务而不享有权利。在经济法律关系中，权利和义务同样具有对等性，但经济法律责任作为一种否定性的义务只能由违反经济法律、法规所规定的法定义务或约定义务的一方承担，具有单向性的特征。但事实上，经济法律责任的单向性与权利义务对等理论并不矛盾，因为经济法律责任是经济法律关系主体一方因没有履行法定义务或约定义务而应承担的第二义务或后续性义务。

（三）经济法律责任的构成

经济法律责任的构成是认定经济法律责任时所必须考虑的因素。由于经济法律责任会给责任主体带来法定的不利后果，所以必须科学、合理地确定法律责任的构成，保证当事人双方的合法权益，以维持社会秩序，促进社会经济的发展。一般认为，经济法律责任的构成包括责任主体、违法行为或违约行为、损害结果、因果关系、主观过错五个方面。

1. 责任主体

经济法律责任的实现首先要有承担者。在经济法律活动中，经济法律责任主体是违反法律、违约或其他法律规定的事由而承担法律责任的自然人、法人或其他社会组织，而且经济法律责任主体必须具有一定的权利能力和行为能力。由于经济法律责任产生于国家对经济进行宏观调控和管理的过程中，所以国家也是经济法律责任的主体。例如，当国家机关以国家名义不正确地行使权力，实施错误吊销营业执照或超额罚款行为而给当事人造成损失时，国家就会成为经济法律责任主体，并承担国家赔偿责任。

2. 违法行为或违约行为

经济法律责任的核心构成要素是违法行为或违约行为的存在。违法行为或违约行为包括作为和不作为两类。作为是指行为主体以积极的行动，实施了法律所禁止或合同所不允许的行为；不作为是指行为主体以消极的行动，不履行法律所规定的或合同所约定的义务。例如，行为人违反产品质量法或知识产权法的有关规定，生产伪劣产品或销售侵权产品的行为，以及国家机关擅自审批、擅自减免税款的行为就是以积极的行动实施了法律所禁止或合同所不允许的行为，即以作为的方式触犯了相应的法律规定，因而产生了相应的法律责任；而纳税主体不履行纳税义务，偷税漏税，或者国家机关工作人员玩忽职守、不履行法定义务的行为就是不作为，同样要承担法律责任。

3. 损害结果

损害结果是法律所保护的合法权益遭受了侵害的证明，所以经济法律责任承担主体的行为必须给国家、社会或个人造成了损害结果。损害结果是指违法行为或违约行为侵犯他人或社会的权利和利益所造成的损失和伤害。损害结果既包括实际损害，也包括间接损害；既包括有形的损害，也包括无形的损害；既包括对国家和社会的损害，也包括对个人的损害。

4. 因果关系

因果关系是违法行为或违约行为与损害结果之间的必然联系。经济法律责任的承担要求行为与损害事实之间必须具有内在的、必然的引起和被引起的关系。因果关系是归责的基础和前提，是认定经济法律责任的基本依据。因果关系对于认定经济法律行为责任主体和决定经济法律责任范围都具有重要意义。一般情况下，如果违法行为仅是损害事实产生的外部的、偶然的条件，则不应要求经济法主体承担经济法律责任。

5. 主观过错

经济法律责任的承担不仅要具备客观方面的条件，还必须具备主观方面的条件。主观方面就是指行为人在实施某种行为时是否有主观过错。主观过错是指行为人实施违法行为或违约行为时的主观心理状态。它是法律责任构成的要件之一。主观过错包括故意和过失两类。故意是指明知自己的行为会发生危害社会的结果，希望或者放任这种结果发生的心理状态；过失是指应当预见自己的行为可能发生危害社会的结果，因为疏忽大意而没有预见，或者已经预见而轻信能够避免，以致发生这种结果的心理状态。

（四）经济法律责任的承担方式

根据法律的规定，经济法律关系主体对其违法行为必须承担经济法律责任。由于经济法律是由国家制定的具有强制性的规范性文件，所以经济法律责任只能由国家通过对违法主体实施一定的强制性措施和强制要求其承担一定的不利后果而实现。概括起来，经济法律责任的承担方式主要有经济责任、行政责任和刑事责任三种。

1. 经济责任

经济责任（民事责任）是指对违反经济法律、法规并依法应承担经济法律责任的国家机关、自然人、法人或其他组织所采取的具有经济和财产权益内容的惩罚性措施。经济责任是经济法律责任的主要实现方式，具有惩罚性和补偿性双重功能。对于国家机关的经济违法行为（如滥用行政权力），侵犯自然人、法人或者其他组织的合法权益的，要求其承担赔偿责任，即国家赔偿；对于自然人、法人或者其他组织在经济活动中的违法行为，则要求其承担没收违法所得或罚款的经济责任。

2. 行政责任

行政责任是指国家行政机关对违反经济法律、法规并依法应承担经济法律责任的行为人依行政程序而要求其承担的不利后果。行政责任包括行政处罚和行政处分。其中，行政处罚主要适用于公民、法人或其他组织在国家干预经济过程中因不履行义务、不当履行义务或有违法行为时而对其所采取的制裁措施，如责令停产停业、吊销营业执照等；行政处分主要适用于行政机关工作人员在宏观调控和经济管理过程中因违反经济法律、法规而产生的经济法律责任，如警告、记过、记大过等。

3. 刑事责任

刑事责任是经济法律责任中最为严厉的一种责任形式，是指经济法律关系主体严重违反经济法律、法规，根据法律规定已经构成犯罪，并依法应当承担限制人身自由、剥夺财产，甚至剥夺生命的强制性刑事责任。

第三节　经济纠纷的解决途径

经济纠纷是指经济法律关系主体之间因经济权利和经济义务的矛盾而引起的争议。它包括平等主体之间涉及经济内容的纠纷，以及公民、法人或者其他组织作为行政管理相对人与行政机关之间因行政管理所发生的涉及经济内容的纠纷。具体而言包括：经济合同纠纷，如买卖合同纠纷，借款合同纠纷等；经济侵权纠纷，如专利权、商标权侵权纠纷、所有权侵权纠纷、经营权侵权纠纷等。其中，合同纠纷是经济纠纷的主要部分。

为了保护当事人的合法权益，维持社会经济秩序，必须利用有效手段，及时解决这些纠纷。在我国，解决经济纠纷的途径和方式主要有协商、调解、仲裁、民事诉讼、行政复议、行政诉讼。由于篇幅所限，本书只选取立法上较为成熟的仲裁和民事诉讼加以介绍。

一、仲裁

（一）仲裁和仲裁法概述

1. 仲裁

仲裁是指发生争议的双方当事人，根据其在争议发生前或争议发生后所达成的协议，由一定的机构或个人以第三者的身份居中做出具有约束力的裁决，解决当事人之间争议的一种制度。

2. 仲裁法的概念

仲裁法是指由国家制定或认可的，规定仲裁的范围和基本原则、仲裁机构的地位及设立、仲裁庭的组成和仲裁程序的进行、当事人和仲裁机构在仲裁活动中必须遵守的行为规则、仲裁裁决的效力及执行等内容，以及调整由此引起的仲裁法律关系的法律规范的总称。

仲裁法有广义和狭义之分。狭义的仲裁法即仲裁法典，是国家最高权力机关制定颁布的关于仲裁的专门法律。1994 年 8 月 31 日，第八届全国人民代表大会常务委员会第九次会议通过的《中华人民共和国仲裁法》（简称《仲裁法》）即狭义的仲裁法。广义的仲裁法除指仲裁法典外，还包括所有涉及仲裁制度的法律中的相关法律规范。

3. 仲裁法的适用范围

我国《仲裁法》规定，平等主体的公民、法人和其他组织之间发生的合同纠纷和其他财产权益纠纷，可以仲裁。

下列纠纷不能提请仲裁：①关于婚姻、收养、监护、扶养、继承纠纷；②依法应当由行政机关处理的行政争议；③劳动争议和农业集体经济组织内部的农业承包合同纠纷。

相关案例

A 市场监督管理局向 B 办公用品商店购买了一批办公用品，后因质量问题与该商店发生纠纷。同时，A 市场监督管理局又因征收市场管理费与 B 办公用品商店发生争议。在前一争议中，由于双方处于平等主体地位，所发生的争议属于平等主体之间发生的财产纠纷，根据《仲裁法》的规定，双方的纠纷可以通过仲裁方式解决。在后一争议中，双方属于行政管理与被管理的关系，所发生的争议属于行政争议，根据《仲裁法》的规定，不属于《仲裁法》的适用范围，双方的纠纷不能通过仲裁方式解决。

4. 仲裁原则

仲裁原则是指在仲裁过程中仲裁机构和当事人应当遵循的基本原则。具体包括以下几方面。

（1）自愿原则。当事人有权自由选择仲裁委员会和仲裁员，有权自由决定仲裁事项。

（2）独立仲裁原则。仲裁应当依法独立进行，不受行政机关、社会团体和个人的干涉。独立仲裁原则体现在仲裁与行政脱钩，仲裁委员会独立于行政机关，与行政机关没有隶属关系，仲裁委员会之间也没有隶属关系。同时，仲裁庭独立裁决案件，仲裁委员会及其他机关、社会团体和个人不得干预。

（3）当事人权利平等原则。在仲裁过程中，不论公民还是法人，也不论法人的所有制性质及相互之间有无隶属关系，在适用实体法和程序法上一律平等对待，不允许任何人、任何组织享有法律之外的特权。

（4）以事实为依据，以法律为准绳，公平合理解决纠纷的原则。仲裁庭在处理争议时，要依照法律的规定查明案件的事实真相；要认真听取当事人双方的陈述，全面收集、调查、审查和判断证据；要以法律、法规作为评判当事人之间的是非曲直，确定其权利义务关系的标准。在法律没有规定或者规定不完备的情况下，仲裁庭可以按照公平合理的一般原则来解决纠纷。

（二）仲裁机构

我国的仲裁机构包括仲裁委员会和仲裁协会。

1. 仲裁委员会

由于仲裁委员会应当由当事人协议选定，仲裁不实行级别管辖和地域管辖，为此，仲裁委员会可以在直辖市和省、自治区人民政府所在地的市设立，也可以根据需要在其他设区的市设立，不按行政区划层层设立。

相关链接

仲裁委员会的人员构成

根据《仲裁法》，仲裁委员会由主任 1 人、副主任 2～4 人和委员 7～11 人组成。

仲裁委员会的主任、副主任和委员由法律、经济贸易专家和有实际工作经验的人员担任。仲裁委员会的组成人员中，法律、经济贸易专家不得少于 2/3。

2. 仲裁协会

中国仲裁协会是社会团体法人。中国仲裁协会实行会员制。各仲裁委员会是中国仲裁协会的法定会员。中国仲裁协会是仲裁委员会的自律性组织，根据由全国会员大会制定的章程对仲裁委员会及其组成人员、仲裁员的违纪行为进行监督；根据《仲裁法》和《中华人民共和国民事诉讼法》（简称《民事诉讼法》）的有关规定制定仲裁规则和其他仲裁规范性文件。

（三）仲裁协议

1. 仲裁协议的概念

仲裁协议是指当事人双方自愿将已经发生的或将来可能发生的纠纷提交仲裁机构进行裁决的共同意思表示。

仲裁协议包括合同中订立的仲裁条款和以其他书面方式在纠纷发生前或者纠纷发生后达成的请求仲裁的协议。这里的其他书面形式，包括以合同书、信件和数据电文（包括电报、电传、传真、电子数据交换和电子邮件）等形式达成的请求仲裁的协议。

2. 仲裁协议的内容

根据我国《仲裁法》第 16 条的规定，仲裁协议应当包括下列内容。

(1) 请求仲裁的意思表示。请求仲裁的意思表示是仲裁协议的首要内容，因为当事人以仲裁方式解决纠纷的意愿正是通过仲裁协议中请求仲裁的意思表示体现出来的。因此，当事人应在仲裁协议中明确且肯定地提出将争议提交仲裁解决的意思表示。

(2) 仲裁事项。仲裁事项即当事人提交仲裁的具体争议事项。在仲裁实践中，当事人只有把订立于仲裁协议中的争议事项提交仲裁，仲裁机构才能受理。同时，仲裁事项也是仲裁庭审理和裁决纠纷的范围，即仲裁庭只能在仲裁协议确定仲裁事项的范围内进行仲裁，超出协议范围进行仲裁，所做出的仲裁裁决，经一方当事人申请，法院可以不予执行或者撤销。

(3) 选定的仲裁委员会。仲裁委员会是受理仲裁案件的机构。由于仲裁没有法定管辖的规定，所以，仲裁委员会是由当事人自主选定的。如果当事人在仲裁协议中不选定仲裁委员会，仲裁就无法进行。

仲裁的意思表示、仲裁事项和选定的仲裁委员会这三项内容必须同时具备，仲裁协议在内容上才能符合仲裁法的规定而成为有效的仲裁协议。

3. 仲裁协议的效力

仲裁协议一经依法成立，即具有法律约束力。仲裁协议独立存在，合同的变更、解除、终止或者无效，不影响仲裁协议的效力。

相关链接

有下列情形之一的，仲裁协议无效：①约定的仲裁事项超出法律规定的仲裁范围的；②无民事行为能力人或者限制民事行为能力人订立的仲裁协议；③一方采取胁迫手段，迫使对方订立仲裁协议的。

仲裁庭有权确认合同的效力。当事人对仲裁协议的效力有异议的，可以请求仲裁委员会做出决定或者请求法院做出裁定。一方请求仲裁委员会做出决定，另一方请求法院做出裁定的，由法院裁定。当事人对仲裁协议的效力有异议的，应当在仲裁庭首次开庭前提出。

当事人达成仲裁协议，一方向法院起诉未声明有仲裁协议，法院受理后，另一方在首次开庭前提交仲裁协议的，法院应当驳回起诉，但仲裁协议无效的除外；另一方在首次开庭前未对法院受理该案提出异议的，视为放弃仲裁协议，法院应当继续审理。

（四）仲裁程序

仲裁程序主要包括仲裁的申请和受理、仲裁庭的组成、开庭和裁决等环节。

1. 仲裁的申请和受理

1）仲裁申请

当事人申请仲裁应当符合下列条件：有仲裁协议；有具体的仲裁请求和事实、理由；属于仲裁委员会的受理范围。

当事人申请仲裁，应当向仲裁委员会递交仲裁协议、仲裁申请书及副本。

根据《仲裁法》的有关规定，仲裁申请书应当载明下列事项：当事人的姓名、性别、年龄、职业、工作单位和住所，法人或者其他组织的名称、住所和法定代表人或者主要负责人的姓名、职务；仲裁请求和所根据的事实、理由；证据和证据来源、证人姓名和住所。

2）仲裁受理

仲裁委员会收到仲裁申请书之日起 5 日内，认为符合受理条件的，应当受理，并通知当事人；认为不符合受理条件的，应当书面通知当事人不予受理，并说明理由。

相关案例

甲公司与乙公司签订一份承揽合同，并在合同中单独规定了仲裁条款，约定双方发生合同争议时提请某仲裁机关仲裁（假定该仲裁条款合法有效）。事后甲公司发现在订立合同时对有关事项存在重大误解。在本案中甲公司可以向某仲裁机构申请撤销合同。根据《仲裁法》的有关规定，仲裁协议合法有效的，具有排除诉讼管辖权的作用，对双方当事人诉讼权的行使产生一定的限制，当事人双方发生协议约定的争议时，任何一方只能申请仲裁，而不能向人民法院起诉，当事人向人民法院起诉的，人民法院应当不予受理。

2. 仲裁庭的组成

仲裁庭可以由 3 名仲裁员或者 1 名仲裁员组成。由 3 名仲裁员组成的，设首席仲裁员。当事人约定由 3 名仲裁员组成仲裁庭的，应当各自选定或者各自委托仲裁委员会主任指定一名仲裁员，第三名仲裁员由当事人共同选定或者共同委托仲裁委员会主任指定。第三名仲裁员是首席仲裁员。仲裁委员会应当将仲裁庭的组成情况书面通知当事人。当事人也有权提出回避申请。

3. 开庭和裁决

仲裁应当开庭进行。当事人协议不开庭的，仲裁庭可以根据仲裁申请书、答辩书以及其他材料做出裁决。仲裁不公开进行。当事人协议公开的，可以公开进行，但涉及国家秘密的除外。

当事人应当对自己的主张提供证据。仲裁庭认为有必要收集的证据，可以自行收集。证据应当在开庭时出示，当事人可以质证。

当事人申请仲裁后，可以自行和解。达成和解协议的，可以请求仲裁庭根据和解协议做出裁决书，也可以撤回仲裁申请。当事人达成和解协议，撤回仲裁申请后反悔的，可以根据仲裁协议申请仲裁。仲裁庭在做出裁决前，可以先行调解。当事人自愿调解的，仲裁庭应当调解。调解不成的，应当及时做出裁决。调解达成协议的，仲裁庭应当制作调解书或者根据协议的结果制作裁决书。调解书与裁决书具有同等法律效力。调解书经双方当事人签收后，即发生法律效力。

在调解书签收前当事人反悔的，仲裁庭应当及时做出裁决。裁决应当按照多数仲裁员的意见做出，少数仲裁员的不同意见可以记入笔录。仲裁庭不能形成多数意见时，裁决应当按照首席仲裁员的意见做出。

相关链接

裁决的撤销

当事人提出证据证明裁决有下列情形之一的，可以向仲裁委员会所在地的中级人民法院申请撤销裁决：没有仲裁协议的；裁决的事项不属于仲裁协议的范围或者仲裁委员会无权仲裁的；仲裁庭的组成或者仲裁的程序违反法定程序的；裁决所根据的证据是伪造的；对方当事人隐瞒了足以影响公正裁决的证据的；仲裁员在仲裁该案时有索贿受贿、徇私舞弊、枉法裁决行为的。

人民法院经组成合议庭审查核实裁决有前款规定情形之一的，应当裁定撤销。人民法院认定该裁决违背社会公共利益的，应当裁定撤销。

当事人应当履行裁决。一方当事人不履行的，另一方当事人可以依照《民事诉讼法》的有关规定向法院申请执行。受申请的法院应当执行。当事人申请执行仲裁裁决案件，由被执行人住所地或者被执行的财产所在地的中级人民法院管辖。

二、民事诉讼

经济诉讼一般适用于民事诉讼法，所以，经济诉讼是民事诉讼的组成部分。

（一）民事诉讼法概述

民事诉讼法是国家制定的规范法规和诉讼参与人的各种诉讼活动及由此产生的各种诉讼关系的法律规范的总称。

《中华人民共和国民事诉讼法》已由中华人民共和国第七届全国人民代表大会第四次会议于 1991 年 4 月 9 日通过，中华人民共和国主席令第 44 号公布，历经 2007 年、2012 年、2017 年、2021 四次修正，共四编二十七章二百九十一条。

民事诉讼法是部门法，是保证民事实体法贯彻实施的程序法。由于民事诉讼广泛适用于民事、经济、劳动争议、专利、商标、海事、债务催偿和法律规定的其他特殊类型的案件，所以民事诉讼法也就广泛地适用于民事诉讼范围内的各类案件的诉讼。

（二）民事诉讼法基本制度

1. 公开审判制度

公开审判制度，是指人民法院的审判活动除合议庭评议案件外，还应向群众和社会公开的制度。所谓公开，一是向群众公开，即允许群众旁听法院对案件的审判；二是向社会公开，即允许新闻记者对案件审理的情况进行报道，将案情公布于众。依照法律的规定，除不予公开和可以不公开审理的案件外，一律依法公开审理，同时，不论是否公开审理的案件，宣判时均一律公开进行。公开审判是相对于秘密审判而言的。公开审判取代秘密审判是诉讼制度文明进步的表现。

2. 合议制度

合议制度是相对于独任制而言的，是指由 3 名以上单数审判人员组成合议庭对民事案件进行审理的制度。

合议制度是民主集中制原则在民事审判工作中的体现和具体运用，实行这一制度，有利于充分发挥集体的智慧和力量，防止审判人员认识上的主观片面性，保证案件审理的质量。因此，除法律规定的特殊情况外，民事案件的审判均实行合议制。

3. 回避制度

回避制度，是指审判人员和其他有关人员遇到法律规定不宜参加案件审理的情形时，退出案件审理活动的制度。

回避制度对于保证案件的公正审判具有十分重要的意义。因此，各国民事诉讼法均规定了回避制度。回避制度一般包括：回避方式、回避原则、回避制度适用的对象、回避的程序问题。

4. 两审终审制度

两审终审制度，是指一个民事案件经过两级法院的审判，案件的审判即宣告终结的制度。根据该制度，一个民事案件经第一审人民法院审判后，当事人如果不服，有权依法向上一级人民法院提出上诉，上一级人民法院对上诉案件审理后做出的判决和裁定，是终审判决、裁定，当事人不得再提起上诉。

（三）民事诉讼管辖

1. 级别管辖

级别管辖就是上下级法院在受理第一审民事案件的分工和权限。一般按案件影响的大小、繁简程度和诉讼标的金额大小来确定级别管辖。

基层人民法院管辖第一审民事案件，法律另有规定的除外。

中级人民法院管辖下列第一审民事案件：重大涉外案件；在本辖区有重大影响的案件；最高人民法院确定由中级人民法院管辖的案件。

高级人民法院管辖的第一审民事案件：管辖在本辖区有重大影响的第一审民事案件。

最高人民法院管辖的第一审民事案件：在全国有重大影响的案件；认为应当由本院

审理的案件。

2. 地域管辖

地域管辖是指同级人民法院间在各自辖区受理第一审民事案件的分工和权限。

在地域管辖问题上一般采用“原告就被告”的原则，即通常由被告住所地人民法院管辖，被告住所地与经常居住地不一致的，由经常居住地人民法院管辖。

《民事诉讼法》规定，下列民事诉讼，由原告住所地人民法院管辖；原告住所地与经常居住地不一致的，由原告经常居住地人民法院管辖：对不在中华人民共和国领域内居住的人提起的有关身份关系的诉讼；对下落不明或者宣告失踪的人提起的有关身份关系的诉讼；对被劳动教养的人提起的诉讼；对被监禁的人提起的诉讼。

因继承遗产纠纷提起的诉讼，由被继承人死亡时住所地或者主要遗产所在地人民法院管辖。有动产、不动产的由不动产所在地为主要遗产所在地；动产有多项的，价值高的动产所在地为遗产所在地。

（四）民事诉讼时效

1. 民事诉讼时效与民事诉讼时效期间

民事诉讼时效是指权利人经过法定期限不行使自己的权利，依法律规定其胜诉权便归于消灭的制度。

民事诉讼时效期间是指权利人请求人民法院保护其民事权利的法定期间。

根据我国《中华人民共和国民法典》的规定，向人民法院请求保护民事权利的诉讼时效期间为 3 年。法律另有规定的，依照其规定。

诉讼时效期间自权利人知道或者应当知道权利受到损害以及义务人之日起计算。法律另有规定的，依照其规定。但是自权利受到损害之日起超过 20 年的，人民法院不予保护；有特殊情况的，人民法院可以根据权利人的申请决定延长。

当事人约定同一债务分期履行的，诉讼时效期间自最后一期履行期限届满之日起计算。

超过诉讼时效期间，当事人自愿履行的，不受诉讼时效限制。

规定按照小时计算期间的，从规定时开始计算。规定按照日、月、年计算期间的，开始的当天不算入，从下一天开始计算。

期间的最后一天是星期日或者其他法定休假日的，以休假日的次日为期间的最后一天。期间的最后一天的截止时间为 24 点。有业务时间的，到停止业务活动的时间截止。

2. 诉讼时效的中止、中断与延长

诉讼时效的中止是指在诉讼时效进行中，因发生一定的法定事由而使权利人不能行使请求权，暂时停止计算诉讼时效期间，以前经过的时效期间仍然有效，待阻碍时效进行的事由消失后，继续计算诉讼时效期间。根据《中华人民共和国民法典》的规定，只有在诉讼时效期间的最后 6 个月内发生前述事由的，才能中止诉讼时效。如果在诉讼时效期间的最后 6 个月前发生上述法定事由，到最后 6 个月开始时法定事由已消除的，则不能发生诉讼时效中止；但如果该法定事由到最后 6 个月开始时仍然继续存在，则应自最后 6 个月开始时中止诉讼时效，直到该障碍消除。

诉讼时效的中断是指在诉讼时效进行中，因发生一定的法定事由，致使已经经过的时效期间统归无效，待时效中断的法定事由消除后，诉讼时效期间重新计算。下列事由可以引起诉讼时效中断：权利人提起诉讼；当事人一方向义务人提出请求履行义务的要求；当事人一方同意履行义务。

诉讼时效的延长是指人民法院对已经完成的诉讼时效，根据特殊情况而予以延长。特殊情况是指权利人由于客观的障碍在法定诉讼时效期间不能行使请求权的情形，具体由人民法院判定，这是法律赋予司法机关的一种自由裁量权。

（五）民事诉讼中的证据

根据《民事诉讼法》的规定，我国民事诉讼证据的表现形式可以分为当事人的陈述、书证、物证、视听资料、电子数据、证人证言、鉴定意见、勘验笔录。证据必须查证属实，才能作为认定事实的根据。

相关链接

《民事诉讼法》第 67 条规定："当事人对自己提出的主张，有责任提供证据。"根据此条的规定，当事人在民事官司中对自己所主张的事实。有提供证据加以证明的责任，即"谁主张，谁举证"，这就是我国《民事诉讼法》规定的一般举证规则。

相关案例

小 A 于 2017 年 4 月向于某借款人民币 10 万元，约定于 2018 年 4 月还付，借款时未出具借据。借款到期后，小 A 分文未还，于某遂将小 A 告上法庭，小 A 当庭否认借款一事，后又称借款已归还。原告仅提供 2017～2018 年经公证的双方往来手机短信，以证明被告借款及催款事实。

一审法院经审理认为，于某与被告小 A 之间互发手机短信过程中，于某已明确表示被告小 A 拖欠其人民币 10 万元，并要求其出具欠据或归还欠款。被告小 A 未否认欠款事实的存在，并表示一定还款。此意思表示是对欠款事实的客观存在以及欠款金额的认可。故判决被告小 A 于判决生效后 10 日内一次性给付原告于某欠款 10 万元。一审宣判后，小 A 未上诉。

本案的争议焦点是手机短信可否作为直接证据使用。2005 年 4 月 1 日生效的《中华人民共和国电子签名法》第 7 条规定："数据电文不得仅因为其是以电子、光学、磁或者类似手段生成、发送、接收或者储存的而被拒绝作为证据使用。"本案手机短信无论是其所载内容，还是短信的提取都符合以上特征，因此能够作为此案证据使用。

（六）民事诉讼当事人及诉讼代理人

1. 民事诉讼当事人

民事诉讼当事人是指因民事上的权利义务关系发生纠纷，以自己的名义进行诉讼，并受人民法院裁判拘束的利害关系人。一般来说，同时符合以下三个要求的主体就可以成为民事诉讼当事人：以自己的名义起诉或者应诉，实施诉讼行为；向法院请求解决争议，保护民事权益；接受法院裁判的约束。

根据民事诉讼当事人在诉讼中所处的地位和享有的诉讼权利、承担的诉讼义务不同，民事诉讼当事人可以分为原告、被告、共同诉讼人、诉讼代表人、第三人。

相关链接

诉讼代表人是指众多当事人的一方，推选出的代表，为维护本方的利益而进行诉讼活动的人。诉讼代表人代表本方当事人进行诉讼，不同于共同诉讼人。诉讼代表人是本案实体法律关系的主体，而不同于法定代表人和诉讼代理人。

民事诉讼的第三人，是指对他人争议的诉讼标的有独立的请求权，或者虽无独立的请求权，但案件的处理结果与其有法律上的利害关系而参加诉讼的人。第三人分为有独立请求权的第三人和无独立请求权的第三人。

2. 民事诉讼代理人

民事诉讼代理人，是指根据法律规定或者当事人的委托，代当事人进行民事诉讼活动的人。我国民事诉讼法规定的诉讼代理人，可以分为两类：法定诉讼代理人和委托诉讼代理人。前者是指根据法律规定，代理无诉讼行为能力的当事人为诉讼行为的人；后者是根据当事人或者其法定代理人委托，代当事人为诉讼行为的人。

相关链接

委托诉讼代理人包括律师、当事人的近亲属、社会团体和当事人所在单位推荐的人，以及经人民法院许可的公民。但无民事行为能力人、限制民事行为能力人或者可能损害被代理人利益的人以及人民法院认为不宜作诉讼代理人的人，不能作为诉讼代理人。

（七）民事诉讼程序

1. 第一审普通程序

第一审普通程序，是人民法院审理第一审民事案件所适用的最基本的程序。它具体包括：起诉和受理、审理前的准备、开庭审理。

1）起诉

起诉，是指原告依法向人民法院提出诉讼请求的行为。起诉必须具备的条件是：原告是与本案有直接利害关系的公民、法人和其他组织；有明确的被告；有具体的诉讼请求和事实、理由；属于人民法院受理民事诉讼的范围和受诉人民法院管辖。

2）受理

受理，是指人民法院经过审查起诉，认为符合法定条件，予以立案的诉讼活动。人民法院收到民事诉状或者口头起诉，经审查，符合起诉条件的，应当在7日内立案，并及时通知当事人，认为不符合起诉条件的，应当在7日内裁定不予受理；原告对裁定不服的，可以提起上诉。

3）审理前的准备

审理前的准备是指人民法院在受理案件后进入开庭审理之前所进行的准备工作。主要有以下几项：送达起诉状副本和提出答辩状；告知当事人诉讼权利义务及合议庭组成人员；审阅诉讼材料，调查收集必要的证据；当事人的追加。

4）开庭审理

开庭准备。人民法院确定开庭日期后，应当在开庭3日前通知当事人和其他诉讼参与人。通知当事人用传票，通知其他诉讼参与人应用通知书。对于公开审理的案件，人民法院应当在开庭审理前3日发布公告，公告当事人姓名、案由和开庭的时间、地点，以便群众旁听、记者采访报道。

法庭调查。在开庭审理时，应进行法庭调查，包括：当事人陈述；证人出庭作证；出示物证、书证和视听资料；宣读鉴定结论；宣读勘验笔录。

当事人对自己提出的主张，有责任提供证据，即谁主张，谁举证。当事人及其诉讼代理人因客观原因不能自行收集的证据，或者人民法院认为审理案件需要的证据，人民法院应当调查收集。

当事人对自己提出的诉讼请求所依据的事实或者反驳对方诉讼请求所依据的事实有责任提供证据加以证明。没有证据或者证据不足以证明当事人的事实主张的，由负有举证责任的当事人承担不利后果。

法庭辩论。作为定案的所有证据，都必须经过法庭的辩论和质证。即使是不得在公开开庭时出示的证据，也必须经过双方当事人的辩论和质证。

评议和宣判。合议庭的人员在法庭调查和法庭辩论的基础上，认定案件事实，确定适用的法律，最后宣告案件的审理结果，这是开庭审理的最后阶段。

2. 简易程序

简易程序是指基层人民法院及其派出法庭审理简单民事案件和简单经济纠纷案件所适用的程序。

对简单的民事案件，原告可以口头起诉。当事人双方可以同时到基层人民法院或者它派出的法庭，请求解决纠纷。基层人民法院或者它派出的法庭可以当即审理，也可以另定日期审理。可以用简便方式随时传唤当事人、证人。简单的民事案件由审判员一人独任审理，但必须有书记员记录。审判人员可以根据案件的具体情况，简化案件审理的方式和步骤，不受普通程序中关于开庭审理阶段和顺序的限制。

相关链接

人民法院适用简易程序审理民事案件，应当在立案之日起3个月内审结，且为不变期间，当事人或法院都不得申请延长。

3. 第二审程序

第二审程序是人民法院审理上诉案件所适用的诉讼程序。在民事诉讼中，当事人不服人民法院第一审判决或裁定而提起上诉，人民法院受理后即进入第二审程序。提起第二审程序必须有法定的上诉人和被上诉人，必须在法定的上诉期内提出上诉，必须提交上诉状。

相关链接

二审与一审程序的区别

二审与一审程序的区别在于：审判程序发生的原因不同；审级不同；审判组织不同；审理对象不同，二审审理一审法院的判决；审理的方式不同，二审可以开庭审理或者径行判决；裁判的效力不同，二审审结后的裁判是发生法律效力的裁判，不得上诉。

可以上诉的判决包括：地方各级人民法院适用普通程序和简易程序审理的第一审判决；第二审人民法院发回原审人民法院重审后所做出的判决。可以上诉的裁定有：人民法院做出的不予受理的裁定；人民法院对当事人的管辖异议做出的裁定；驳回起诉的裁定。

对符合上诉条件的案件予以受理的行为。上诉状应当通过原审人民法院提出，并按照对方当事人或者代表人的人数提出副本。当事人直接向第二审人民法院上诉的，第二审人民法院应当在5日内将上诉状移交原审人民法院。

法院在审理前的准备工作有：组成合议庭；审阅案卷，询问当事人、证人，进行调查。第二审人民法院对上诉案件经过审理，按照下列情形分别处理：原判决认定事实清楚，适用法律正确的，判决驳回上诉，维持原判决；原判决适用法律错误的，依法改判；原判决认定事实错误，或者原判决认定事实不清，证据不足，裁定撤销原判决，发回原审人民法院重审，或者查清事实后改判；原判决违反法定程序，可能影响案件正确判决的，裁定撤销原判决，发回原审人民法院重审。当事人对重审案件的判决、裁定，可以上诉。

【本章学习反馈】

一、单项选择题

1. 下列各项中，不属于经济法律关系客体的是（　　）。

A. 空气　　B. 消费资料　　C. 完成一定工作的行为　　D. 嘉奖表彰

2. 下列选项中，不属于经济法责任中惩罚性责任的是（　　）。

A. 罚款　　B. 吊销营业执照　　C. 损害赔偿　　D. 信用减等

3. 下列各项中，符合《仲裁法》规定的有（　　）。

A. 仲裁实行自愿原则

B. 仲裁一律公开进行

C. 仲裁实行级别管辖和地域管辖

D. 当事人不服仲裁裁决可以向人民法院起诉

4. 因不动产纠纷提起的诉讼，有权管辖的人民法院是（　　）。

A. 合同签订地人民法院　　B. 原告住所地人民法院

C. 被告住所地人民法院　　D. 不动产所在地人民法院

5. 下列不属于民事诉讼审判制度的是（　　）。

A. 合议制度　　B. 公开审判制度

C. 两审终审制度　　D. 一审终局制度

二、案例分析题

2017 年 7 月，石家庄市奥龙健身房与广州市健身器械公司签订了一份购销合同。合同中的仲裁条款规定："因履行合同发生的争议，由双方协商解决；无法协商解决的，由仲裁机构仲裁。"2017 年 9 月，双方发生争议，奥龙健身房向其所在地的石家庄市仲裁委员会递交了仲裁申请书，但健身器械公司拒绝答辩。

同年 11 月，双方经过协商，重新签订了一份仲裁协议，并商定将此合同争议提交该健身器械公司所在地的广州市仲裁委员会仲裁。

事后奥龙健身房担心广州市仲裁委员会实行地方保护主义，偏袒健身器械公司，故未申请仲裁，而向合同履行地人民法院提起诉讼，且起诉时说明此前两次仲裁的情况。法院受理此案，并向健身器械公司送达了起诉状副本，该器械公司向法院提交了答辩状，法院经审理判决原告奥龙健身器械公司败诉。

问题：

(1) 购销合同中的仲裁条款是否有效？请说明理由。

(2) 争议发生后，双方签订的协议是否有效？为什么？

(3) 原告奥龙健身房向法院提起诉讼正确与否？为什么？

(4) 人民法院审理本案是否正确，为什么？

第二章　企　业　法

☞ **学习目标**

通过本章的学习，要求：了解企业及企业法的基本知识；掌握个人独资企业设立条件、设立程序，个人独资企业的投资人及事务管理，个人独资企业的解散与清算；掌握合伙和合伙企业的概念及特征、合伙企业法的概念及适用范围，合伙企业的设立、变更、终止及清算；理解外商投资企业法的内容。

☞ **导入案例**

2022 年 9 月 1 日，哈尔滨某大学主讲经济法课程的王教授接到正在天津高校读书的儿子王××的求助电话。王××在大一时开办了一家主营电子产品的个人公司，并到工商部门进行了注册。由于面对学生群体（主要批货给校园代理），生意一直不错。但在 2023 年 6 月，某校园代理与王××的公司签订一次性购进价值 12 万元的电子产品的合同。王××为了多赚一些钱，从非正规渠道购入电子产品并交货，结果货物全部为假冒产品。按合同约定王××应赔偿对方全部损失。但王××个人远不能偿还。于是，对方要求其家长负连带责任，给予偿还。王××怕事态闹大，于是向父母求助解决该问题。

问题：①王××注册公司是否合法？②王××注册公司的条件及程序？③王××公司的财产如何界定？

第一节　企业法律制度概述

一、企业概述

（一）企业的概念和特征

企业是指依法设立的以营利为目的的，从事生产经营活动的具有独立的或相对独立的法律人格的组织。

作为现代经济关系最为活跃、最为重要的主体，企业的本质特征有以下几点。

（1）企业必须依法设立。现代各国对各类企业的设立在法律上都有明确的规定，企业必须依照法律规定的条件和程序才能成立，并取得权利能力和行为能力。设立条件和程序因所依据的法律不同而有差别。

（2）企业是一种组织。组织是由一定的生产要素有机结合而组成的集体，具有一定的组织形式。这里的生产要素指的是人和物。企业的这一特征使它与非组织的自然人、个体工商户区分开来。

（3）企业是从事营利性活动的经济组织。企业的这一特征使它与不从事经营性活动的其他社会组织区分开，如国家机关等。企业从事的经营性活动既包括物质资料的生产、销售等生产经营性活动，也包括技术、咨询等满足人们生产、生活各方面需要的服务活动。

（4）具有独立或相对独立的法律人格。企业的类型不同，其法律地位也各不相同。公司企业属法人企业，具有独立的法人人格；个人独资企业和合伙企业属非法人企业，不具有法人人格，但是法律仍赋予其一定的主体资格。例如，企业有固定的生产经营场所，可以以自己的名义签订合同，对外进行经营性活动，以自己的名义进行起诉和应诉等都表现为相对的独立性。

相关链接

1. 自然人

自然人是基于自然出生而依法在民事上享有权利和承担义务的个人。自然人的能力包括民事权利能力和民事行为能力。

民事权利能力，是指国家通过法律赋予的民事主体享有权利和承担义务的地位和资格。即享有民事权利能力就可以参加民事活动，享有民事权利，承担民事义务。自然人从出生时起到死亡时止，具有民事权利能力，依法享有民事权利，承担民事义务。自然人的民事权利能力一律平等。

民事行为能力，指民事主体能够以自己的行为参加民事活动，享有民事权利，承担民事义务的地位和资格。18 周岁以上的自然人为成年人。不满 18 周岁的自然人为未成年人。成年人为完全民事行为能力人，可以独立实施民事法律行为。16 周岁以上的未成年人，以自己的劳动收入为主要生活来源的，视为完全民事行为能力人。8 周岁以上的未成年人为限制民事行为能力人，实施民事法律行为由其法定代理人代理或者经其法定代理人同意、追认，但是可以独立实施纯获利益的民事法律行为或者与其年龄、智力相适应的民事法律行为。不满 8 周岁的未成年人为无民事行为能力人，由其法定代理人代理实施民事法律行为。不能辨认自己行为的成年人为无民事行为能力人，由其法定代理人代理实施民事法律行为。

2. 法人

法人是具有民事权利能力和民事行为能力，依法独立享有民事权利和承担民事义务的组织。

法人作为民事法律关系的主体，是与自然人相对称的，两者相比较有不同的特点：第一，法人是社会组织在法律上的人格化，是法律意义上的“人”，而不是实实在在的生命体，其依法产生、消亡；第二，法人是集合的民事主体，即法人是一些自然人的集合体。

根据《民法总则》的规定，法人应当依法成立；法人的民事权利能力和民事行为能力，从法人成立时产生，到法人终止时消灭；法人以其全部财产独立承担民事责任；依照法律或者法人章程的规定，代表法人从事民事活动的负责人，为法人的法定代表人；法定代表人因执行职务造成他人损害的，由法人承担民事责任。

（二）企业的分类

企业在长期发展过程中形成了多种形态，依照不同的标准，可以对企业做不同的分类。

（1）公司制企业、合伙企业和个人独资企业。这是依照企业投资者的出资方式和责任形式的不同对企业的最基本的分类。西方发达国家大都采用这种标准划分企业，在我国，随着市场经济的发展和建立现代企业制度的要求，企业在法律上的分类也采用这一标准，我国已经制定了《中华人民共和国合伙企业法》（简称《合伙企业法》）、《中华人民共和国个人独资企业法》（简称《个人独资企业法》）《公司法》，不断完善现代企业法律体系。

（2）法人企业和非法人企业。这是依照法律地位的不同所做的分类。符合法人条件，依法取得法人资格的企业为法人企业，公司是典型的法人企业，我国的国有企业、集体企业、中外合资企业、具有法人资格的中外合作企业、采取有限责任公司形式的私营企业，都是法人企业；不符合法人条件，依法不能取得法人资格的企业为非法人企业，个人独资企业、合伙企业是非法人企业，我国的不符合法人条件的中外合作企业、私营企业中的个人独资企业和合伙企业、合伙型联营，都是非法人企业。

（3）国有企业、集体企业和私营企业。这是我国依照企业的所有制性质的不同所做的分类。所有制性质曾经是我国划分企业法律形式的主要标准，我国也相继制定了《中华人民共和国全民所有制工业企业法》《中华人民共和国私营企业暂行条例》《中华人民共和国乡村集体所有制企业条例》《中华人民共和国城镇集体所有制企业条例》等法律、法规。

除此之外，依照企业生产经营规模的大小还可以分为大型企业、中型企业和小型企业；依照企业的存在与社会公共利益的关系亲疏可以分为公用企业和非公用企业；依照企业的主要经营的性质可以分为工业企业、农业企业、交通运输企业、金融企业等。

二、企业法

企业法是调整企业在设立、组织、活动、终止过程中发生的社会关系的法律规范的总称。企业法是由调整企业的全部法律规范组成的，也就是调整企业从设立到终止发生的社会关系的全部法律规范，不能简单地将企业法理解为是某一部企业法律或法规，世界上还没有哪个国家制定过名为企业法的专门法律。

中华人民共和国成立以来，随着我国经济体制不断改革和适应市场经济的要求，我国制定了一系列企业的法律法规。1993 年 12 月 29 日，第八届全国人民代表大会常务委员会第五次会议通过了《公司法》,《公司法》的颁布,不仅是我国公司立法的重大成就,同时也为我国建立现代企业法律体系奠定了基础,预示着一个全新的企业立法体系。在这一思路下,1997 年 2 月 23 日,第八届全国人民代表大会常务委员会第二十四次会议通过《合伙企业法》。1999 年 8 月 30 日,第九届全国人民代表大会常务委员会通过了《个人独资企业法》。我国现行的关于企业方面的法律、法规还有:《中华人民共和国中外合作经营企业法》《中华人民共和国外资企业法》《中华人民共和国乡村集体所有制企业条例》《中华人民共和国私营企业暂行条例》《国有企业监事会暂行条例》《中华人民共和国外商投资法》等法律、法规。

三、公司制企业、合伙企业和个人独资企业

(一)合伙企业与公司的区别

(1)合伙企业投资人以其个人财产对企业债务承担无限责任,公司投资人以其出资对公司承担有限责任。

(2)合伙企业名称不得使用“有限”、“有限责任”或者“公司”字样,普通合伙企业应当在其名称中标明“普通合伙”字样,有限合伙企业名称中应当标明“有限合伙”字样公司名称。公司必须使用“有限责任公司”或者“股份有限公司”字样。

(3)合伙企业没有最低注册资本金的限制,公司有最低注册资本金的限制。

(4)合伙企业不具有法人资格,公司企业具有独立的法人资格。

(5)合伙企业只缴纳个人所得税,而不缴纳企业所得税,公司企业缴纳企业所得税,股东对其所取得的公司红利或股息缴纳个人所得税。

(二)合伙企业与个人独资企业的区别

(1)个人独资企业由一个自然人投资,合伙企业由两个以上合伙人投资。

(2)个人独资企业投资人以其个人财产或者家庭共有财产对企业债务承担无限责任,合伙企业合伙人以其个人财产对企业债务承担无限连带责任。

第二节 个人独资企业法律制度

一、个人独资企业的概念和法律特征

个人独资企业具有个人投资、设立容易,规模较小、灵活多样,个人经营、效率较高,吸纳劳动力、扩大就业,有利于扩大社会投资,有利于适应产品、服务创新的需要等优势,受到投资者的欢迎。特别是在就业形势严峻的现代社会,个人独资企业在促进就业方面起着至关重要的作用。

(一)个人独资企业的概念

个人独资企业,是指依照《个人独资企业法》在中国境内设立,由一个自然人投资,财产为投资人个人所有,投资人以其个人财产对企业债务承担无限责任的经营

实体。

（二）个人独资企业的法律特征

（1）个人独资企业是由一个自然人投资的企业。在中国的法律上，将自然人称为公民。《民法通则》规定，公民从出生时起到死亡时止，具有民事权利能力，依法享有民事权利，承担民事义务；公民的民事权利能力一律平等；公民的行为能力则依据对自然人的分类，区分为完全民事行为能力人、限制民事行为能力人、无民事行为能力人。

（2）个人独资企业的财产为投资人个人所有。个人独资企业只有一个自然人作为投资人，也就是个人独资企业的财产只来源于这个投资人的投资，因此，这个企业的财产应当归属于这个投资人所有。个人独资企业投资人对所投资企业的财产享有的占有、使用、收益和处分的权利。

（3）个人独资企业的投资人以其个人财产对企业债务承担无限责任。这是个人独资企业的一个重要特点，它表现在责任形式上，就是个人独资企业的投资人作为债务人，要以其全部个人财产对其所投资的个人独资企业债务承担责任。

（4）个人独资企业是一个经营实体。个人独资企业如何成为经营实体，在其设立条件中做了相应的规定，并在《个人独资企业法》第36条规定，个人独资企业成立后无正当理由超过6个月未开业的，或者开业后自行停业连续6个月以上的，吊销营业执照。这项规定的目的是，个人独资企业在设立时必须是一个经营实体，而在成立后也必须持续地作为一个经营实体存在，不能名存实亡，成为一个虚置的名称。

二、个人独资企业的设立

（一）设立个人独资企业应当具备下列条件

作为一种经营实体，个人独资企业的产生和设立需要一定的条件和资格。

（1）投资人为一个自然人。自然人享有民事权利能力和民事行为能力，所以，除法律、行政法规禁止从事营利性活动的人，不得作为投资人申请设立个人独资企业以外，其他我国的公民均有资格成为个人独资企业的投资人。投资人只能是具有中国国籍（不包括港、澳、台同胞）的自然人，港、澳、台同胞设立的企业为港、澳、台资企业；投资人应当具备完全民事行为能力。

相关链接

按照现行法律、行政法规的规定，禁止从事营利性活动的人员主要是国家公务员，包括行政机关公务人员和司法人员，具体有：《中华人民共和国法官法》第32条第11项规定，法官不得从事营利性的经营活动；《中华人民共和国检察官法》第35条第11项规定，检察官不得从事营利性的经营活动；《中华人民共和国人民警察法》第22条第10项规定，人民警察不得从事营利性的经营活动或受雇用于任何个人或者组织；《公司法》第58条规定，国家公务员不得兼任公司的董事、监事、经理；《国家公务员暂行条例》第31条第13项规定，国家公务员必须严格遵守纪律，不得有经商、办企业以及参与其他营利性的经营活动的行为。

（2）有合法的企业名称。个人独资企业的名称也就是其作为经营实体对外交往的标志。企业只准使用一个名称，并且在登记主管机关辖区内不得与已登记注册的同行业企业名称相同或者近似。企业名称应当由以下几个部分组成：字号或者商号、行业或者经营特点、组织形式以及企业所在地省、市或县等行政区划名称（几类特殊企业除外）。

（3）有投资人申报的出资。个人独资企业作为一个生产经营性实体，从事的是经济活动，投资人又只有一个，投资人是一定要投入相当的人财物等生产要素的。按我国现行管理体制，个人独资企业投资人应当向各级企业登记主管机关申报其出资。具体申报的出资数量在法律未作明确规定，所以一元钱开办个人独资企业，在理论上是可行的。

（4）有固定的生产经营场所和必要的生产经营条件。个人独资企业要进行生产经营，也要具备必要的场地和生产经营设施，如机器设备、营销柜台等。

（5）有必要的从业人员。根据《个人独资企业法》第 6 条和第 19 条的规定，个人独资企业应当依法招用职工，投资人可以自行管理企业事务，也可以委托或者聘用其他具有民事行为能力的人负责企业的事务管理。当然，个人独资企业投资人从事业务活动，也应理解为从业人员，在没有招用和聘用其他人员的情况下，独资企业投资人自己从事业务活动，也说明该个人独资企业具有了“有必要的从业人员”的条件。

（二）个人独资企业的设立程序

第一步，到工商行政管理局注册大厅申办所要设立的企业名称，并提供如下材料：①投资人签署的《企业名称预先核准申请书》；②投资人签署的《指定代表或者共同代理人的证明》及指定代表或者共同代理人的身份证明复印件（本人签字）；③特殊的申请名称，名称登记机关可以要求投资人提交相关的说明或者证明材料；④其他相关材料。

第二步，凭企业名称预先核准通知书到会计师事务所办理验资手续。

第三步，到工商行政管理局注册大厅申请设立登记，并提供如下材料：①投资人签署的《个人独资企业设立登记申请书》；②投资人指定代表或者共同代理人的证明；③住所证明（房地产权利证书、场地使用证书、租用合同或摊位许可经营证件等）；④投资人的身份证明（身份证或户口证件）；⑤依法设立的验资机构出具的验资证明；⑥《企业名称预先核通知书》；⑦法律、行政法规和国务院决定设立个人独资企业必须报经批准的，提交有关的批准文件或者许可证复印件；⑧经营范围中有法律、行政法规和国务院决定必须在登记前报经批准的项目，提交有关的批准文件或者许可证复印件或许可证明；⑨其他有关文件证明。

第四步，到工商行政管理局注册大厅领取营业执照。

登记机关应当在收到设立申请文件之日起 15 日内，对符合条件的，予以登记，发给营业执照；对不符合条件的，不予登记，并应当给予书面答复，说明理由。

（三）个人独资企业成立日期及其法律效力

个人独资企业的营业执照的签发日期，为个人独资企业成立日期。在领取个人独资企业营业执照前，投资人不得以个人独资企业名义从事经营活动。

三、个人独资企业的投资人及事务管理

（一）个人独资企业财产归属关系和个人独资企业无限责任

1. 个人独资企业财产的概念和构成

个人独资企业的财产，是指为经营个人独资企业所集合的各种财产的总称，包括投资人的出资财产和个人独资企业在生产经营过程中所取得的各种收益的总和。

（1）投资人的出资。向个人独资企业出资是投资人最基本的义务，也是个人独资企业得以成立的基础性条件。投资人的出资是个人独资企业的原始财产，是个人独资企业积累财产的重要基础。关于个人独资企业的原始财产，应注意这样几个问题：第一，投资人必须向登记机关申报出资，并在设立申请书中载明出资额和出资方式，以便登记机关对其出资行为进行监督。第二，投资人可以通过转让出资财产的占有、使用、收益、处分等各种方式形成原始财产。第三，原始财产的价值在个人独资企业创立初期是确定的，在个人独资企业存续期间因市场因素则可能发生变化。第四，虽然《个人独资企业法》未规定投资人可以增加资本，但从法理上讲投资人为了扩大经营规模，应该允许其增加。

（2）出资个人独资企业的收益。个人独资企业的收益主要包括以下几个主要来源：个人独资企业的营业收入，即个人独资企业通过市场交易而取得的利润；个人独资企业接受的捐赠财产；个人独资企业获得的赔偿，即当他人侵犯个人独资企业的合法权益时，向其支付的赔偿金；个人独资企业在经营过程中形成的无形财产，如商号、商誉等；以个人独资企业名义取得的各种知识产权。

2. 个人独资企业财产的性质

《个人独资企业法》第 17 条规定："个人独资企业投资人对本企业的财产依法享有所有权。"因此，无论是投资人的出资，还是个人独资企业取得的收益，其所有权均依法为个人独资企业的投资人享有。

3. 个人独资企业财产归属关系

个人独资企业投资人对本企业的财产依法享有所有权，其有关权利可以依法进行转让或继承。

按照《民法通则》第 71 条规定，财产所有权是指所有人依法对自己的财产享有占有、使用、收益和处分的权利。因此，个人独资企业投资人可以依照法律实现他对个人独资企业财产的占有、使用、收益、处分的权利，这就是行使财产所有权。

4. 个人独资企业无限责任

个人独资企业投资人在申请企业设立登记时明确以其家庭共有财产作为个人出资

的，应当依法以家庭共有财产对企业债务承担无限责任。

相关链接

确定个人独资企业投资人应以其家庭共有财产承担无限责任的前提是，该投资人在向登记机关申请设立个人独资企业时明确是以其家庭共有财产作为个人出资，也就是说，投资人是否以家庭共有财产承担责任，取决于他在申请企业设立登记时是否明确自己是以家庭共有财产作为个人出资的。如果投资人在向登记机关申报出资时，没有说明是以家庭共有财产出资，就不能要求投资人以其家庭共有财产承担无限责任。

（二）个人独资企业事务管理的方式

个人独资企业投资人可以自行管理企业事务，也可以委托或者聘用其他具有民事行为能力的人负责企业的事务管理。

投资人委托或者聘用他人管理个人独资企业事务，应当与受托人或者被聘用的人签订书面合同，明确委托的具体内容和授予的权利范围。

受托人或者被聘用的人员应当履行诚信、勤勉义务，按照与投资人签订的合同负责个人独资企业的事务管理。

投资人对受托人或者被聘用的人员职权的限制，不得对抗善意第三人。

（三）个人独资企业事务管理的内容

根据《个人独资企业法》规定，个人独资企业事务管理的主要内容包括以下内容。

(1) 会计事务管理。个人独资企业应当依法设置会计账簿，进行会计核算。

相关链接

生产、经营规模较小又确无建账能力的个体工商户，经过主管税务机关核准，可以不设置账簿，聘请注册会计师或者经过税务机关认可的财会人员，代为建账和办理财务。

(2) 用工管理事务。个人独资企业招用职工的，应当依法与职工签订劳动合同，保障职工的劳动安全，按时、足额发放职工工资。

相关链接

个人独资企业招用职工的，必须遵守法律、行政法规的规定，不得在招工中损害职工利益。例如，禁止用人单位招用未满 16 周岁的未成年人［《中华人民共和国劳动法》（简称《劳动法》）第 15 条］；招用职工必须遵循平等自愿、协商一致的原则与职工订立和变更劳动合同，确定双方的权利和义务。

(3) 社会保障事务。个人独资企业应当按照国家规定参加社会保险，为职工缴纳社会保险费。

相关链接

个人独资企业为职工缴纳的基本养老费的费率不得超过职工工资总额的20%，具体比例由省、自治区、直辖市人民政府确定；职工基本医疗保险费的费率是职工工资总额的6%左右；失业保险费的费率是职工工资总额的2%。个人独资企业必须按月向社会保险经办机构申报其应缴纳的社会保险费数额，经社会保险经办机构核定后，在规定的期限内缴纳。此外，劳动和社会保障部还制定了《企业职工工伤保险试行办法》《企业职工生育保险试行办法》，目前正在一些地区试行。

四、个人独资企业的解散和清算

(一) 解散

个人独资企业解散是指个人独资企业终止活动，使其民事主体资格消灭的行为，其既包括自行解散，也包括强制解散。

1. 自行解散

个人独资企业自行解散规定了两种情形。

(1) 投资人决定解散。个人独资企业是由一个自然人投资，财产为投资者个人所有。只有一个投资人，因此，投资人个人可以自己决定解散企业的问题。

(2) 投资人死亡或者被宣告死亡，无继承人或者继承人决定放弃继承。根据《民法通则》的规定，投资人被宣告死亡应当符合下列条件：投资人下落不明满4年，或者因意外事故下落不明，自事故发生之日起满2年，或者因意外事故下落不明，经有关机关证明该投资人已不可能生存；要经投资人的利害关系人申请。

相关链接

利害关系人的顺序：一是配偶；二是父母和子女；三是兄弟姐妹、祖父母、外祖父母、孙子女、外孙子女；四是其他与投资人具有民事权利义务关系的人。

2. 强制解散

(1) 被依法吊销营业执照。个人独资企业的营业执照是个人独资企业依法成立和从事生产经营的标志。个人独资企业被依法吊销营业执照，当然就不能再从事生产经营活动。例如，个人独资企业成立后无正当理由超过6个月未开业的，或者开业后自行停业连续6个月以上的，吊销营业执照。在这种情形下，个人独资企业就应当解散。

(2) 法律、行政法规规定的其他情形。这是一种概括式的写法，主要是为了避免列举不全。解散仅是个人独资企业消灭的原因，企业并非因解散的事实发生而立即消灭。企业的清算是处理解散企业未了的法律关系的程序，清算结束，进行注销登记，企业才最后消灭。

(二) 清算

清算是企业解散的法律后果，是对解散企业的财产进行清理，收回债权，偿还债务，如果有剩余财产，依法进行分配。清算结束后，企业作为经济实体的资格就消灭了。企业无论是自行解散，还是强制解散，都必须依法进行清算。个人独资企业的清算有以下两种方式。

(1) 投资人自行清算。个人独资企业的投资人自己对企业进行清算，是因为个人独资企业是投资人一人投资，财产为投资人个人所有，不存在其他投资人的问题。

相关链接

投资人自行清算的，应当在清算前15日内书面通知债权人，无法通知的，应当予以公告。规定了通知书和公告两种方式。对个人独资企业明知的债权人，采取发通知书的方式；对不明知的债权人，采取公告的方式，如在公开发行的报纸上登载。企业债权人应当在接到通知之日起30日内，未接到通知的，应当在公告之日起60日内，向投资人申报其债权。

(2) 债权人申请人民法院指定清算人进行清算。对于债权人申请人民法院指定清算人进行清算，也应当采取通知和公告两种方式。本条未作具体规定。因为这种情况下是人民法院指定清算人，法院会告知其清算程序。

(三) 个人独资企业解散后原投资人责任

个人独资企业是一个自然人投资，企业财产为投资人个人所有，投资人是以其个人财产对企业债务承担无限责任。个人独资企业解散后，原投资人对个人独资企业存续期间的债务仍应承担偿还责任，但债权人在5年内未向债务人提出偿债请求的，该责任消灭。

个人独资企业解散时财产清偿顺序如下。

(1) 所欠职工工资和社会保险费用。职工工资和社会保险费用直接关系到职工的生活和养老、医疗、失业等保障问题，涉及人民群众的切身利益，所以将所欠职工工资和社会保险费用列为清偿的第一顺序。

(2) 所欠税款。个人独资企业应当缴纳所得税、增值税、营业税、消费税、土地使用税、印花税等。

(3) 其他债务。个人独资企业应当承担的债务，包括合同之债、侵权之债等。

第三节 合伙企业法

一、合伙企业法概述

合伙企业与个人独资企业相比有诸多的优点，如可以从众多的合伙人处筹集资本，合伙人共同偿还债务，合伙人对企业盈亏负有完全责任，有助于提高企业的信誉等。

（一）合伙企业的概念

根据《合伙企业法》的规定，合伙企业指自然人、法人和其他组织依照本法在中国境内设立的普通合伙企业和有限合伙企业。

合伙企业包括普通合伙企业和有限合伙企业两种形式。普通合伙企业是指由普通合伙人组成，合伙人对合伙企业债务承担无限连带责任的合伙企业。有限合伙企业是指由普通合伙人和有限合伙人组成，普通合伙人对合伙企业债务承担无限连带责任，有限合伙人以其认缴的出资额为限对合伙企业债务承担责任的合伙企业。

相关链接

国有独资公司、国有企业、上市公司以及公益性的事业单位、社会团体不得成为普通合伙人。

（二）合伙企业法的概念

合伙企业法有狭义和广义之分。狭义的合伙企业法是指由国家最高立法机关依法制定的规范合伙企业合伙关系的专门法律，即《合伙企业法》。该法由第八届全国人民代表大会常务委员会第二十四次会议于 1997 年 2 月 23 日通过，自 1997 年 8 月 1 日起施行。2006 年 8 月 27 日第十届全国人民代表大会常务委员会第二十三届会议审议通过了《中华人民共和国合伙企业法修订案》，该法于 2007 年 6 月 1 日起正式施行。广义的合伙企业法是指国家立法机关或其他有权部门依法制定的，调整合伙企业合伙关系的各种法律规范的总称，它包括《合伙企业法》及国家有关法律、行政法规和规章中关于合伙企业的法律规范。

（三）合伙人的资格

合伙企业法规定，自然人、法人和其他组织可以成为合伙人。在此明确“法人和其他组织”享有合伙人资格。原法中由于合伙人必须要求承担无限连带责任，作为承担有限责任的企业法人就不具备合伙人的资格。新法增加了有限合伙人，也就将法人纳入了其中。

相关链接

国有独资公司、国有企业、上市公司以及公益性的事业单位、社会团体不得成为普通合伙人。

二、合伙企业的设立

（一）合伙企业的设立条件

1. 普通合伙企业的设立条件

(1) 有两个以上合伙人。合伙人可以是自然人，也可以是法人。合伙人是自然人的，应当具有完全民事行为能力。

相关链接

根据《合伙企业法》第48条的规定，普通合伙人被依法认定为无民事行为能力或限制民事行为能力人的，经其他合伙人一致同意，可以依法转为有限合伙人，此时普通合伙企业转为有限合伙企业。

合伙人数应不少于2人，若出资人只有1人，则是独资企业而非合伙。合伙企业法未规定合伙企业的人数的上限，即合伙企业人数没有上限限制，这是大陆法系合伙立法的普遍做法。当然，由于合伙的人合性质，合伙人相互之间的信任尤为重要，所以实践中合伙人人数一般不会太多。

相关链接

法律、行政法规禁止从事营利性活动的人，不得成为合伙企业的合伙人，具体包括国家公务员、法官、检察官等。另外，《合伙企业法》第3条还规定，国有独资公司、国有企业、上市公司以及公益性的事业单位、社会团体不得成为普通合伙人。

(2) 有书面合伙协议。合伙协议是依法由全体合伙人协商一致、以书面形式订立的合伙企业的契约。合伙协议经全体合伙人签名、盖章后生效。合伙人按照合伙协议享有权利，履行义务。修改或者补充合伙协议，应当经全体合伙人一致同意，但是合伙协议另有约定的除外。合伙协议未约定或者约定不明确的事项，由合伙人协商决定；协商不成的，依照《合伙企业法》和其他有关法律、行政法规的规定处理。

相关链接

合伙协议应当载明下列事项：①合伙企业的名称和主要经营场所的地点；②合伙目的和合伙经营范围；③合伙人的姓名或者名称、住所；④合伙人的出资方式、数额和缴付期限；⑤利润分配、亏损分担方式；⑥合伙事务的执行；⑦入伙与退伙；⑧争议解决办法；⑨合伙企业的解散与清算；⑩违约责任。

(3) 有合伙人认缴或实际缴付的出资。合伙人可以用货币、实物、知识产权、土地使用权或者其他财产权利出资，也可以用劳务出资。合伙人以实物、知识产权、土地使用权或者其他财产权利出资，需要评估作价的，可以由全体合伙人协商确定，也可以由全体合伙人委托法定评估机构评估。合伙人以劳务出资的，其评估办法由全体合伙人协商确定，并在合伙协议中载明。

(4) 有合伙企业的名称和生产经营场所。经营场所是指合伙企业从事生产经营活动的所在地，合伙企业一般只有一个经营场所，即在企业登记机关登记的营业地点。经营场所的法律意义在于确定债务履行地、诉讼管辖、法律文书送达等。从事经营活动的必要条件是指根据合伙企业的业务性质、规模等因素而需具备的设施、设备、人员等方面的条件。

相关链接

普通合伙企业应当在其名称中标明“普通合伙”字样。

2. 有限合伙企业的设立条件

(1) 有 2 个以上 50 个以下合伙人，法律另有规定的除外。有限合伙企业至少应当有 1 个普通合伙人。有限合伙企业仅剩有限合伙人的，应当解散；有限合伙企业仅剩普通合伙人的，应当转为普通合伙企业。

(2) 有书面合伙协议。有限合伙协议除符合《合伙企业法》第 18 条的规定外，还应当载明下列事项：普通合伙人和有限合伙人的姓名或者名称、住所；执行事务合伙人应具备的条件和选择程序；执行事务合伙人权限与违约处理办法；执行事务合伙人的除名条件和更换程序；有限合伙人入伙、退伙的条件、程序以及相关责任；有限合伙人和普通合伙人相互转变程序。

(3) 有合伙人认缴或实际缴付的出资。有限合伙人可以用货币、实物、知识产权、土地使用权或者其他财产权利作价出资。有限合伙人不得以劳务出资。有限合伙人应当按照合伙协议的约定按期足额缴纳出资；未按期足额缴纳的，应当承担补缴义务，并对其他合伙人承担违约责任。

(4) 有合伙企业的名称和生产经营场所。有限合伙企业名称中应当标明“有限合伙”字样。

(二) 合伙企业的设立程序

1. 向企业登记机关提出申请并提交相关文件

申请设立合伙企业，应当向企业登记机关提交登记申请书、合伙协议书、合伙人身份证明等文件。合伙企业的经营范围中有属于法律、行政法规规定在登记前须经批准的项目的，该项经营业务应当依法经过批准，并在登记时提交批准文件。

2. 企业登记机关审核，做出是否登记的决定

申请人提交的登记申请材料齐全、符合法定形式，企业登记机关能够当场登记的，应予当场登记，发给营业执照。除此之外，企业登记机关应当自受理申请之日起 20 日内，做出是否登记的决定。予以登记的，发给营业执照；不予登记的，应当给予书面答复，并说明理由。

相关链接

合伙企业的营业执照签发日期，为合伙企业成立日期。

合伙企业领取营业执照前，合伙人不得以合伙企业名义从事合伙业务。

三、合伙企业的财产与合伙企业的事务执行

（一）合伙企业财产

当合伙人的出资转入合伙企业时，就构成合伙企业的财产。合伙人的出资、以合伙企业名义取得的收益和依法取得的其他财产，均为合伙企业的财产。

合伙企业的合伙财产，具有共有财产性质，即由合伙人共同管理和使用。对合伙财产的占有、使用、收益和处分，均应当依据全体合伙人的共同意志进行，合伙存续期间除非有合伙人退伙等法定事由，合伙人不得请求分割合伙企业的财产。

合伙企业财产的转让是指合伙人将自己在合伙企业中的财产份额转让与他人。除合伙协议另有约定外，合伙企业存续期间，合伙人向合伙人以外的人转让其在合伙企业中的全部或者部分财产份额时，须经其他合伙人一致同意。合伙人之间转让在合伙企业中的全部或者部分财产份额时，应当通知其他合伙人。这一规定适用于合伙企业财产在合伙人之间的内部转让。合伙人依法转让其财产份额时，在同等条件下，其他合伙人有优先受让的权利，但是，合伙协议另有约定的除外。

相关链接

合伙人以其在合伙企业中的财产份额出质（质押担保）的，须经其他合伙人一致同意。未经其他合伙人一致同意，合伙人以其在合伙企业中的财产份额出质的，其行为无效，由此给善意第三人造成损失的，由行为人依法承担赔偿责任。合伙人在合伙企业清算前，不得请求分割合伙企业的财产，但是，合伙企业法另有规定的除外。合伙人在合伙企业清算前私自转移或者处分合伙企业财产的，合伙企业不得以此对抗善意第三人。

（二）合伙企业的事务执行

1. 合伙事务执行的形式

根据我国《合伙企业法》的规定，合伙人执行合伙企业事务可以有两种形式：一是全体合伙人共同执行合伙企业事务；二是委托一名或数名合伙人执行合伙企业事务，其他合伙人不再执行合伙事务。有限合伙企业由普通合伙人执行合伙事务，有限合伙人不执行合伙事务，不得对外代表有限合伙企业。但并非所有合伙事务的决定权都可以被授予个别合伙人。

相关链接

合伙企业的下列事务必须经全体合伙人一致同意：①改变合伙企业的名称；②改变合伙企业的经营范围、主要经营场所的地点；③处分合伙企业的不动产；④转让或处分合伙企业的知识产权和其他财产权利；⑤以合伙企业名义为他人提供担保；⑥聘任合伙人以外的人担任合伙企业的经营管理人员。

2. 合伙人在执行合伙事务中的权利和义务

（1）合伙人在执行合伙事务中的权利。根据《合伙企业法》的规定，合伙人在执行合伙事务中的权利包括以下几个方面：合伙人对执行合伙事务享有同等的权利；不执行合伙事务的合伙人有权监督执行事务合伙人执行合伙事务的情况；合伙人为了解合伙企业的经营状况和财务状况，有权查阅合伙企业会计账簿等财务资料；合伙人分别执行合伙事务的，执行事务合伙人可以对其他合伙人执行的事务提出异议。提出异议时，应当暂停该项事务的执行。如果发生争议，依合伙协议约定的办法或全体合伙人过半数通过的办法处理争议；被委托执行合伙事务的合伙人不按照合伙协议或者全体合伙人的决定执行事务的，其他合伙人可以决定撤销该委托。

（2）合伙人在执行合伙事务中的义务。根据《合伙企业法》的规定，合伙人在执行合伙事务中的义务包括以下几个方面：由一个或者数个合伙人执行合伙事务的，执行事务合伙人应当定期向其他合伙人报告事务执行情况以及合伙企业的经营和财务状况；普通合伙人不得自营或者同他人合作经营与本合伙企业相竞争的业务。有限合伙人可以自营或者同他人合作经营与本有限合伙企业相竞争的业务；但是，合伙协议另有约定的除外；除合伙协议另有约定或者经全体合伙人同意外，合伙人不得同本合伙企业进行交易。有限合伙人可以同本有限合伙企业进行交易；但是，合伙协议另有约定的除外；合伙人不得从事损害本合伙企业利益的活动。例如，玩忽职守、泄露合伙企业的商业秘密等。

3. 合伙企业事务执行的决议办法

合伙人对合伙企业有关事项做出决议，依照《合伙企业法》或按照合伙协议约定的表决办法办理。法律未规定或合伙协议未约定或者约定不明确的，实行合伙人一人一票并经全体合伙人过半数通过的表决办法。

4. 合伙企业的利润分配和亏损分担

由一个或者数个合伙人执行合伙事务的，其执行合伙事务所产生的收益归全体合伙人，所产生的费用和亏损由全体合伙人承担。合伙企业的利润分配和亏损分担，按照合伙协议的约定办理；合伙协议未约定或者约定不明确的，由合伙人协商决定；协商不成的，由合伙人按照实缴出资比例分配和分担；无法确定出资比例的，由合伙人平均分配和分担。

相关链接

合伙协议不得约定将全部利润分配给部分合伙人或者由部分合伙人承担全部亏损。

5. 非合伙人合伙事务的执行

根据《合伙企业法》的规定，经全体合伙人同意，合伙企业可以聘任合伙人以外的人担任合伙企业的经营管理人员。被聘任的合伙企业的经营管理人员应当在合伙企业授权范围内履行职务。被聘任的合伙企业的经营管理人员，超越合伙企业授权范围履行职务，或者在履行职务过程中因故意或者重大过失给合伙企业造成损失的，依法承担赔偿责任。

四、入伙与退伙

（一）入伙

入伙，是指合伙企业存续期间，合伙人以外的第三人加入合伙，从而取得合伙人资格。

1. 入伙的条件

（1）必须经全体合伙人一致同意，合伙协议另有约定的除外。

（2）依法订立书面入伙协议。订立入伙协议时，原合伙人应当向新合伙人如实告知原合伙企业的经营状况和财务状况。

2. 入伙的法律后果

入伙的新合伙人与原合伙人享有同等权利，承担同等责任。入伙协议另有约定的，从其约定。新合伙人对入伙前合伙企业的债务承担无限连带责任。

相关链接

新入伙的有限合伙人对入伙前有限合伙企业的债务，以其认缴的出资额为限承担责任。

（二）退伙

退伙，是指合伙企业存续期间，合伙人退出合伙企业，从而丧失合伙人资格。

1. 自愿退伙

自愿退伙，是指合伙人基于自愿的意思表示而退伙。自愿退伙可以分为协议退伙和通知退伙两种。

（1）协议退伙。我国《合伙企业法》规定，合伙协议约定合伙期限的，在合伙企业存续期间，有下列情形之一的，合伙人可以退伙：合伙协议约定的退伙事由出现；经全体合伙人一致同意；发生合伙人难以继续参加合伙的事由；其他合伙人严重违反合伙协议约定的义务。

（2）通知退伙。我国《合伙企业法》规定，合伙协议未约定合伙期限的，合伙人在不给合伙企业事务执行造成不利影响的情况下，可以退伙，但应当提前30日通知其他合伙人。

合伙人违反上述规定退伙的，应当赔偿由此给合伙企业造成的损失。

2. 法定退伙

法定退伙，是指合伙人因出现法律规定的事由而退伙。法定退伙分为当然退伙和除名两种。

（1）当然退伙。我国《合伙企业法》规定，合伙人有下列情形之一的，当然退伙：作为合伙人的自然人死亡或者被依法宣告死亡；个人丧失偿债能力；作为合伙人的法人或者其他组织依法被吊销营业执照、责令关闭、撤销，或者被宣告破产；法律规定或者合伙协议约定合伙人必须具有相关资格而丧失该资格；合伙人在合伙企业中的全部财产份额被人民法院强制执行。退伙事由实际发生之日为退伙生效日。

（2）除名。合伙人有下列情形之一的，经其他合伙人一致同意，可以决议将其除名：未履行出资义务；因故意或者重大过失给合伙企业造成损失；执行合伙事务时有不正当行为；发生合伙协议约定的事由。

对合伙人的除名决议应当书面通知被除名人。被除名人接到除名通知之日，除名生效，被除名人退伙。被除名人对除名决议有异议的，可以自接到除名通知之日起30日内，向人民法院起诉。

3. 退伙的法律后果

退伙的法律后果，分为两种情况：一是财产继承；二是财产清算与损益分配。

（1）财产继承。合伙人死亡或者被依法宣告死亡的，对该合伙人在合伙企业中的财产份额享有合法继承权的继承人，按照合伙协议的约定或者经全体合伙人一致同意，从继承开始之日起，取得该合伙企业的合伙人资格。

相关链接

继承人不愿意成为合伙人，合伙企业应当向合伙人的继承人退还被继承合伙人的财产份额。合伙人的继承人为无民事行为能力人或者限制民事行为能力人的，经全体合伙人一致同意，可以依法成为有限合伙人，普通合伙企业依法转为有限合伙企业。全体合伙人未能一致同意的，合伙企业应当将被继承合伙人的财产份额退还该继承人。

（2）财产清算与损益分配。我国《合伙企业法》规定：合伙人退伙，其他合伙人应当与该退伙人按照退伙时的合伙企业财产状况进行结算，退还退伙人的财产份额。退伙人对给合伙企业造成的损失负有赔偿责任的，相应扣减其应当赔偿的数额。退伙时有未了结的合伙企业事务的，待该事务了结后进行结算。退伙人在合伙企业中财产份额的退还办法，由合伙协议约定或者由全体合伙人决定，可以退还货币，也可以退还实物。退伙人对基于其退伙前的原因发生的合伙企业债务，承担无限连带责任。有限合伙人退伙后，对基于其退伙前的原因发生的有限合伙企业债务，以其退伙时从有限合伙企业中取回的财产承担责任。合伙人退伙时，合伙企业财产少于合伙企业债务的，如果合伙协议约定亏损分担比例的，退伙人应当按照约定比例分担亏损。未约定的，退伙人应当与其他合伙人平均分担亏损。

五、合伙企业解散和清算

（一）解散

合伙企业的解散，是指各合伙人解除合伙协议，合伙企业终止活动，合伙企业因某些法律事实的发生而使其民事主体资格归于消灭的法律行为。

相关链接

《合伙企业法》规定，合伙企业有下列情形之一的，应当解散：①合伙期限届满，合伙人决定不再经营；②合伙协议约定的解散事由出现；③全体合伙人决定解散；④合伙人已不具备法定人数满 30 天；⑤合伙协议约定的合伙目的已经实现或者无法实现；⑥依法被吊销营业执照、责令关闭或者被撤销；⑦法律、行政法规规定的其他原因。

（二）清算

合伙企业解散后，应当进行清算。清算程序如下。

1. 确定清算人

清算人由全体合伙人担任；未能由全体合伙人担任清算人的，经全体合伙人过半数同意，可以自合伙企业解散事由出现后 15 日内指定一个或者数个合伙人，或者委托第三人，担任清算人。15 日内未确定清算人的，合伙人或者其他利害关系人可以申请人民法院指定清算人。

2. 通知和公告债权人

清算人自被确定之日起 10 日内将合伙企业解散事项通知债权人，并于 60 日内在报纸上公告。债权人应当自接到通知书之日起 30 日内，未接到通知书的自公告之日起 45 日内，向清算人申报债权，清算人应当对债权进行登记。清算期间，合伙企业存续，但不得开展与清算无关的经营活动。

相关链接

根据我国《合伙企业法》的规定，合伙企业财产在支付清算费用后，按下列顺序清偿：①合伙企业所欠职工工资和社会保险费用、法定补偿金；②合伙企业所欠税款；③合伙企业的债务；④返还合伙人的出资。

合伙企业财产按上述顺序清偿后仍有剩余的，按照合伙协议约定的利润分配比例进行分配；合伙协议未约定分配比例的，由合伙人平均分配。合伙企业清算时其全部财产不足清偿其债务的，由合伙人以个人的财产按照合伙协议约定的比例承担清偿责任；合伙协议未约定比例的，由合伙人平均承担清偿责任。

3. 清偿的结果

清算结束，清算人应编制清算报告，经全体合伙人签章后报送登记机关，申请注销登记；注销登记后合伙企业消灭，但原普通合伙人对合伙企业存续的债务仍应承担无限连带责任；合伙企业不能清偿到期债务的，债权人也可以申请其破产，普通合伙人仍要承担无限连带责任。

【本章学习反馈】

一、单项选择题

1. 申请设立个人独资企业，无须投资人或者其委托的代理人向个人独资企业所在地的登记机关提交的文件材料是（　　）。

A. 设立申请书　　B. 投资人身份证明

C. 生产经营场所证明　　D. 从业人员身份证明

2. 普通合伙企业的合伙人甲在单独执行企业事务时，未经其他合伙人同意，独自决定实施了下列行为。其中哪一项行为的实施，违反了《合伙企业法》的规定？（　　）

A. 为合伙企业购置办公用品

B. 为购买生产原料而向银行贷款

C. 以企业的设备为乙公司向银行借款提供抵押

D. 聘请律师办理土地使用权抵押登记手续

3. 以下关于个人独资企业与合伙企业的说法中，符合法律规定的是（　　）。

A. 个人独资企业与合伙企业对自然人出资的要求相同

B. 个人独资企业与合伙企业在企业解散后5年内出资人对企业债务均负有偿债的责任

C. 个人独资企业的财产所有权归个人所有，合伙企业的财产所有权归企业所有

D. 个人独资企业与合伙企业的出资方式相同

4. 有限合伙人不可以用（　　）作价出资。

A. 货币　　B. 实物　　C. 劳务　　D. 知识产权

二、案例分析题

2012年1月15日，甲出资5万元设立A个人独资企业（简称A企业）。甲聘请乙管理企业事务，同时规定，凡乙对外签订标的额1万元以上的合同，须经甲同意。2月10日乙未经甲同意，以A企业名义向善意第三人丙购买价值2万元的货物。2017年7月4日，A企业亏损，不能支付到期的丁的债务，甲决定解散该企业，并请求人民法院指定清算人。7月10日，人民法院指定戊作为清算人对A企业进行清算。经查，A企业和甲的资产及债权债务关系情况如下：①A企业欠缴税款2000元，欠乙工资5000元，欠社会保险费用5000元，欠丁10万元；②A企业的银行存款1万元，实物折价8万元；③甲在B合伙企业出资6万元，占50%的出资额，B合伙企

业每年可向合伙人分配利润；④甲个人其他可执行的财产价值2万元。

问题：

(1) 简述A企业的设立条件及设立程序；

(2) 乙于2月10日以A企业名义向丙购入价值2万元货物的行为是否有效；

(3) 试述A企业的债务清偿顺序；

(4) 如何满足丁的债权请求？

第三章 公 司 法

☞ 学习目标 》

通过本章的学习，应达到以下目标：掌握公司的概念、法律特征和分类，并重点掌握有限责任公司、股份有限公司的设立和组织机构；了解股权的内容、股份的发行和转让，公司债券的发行和转让等法律问题；能运用所学知识分析和解决有关公司的具体法律问题。

☞ 导入案例 》

2022 年 1 月，甲有限责任公司（简称甲公司）注册成立，注册资本为 2000 万元，乙有限责任公司（简称乙公司）为甲公司的股东之一，货币出资 500 万元。乙公司与甲公司的其他股东共同签订了公司章程。在公司章程中规定，公司股东享有查阅股东会会议记录和公司财务会计报告的权利。然而直到 2023 年 6 月，甲公司从未向乙公司提供过年度财务会计报告。乙公司作为拥有 1/4 股权的股东，对公司的经营情况、财务状况及利润分配等一无所知。在多次交涉未果的情况下，乙公司诉至法院，请求判令甲公司提交财务会计报告。法庭上，甲公司辩称，乙公司承诺增资 228 万元，却一直未予以兑现。因此，甲公司认为不应当向乙公司交付财务会计报告。

问题：①甲公司应该为乙公司提供财务会计报告吗？为什么？②乙公司与甲公司的其他股东共同签订的公司章程的法律效力如何？③甲公司其他股东的货币出资额的最低限度是多少？

第一节 公司与公司法概述

一、公司的概念与分类

（一）公司的概念与法律特征

公司是指股东依照公司法的规定，以出资方式设立，股东以其认缴的出资额或认购的股份为限对公司承担责任，公司以其全部独立法人财产对公司债务承担责任的企业法人。从法律上讲，我国的公司主要有四项特征。

（1）公司依法定程序设立。公司必须依法定条件、法定程序设立。这一方面要求公司的章程、资本、组织机构、活动原则等必须合法；另一方面，要求公司设立要经过法定程序进行工商登记。公司除依公司法设立之外，有时还必须符合其他法律的规定，如商业银行法、保险法、证券法等行业管理法律，有时公司还可能是依据特别法或行政命令设立。

相关案例

2022年1月，张三和李四二人共同投资设立一个企业，张三以现金出资，李四以实物和劳务出资。企业成立后，效益很好，2023年3月，张三和李四商议把企业改成股份有限公司，于是就在企业门口挂上了披头士股份有限公司的牌子。本案中该企业的性质应为合伙企业。根据《公司法》的有关规定，公司必须依法定条件、法定程序设立。因此，他们私自在企业门口挂披头士股份有限公司的牌子的做法是不合法的。

(2) 公司以营利为目的。所谓营利是指为了谋取超出资本的利益并将其分配给投资者的行为。以营利为目的，是指股东即出资者设立公司的目的是营利。这一特征使公司区别于以公益为目的的事业单位法人和以行政管理为目的的国家机关法人。此外，公司的营利活动应是具有连续性的营业，一次性的、间歇性的营利行为不构成经营性的营业活动。

(3) 公司具有社团性。公司是股东在出资基础上集合而成的社团法人。所谓社团法人，是由二人以上集合组成的法人。社团法人成立的目的是谋求成员的利益。传统公司法理论认为，公司就是这样一种经济组织。社团性的基础是复数的社员。一般认为，一人公司的出现并不能否认公司的社团性，只不过是公司社团性的例外罢了。

(4) 公司具有法人资格。法人是指具有民事权利能力和民事行为能力，依法独立享有民事权利和承担民事义务的社会组织。公司是企业法人，应当符合《中华人民共和国民法典》规定的法人条件，最主要的是有独立的法人财产和独立承担民事责任。我国《公司法》规定的有限责任公司和股份有限公司均具有法人资格，股东以其认缴的出资额或认购的股份为限对公司承担有限责任。这里的有限责任是指股东对公司的有限责任，公司对债权人的责任则是无限的，即公司要以其全部财产对其债务承担责任。

相关案例

甲、乙、丙三家公司共同出资于2022年8月设立A有限责任公司（简称A公司）。2023年1月，A公司以资金周转困难为由，向小A借款200万元作为生产的流动资金，约定借款期限为一年。但到了约定的还款时间，A公司无力偿还欠款。小A遂以其三家股东甲、乙、丙公司为被告诉至法院，请求判令被告返还借款。在本案中，因为A公司是甲、乙、丙公司共同出资依法设立的公司。甲、乙、丙公司已经履行了出资义务，只在此出资范围内承担有限责任。所以小A不能向A公司的三家股东甲、乙、丙公司追偿债务。

（二）公司的分类

1. 无限公司、有限公司、股份有限公司、两合公司和股份两合公司

以股东对公司债务所承担的责任为标准，可以将公司分为无限公司、有限公司、股份有限公司、两合公司和股份两合公司。

无限公司亦称无限责任公司，是指股东对公司债务负无限连带清偿责任的公司。无限公司是各类公司中出现最早的公司，存在于大陆法系国家，英美法系国家一般将其视为普通合伙。

有限公司亦称有限责任公司，是指股东对公司债务仅以其出资额为限承担有限责任的公司。

股份有限公司亦称股份公司，是指将公司的全部资本划分为等额股份，股东按其所认购的股份对公司债务承担责任的公司。

两合公司是指由一个以上的无限责任股东和一个以上的有限责任股东组成的公司。

股份两合公司是指股份有限公司与无限责任公司的组合，无限责任股东对公司债务负无限连带责任，有限责任部分的资本则划分为股份，可以发行股票，其股东仅以其认购的股份对公司债务承担责任的公司。

在上述公司类型中，有限责任公司和股份有限公司是当代最典型的两种公司形式。两者的区别见表 3-1。

表 3-1 有限责任公司与股份有限公司的区别

项目	有限责任公司	股份有限公司
信用基础	资合兼人合公司	纯粹人合公司
成立要件	较简单	较复杂
筹资方式	发起设立	发起或募集设立
组织机构	可以简化	不得简化
表现形式	普通公司（一人公司）	普通公司
股权基础	出资额	股份
股权转让	限制	自由
经营者	全体股东	特定机构
信息公开程度	低	高

2. 母公司和子公司

以一个公司对另一个公司的控制与支配关系为标准，可以将公司分为母公司和子公司。

母公司是指因拥有其他公司一定比例股份或者根据协议可以控制或支配其他公司的公司，因此母公司也称控股公司。

子公司和母公司是相对应的概念。子公司是指全部股份或达到控股程度的股份被另一个公司控制，或者依照协议被另一个公司实际控制的公司。

子公司和母公司一样都具有法人资格，依法独立享有民事权利，承担民事责任。我国《公司法》第 14 条第 2 款规定：“公司可以设立子公司，子公司具有独立法人资格，依法独立承担民事责任。”

相关案例

2012 年，甲有限责任公司（简称甲公司）与乙合伙企业共同出资设立丙有限责任公司（简称丙公司），出资比例分别为80%和20%。2018年，由于丙公司经营不善，欠丁公司100万元，现无力偿还。丁公司了解到，甲公司经济实力雄厚，且甲公司实际上是丙公司的母公司，于是向法院起诉，要求甲公司承担100万元的债务。在本案中该起诉不能得到法院的支持。原因在于子公司和母公司一样都具有法人资格，依法独立享有民事权利，承担民事责任。作为母公司的甲公司是丙公司的股东，除非有《公司法》第20条规定的适用公司法人人格否定的情形，否则不能直接要求甲公司承担责任。

3. 资合公司、人合公司、人合兼资合公司

以公司信用基础的不同为标准进行分类，可以将公司分为资合公司、人合公司、人合兼资合公司。这是大陆法系国家公司法学者对公司所进行的一种学理分类。

资合公司是指以公司的资本额和资产条件为公司信用基础的公司。股份有限公司即典型的资合公司。

人合公司是指以股东的个人信用作为公司的信用基础的公司。人合公司中股东结合的基础主要是个人信用，公司经营活动的基础也主要是个人信用，而不是公司的资本。

人合兼资合公司是指以股东的个人信用和公司的资本信用为公司信用基础的公司。

4. 总公司和分公司

以公司的内部管辖关系为标准进行划分，可以将公司分为总公司和分公司。

总公司也称本公司，是指管辖公司全部组织的总机构。根据我国法律，公司应该至少有三个分支机构，才可以在名称中使用“总”的字样。

分公司是指被总公司所管辖的公司分支机构。分公司没有独立的名称、章程，没有独立的财产，不具有法人资格，仅为总公司的附属机构。

5. 本国公司、外国公司和跨国公司

以公司的国籍为标准进行划分，可以将公司分为本国公司、外国公司和跨国公司。

本国公司是指依本国法律，在本国境内设立的公司。外国公司是指依外国法律，在外国设立的公司。跨国公司是指在多个国家设有公司的公司，通常具有两个以上的国籍。

二、公司法的含义

公司法是指规定公司的设立、组织、活动、解散及其他对内对外关系的法律规范的总称。公司法的概念有狭义与广义之分。狭义的公司法，仅指专门调整公司问题的法典，如公司法。广义的公司法，除包括专门的公司法典外，还包括其他有关公司的法律、法规、行政规章、司法解释以及其他各法之中的调整公司组织关系、规范公司组织行为的法律规范，如《民法通则》《中外合资经营企业法》《中华人民共和国公司登记管理条例》（简称《公司登记管理条例》）等法中的相关规定。

1993年12月29日第八届全国人民代表大会常务委员会第五次会议通过根据1999年12月25日第九届全国人民代表大会常务委员会第十三次会议《关于修改〈中华人民

共和国公司法〉的决定》第一次修正 根据2004年8月28日第十届全国人民代表大会常务委员会第十一次会议《关于修改〈中华人民共和国公司法〉的决定》第二次修正 2005年10月27日第十届全国人民代表大会常务委员会第十八次会议修订 根据2013年12月28日第十二届全国人民代表大会常务委员会第六次会议《关于修改〈中华人民共和国海洋环境保护法〉等七部法律的决定》第三次修正 根据2018年10月26日第十三届全国人民代表大会常务委员会第六次会议《关于修改〈中华人民共和国公司法〉的决定》第四次修正。

第二节 有限责任公司

一、有限责任公司的概念与特征

有限责任公司也称有限公司，是指由1个以上50个以下的股东设立的，股东以其认缴的出资额为限对公司承担有限责任，公司以其全部财产对公司债务承担责任的企业法人。有限责任公司具有以下法律特征。

(1) 股东承担有限责任。有限责任公司的股东，仅以其出资额为限对公司的债务承担责任，此外，对公司的债权人不承担任何责任。这是有限责任公司与无限公司及合伙企业的根本区别。

(2) 股东人数受限制。因为有限责任公司是具有较强人合性的资合公司，股东须相互信任，这就决定了股东人数不可能太多，有必要做出上限的规定，一般限制为50人。股东人数超过50人则要变更公司形式为股份有限公司。我国新的《公司法》承认了一人公司，因此，有限责任公司的股东人数为1～50人。

(3) 股东出资具有非股份性。有限责任公司的资本一般不分为等额股份，股东出资也不以股份为单位计算，而直接以出资额计算。这是有限责任公司与股份有限公司最重要的区别。

(4) 机构设置具有灵活性。有限责任公司设立程序简便，只有发起设立，而无募集设立；组织机构也较简单、灵活，其股东会由全体股东组成，董事会由股东会选举产生；规模较小股东人数较少的有限责任公司可以不设董事会和监事会，而由执行董事和执行监事来代替。

(5) 公司资本具有封闭性。有限责任公司资本只能由全体股东认缴，不能向社会募集股份，也不能发行股票。公司发给股东出资数额的证明书称股单，股单也不能在证券市场上流通转让。另外，一般对股东出资的转让也有严格的限制。

二、有限责任公司的设立

公司的设立是指为了取得公司主体资格而依法定程序进行的一系列法律行为的总称。设立公司，应当向工商行政管理机关申请设立登记。设立公司必须符合公司法规定的条件，法律、行政法规规定设立公司必须报经批准的，应当在公司登记前依法办理批准手续。

（一）有限责任公司设立的条件

依据我国《公司法》，设立有限责任公司的法定条件包括以下几方面。

(1) 有符合公司章程规定的全体股东认缴的出资额。有限责任公司的注册资本为在公司登记机关登记的全体股东认缴的出资额。

(2) 股东符合法定人数。有限责任公司由1～50个股东出资设立。国家可以单独出资、由国务院或者地方人民政府授权本级人民政府国有资产监督管理机构履行出资人职责设立有限责任公司，即国有独资公司。《公司法》也规定了一人有限责任公司，允许设立只有一个自然人股东或者一个法人股东的有限责任公司。

(3) 股东共同制定公司章程。有限责任公司设立时，由全体股东共同制定公司章程，股东应当在公司章程上签名、盖章。公司章程应当载明下列事项：①公司名称和住所；②公司经营范围；③公司注册资本；④股东的姓名或者名称；⑤股东的出资方式、出资额和出资时间；⑥公司的机构及其产生办法、职权、议事规则；⑦公司法定代表人；⑧股东会会议认为需要规定的其他事项。

相关链接

公司章程，是指公司依法制定的，规定公司名称、住所、经营范围、经营管理制度等重大事项的基本文件，或是指公司必备的规定公司组织及活动的基本规则的书面文件，是以书面形式固定下来的股东共同一致的意思表示。公司章程是公司组织和活动的基本准则，是公司的宪章。公司章程的基本特征是要具备法定性、真实性、自治性和公开性。作为公司组织与行为的基本准则，公司章程对公司的成立及运营具有十分重要的意义，它既是公司成立的基础，也是公司赖以生存的灵魂。

(4) 有公司名称。公司名称是公司具有独立人格和对外经营活动的标志，也是公司的法定登记事项。公司在设定自己的名称时，必须符合法律、法规的规定，并经过工商行政管理部门进行预先核准登记。公司名称通常由行政区划、字号、所属行业、组织形式依次构成。设立有限责任公司，必须在公司名称中标明有限责任公司或者有限公司字样。

(5) 建立符合有限责任公司要求的组织机构。根据《公司法》规定，有限责任公司的组织机构包括股东会、董事会和监事会，法律另有规定的除外。

(6) 有公司住所。公司必须有自己的住所，其住所可以与其经营场所一致，也可以不一致。根据《公司法》，有限责任公司以其主要办事机构所在地为住所。

（二）有限责任公司的设立程序

《公司法》及《公司登记管理条例》对有限责任公司设立的程序做了明确的规定。

同股份有限公司相比，其设立程序较为简单[1]。

(1) 发起人发起。有限责任公司只能以发起设立方式设立，投资者通常首先签署发起设立协议，对公司的投资者、各方投资比例、公司名称等基本事项予以明确约定。

(2) 办理公司名称的预先核准登记手续。预先核准的公司名称要符合法律对公司名称的构成要求，同时公司名称不得与他人的公司名称相同或相近。通过预先核准的公司名称可以保留 6 个月的优先使用权利。

(3) 制定和通过公司章程。公司章程是对股东、董事、监事及公司高级管理人员具有约束力的调整公司内部组织关系和经营行为的自治规则，它是公司设立、运营过程中处理内外关系的重要文件，制定公司章程是公司设立的必经程序。《公司法》规定，公司章程需经全体股东同意并签名、盖章，报登记主管机关批准后，发生法律效力。

(4) 设立审批。法律、行政法规规定设立公司必须报经批准的，还应当在公司登记前依法办理批准手续。

(5) 缴纳出资。缴纳出资是股东在公司设立中履行设立协议或公司章程规定的出资义务的行为。

股东可以用货币出资，也可以用实物、知识产权、土地使用权等可以用货币估价并可以依法转让的非货币财产作价出资；但是，法律、行政法规规定不得作为出资的财产除外。对作为出资的非货币财产应当评估作价，核实财产，不得高估或者低估作价。法律、行政法规对评估作价有规定的，从其规定。

相关案例

出资形式

2014 年，甲、乙、丙三人经协商，准备成立一家有限责任公司，主要从事服装生产。其中，甲为公司提供厂房和设备，经评估作价 25 万元；乙从银行借款 20 万元现金作为出资；丙原为一家私营企业的服装厂厂长，具有丰富的管理经验，提出以管理能力出资，作价 15 万元。甲、乙、丙签订协议后，向工商行政管理局申请注册。本案例中有三种出资形式，即实物、现金、无形资产。其中甲的出资为实物出资，符合我国《公司法》的规定；乙虽然是从银行借的资金，但并不影响其出资能力，故属货币出资，符合我国《公司法》的规定；丙的出资是无形资产，但我国《公司法》第 27 条只规定知识产权等可以用货币估价并可依法转让的非货币财产作价出资，以管理能力作为出资，因其难以估价并不可转让，不符合我国《公司法》的规定。按照我国新修订的《公司法》规定，有符合公司章程规定的全体股东认缴的出资额公司即可成立。有限责任公司的注册资本为在公司登记机关登记的全体股东认缴的出资额。股东人数也符合规定。

股东应当按期足额缴纳公司章程中规定的各自所认缴的出资额。股东不按期缴纳出资的，除应当向公司足额缴纳外，还应当向已按期足额缴纳出资的股东承担违约责任。有限责任公司成立后，发现作为设立公司出资的非货币财产的实际价额显著低于公司章

---

① 新修订的《公司法》中取消了关于“成立有限责任公司中股东缴纳出资后，必须经依法设立的验资机构验资并出具证明”的规定

程所定价额的，应当由交付该出资的股东补足其差额；公司设立时的其他股东承担连带责任。

(6) 确立公司的组织机构。根据《公司法》的规定，除一人公司和国有独资公司外，有限责任公司应设立股东会，作为公司的权力机构；除规模较小、股东人数较少的有限责任公司外，一般还应设立董事会和监事会。

(7) 申请设立登记。股东的首次出资经依法设立的验资机构验资后，由全体股东指定的代表或者共同委托的代理人向公司登记机关报送公司登记申请书、公司章程、验资证明等文件，申请设立登记。

(8) 登记发给营业执照。公司登记机关对申请登记时提供的材料进行审查后，认为符合法律规定的，将予以登记并发给营业执照。自此，有限责任公司宣告成立，并取得法人资格。

三、有限责任公司的组织机构

（一）股东会

1. 股东会的性质和职权

有限责任公司的股东会由公司全体股东组成，是公司的权力机构。根据《公司法》第38条规定，股东会行使下列职权：决定公司的经营方针和投资计划；选举和更换非由职工代表担任的董事、监事，决定有关董事、监事的报酬事项；审议批准董事会的报告；审议批准监事会或者监事的报告；审议批准公司的年度财务预算方案、决算方案；审议批准公司的利润分配方案和弥补亏损方案；对公司增加或者减少注册资本做出决议；对发行公司债券做出决议；对公司合并、分立、解散、清算或者变更公司形式做出决议；修改公司章程；公司章程规定的其他职权。

2. 股东会会议制度

(1) 股东会会议的召开。股东会会议分为定期会议和临时会议。定期会议应当按照公司章程的规定按时召开。代表十分之一以上表决权的股东，三分之一以上的董事，监事会或者不设监事会的公司的监事提议召开临时会议的，应当召开临时会议。

首次股东会会议由出资最多的股东召集和主持。有限责任公司设立董事会的，股东会会议由董事会召集，董事长主持；董事长不能履行职务或者不履行职务的，由副董事长主持；副董事长不能履行职务或者不履行职务的，由半数以上董事共同推举一名董事主持。有限责任公司不设董事会的，股东会会议由执行董事召集和主持。董事会或者执行董事不能履行或者不履行召集股东会会议职责的，由监事会或者不设监事会的公司的监事召集和主持；监事会或者监事不召集和主持的，代表十分之一以上表决权的股东可以自行召集和主持。

(2) 股东会的决议。召开股东会会议，应当于会议召开15日以前通知全体股东；但是，公司章程另有规定或者全体股东另有约定的除外。股东会应当把所议事项的决定做成会议记录，出席会议的股东应当在会议记录上签名。

股东会会议做出修改公司章程、增加或者减少注册资本的决议，以及公司合并、分立、解散或者变更公司形式的决议，必须经代表三分之二以上表决权的股东通过。股东会的议事方式和表决程序，除《公司法》有规定的外，由公司章程规定。

（二）董事会和经理

1. 董事会的性质

董事会是公司的业务执行机关。董事会由股东会选举产生，向股东会负责。股东人数较少或者规模较小的有限责任公司，可以设一名执行董事，不设董事会。执行董事可以兼任公司经理。执行董事的职权由公司章程规定。

2. 董事会的组成和职权

（1）董事会的组成。有限责任公司设董事会，其成员为3～13人。两个以上的国有企业或者其他两个以上的国有投资主体投资设立的有限责任公司，其董事会成员中应当有公司职工代表；其他有限责任公司董事会成员中也可以有公司职工代表。董事会中的职工代表由公司职工通过职工代表大会、职工大会或者其他形式民主选举产生。

董事会设董事长一人，可以设副董事长。董事长、副董事长的产生办法由公司章程规定。

（2）董事会的职权。根据《公司法》第47条的规定，董事会对股东会负责，行使下列职权：召集股东会会议，并向股东会报告工作；执行股东会的决议；决定公司的经营计划和投资方案；制订公司的年度财务预算方案、决算方案；制订公司的利润分配方案和弥补亏损方案；制订公司增加或者减少注册资本以及发行公司债券的方案；制订公司合并、分立、变更公司形式、解散的方案；决定公司内部管理机构的设置；决定聘任或者解聘公司经理及其报酬事项，并根据经理的提名决定聘任或者解聘公司副经理、财务负责人及其报酬事项；制定公司的基本管理制度；公司章程规定的其他职权。

（3）董事的任期。董事任期由公司章程规定，但每届任期不得超过三年。董事任期届满，连选可以连任。董事任期届满未及时改选，或者董事在任期内辞职导致董事会成员低于法定人数的，在改选出的董事就任前，原董事仍应当依照法律、行政法规和公司章程的规定，履行董事职务。

3. 董事会会议

董事会会议由董事长召集和主持；董事长不能履行职务或者不履行职务的，由副董事长召集和主持；副董事长不能履行职务或者不履行职务的，由半数以上董事共同推举一名董事召集和主持。

董事会应当把所议事项的决定做成会议记录，出席会议的董事应当在会议记录上签名。董事会决议的表决，实行一人一票。董事会的议事方式和表决程序，除《公司法》有规定的外，由公司章程规定。

4. 经理

（1）经理的性质。有限责任公司可以设经理，由董事会决定对其聘任或者解聘，经理对董事会负责。公司经理是负责公司日常经营管理的人员，是董事会的辅助管理人员。

（2）经理的职权。根据《公司法》第50条的规定，经理依法行使下列职权：主持公司的生产经营管理工作，组织实施董事会决议；组织实施公司年度经营计划和投资方案；拟订公司内部管理机构设置方案；拟订公司的基本管理制度；制定公司的具体规章；提请聘任或者解聘公司副经理、财务负责人；决定聘任或者解聘除应由董事会决定聘任或者解聘以外的负责管理人员；董事会授予的其他职权。

公司章程对经理职权另有规定的，从其规定。经理列席董事会会议。

相关案例

股东会能否直接决议罢免经理？

孔雀有限责任公司2017年经济效益不好，许多股东都认为，主要是公司的总经理小A经营能力差、经验不够所致。于是，在2017年年末召开股东会的时候，经股东提议，股东会做出罢免公司总经理小A并任命李某为新总经理的决议。根据《公司法》，经理对董事会负责，因此经理的任命或解聘都应该由董事会做出。股东会无权直接做出任命或解聘公司经理的决议。所以，本案中股东会的此项决议无效。

（三）监事会

（1）监事会的性质。监事会，又称监察人会议，是公司依照《公司法》和公司章程设立的，监督公司各项事务的内部监督机关。

（2）监事会的组成、职权和监事的任期。

第一，监事会的组成。有限责任公司设立监事会，其成员不得少于三人。股东人数较少或者规模较小的有限责任公司，可以设一至两名监事，不设立监事会。监事会应当包括股东代表和适当比例的公司职工代表，其中职工代表的比例不得低于三分之一，具体比例由公司章程规定。监事会中的职工代表由公司职工通过职工代表大会、职工大会或者其他形式民主选举产生。监事会设主席一人，由全体监事过半数选举产生。监事会主席召集和主持监事会会议；监事会主席不能履行职务或者不履行职务的，由半数以上监事共同推举一名监事召集和主持监事会会议。董事、高级管理人员不得兼任监事。

第二，监事会的职权。监事会、不设监事会的公司的监事行使下列职权：检查公司财务；对董事、高级管理人员执行公司职务的行为进行监督；对违反法律、行政法规、公司章程或者股东会决议的董事、高级管理人员提出罢免的建议；当董事、高级管理人员的行为损害公司的利益时，要求董事、高级管理人员予以纠正；提议召开临时股东会会议，在董事会不履行《公司法》规定的召集和主持股东会会议职责时召集和主持股东会会议；向股东会会议提出提案；依法对董事、高级管理人员提起诉讼；公司章程规定的其他职权。

除此之外，监事会、不设监事会的公司的监事发现公司经营情况异常，可以进行调查；必要时，可以聘请会计师事务所等协助其工作，费用由公司承担。监事可以列席董事会会议，并对董事会决议事项提出质询或者建议。

第三，监事的任期。监事的任期每届为3年。监事任期届满，连选可以连任。监事任期届满未及时改选，或者监事在任期内辞职导致监事会成员低于法定人数的，在改选出的监事就任前，原监事仍应当依照法律、行政法规和公司章程的规定，履行监事职务。

(3) 监事会会议。有限责任公司监事会每年至少召开一次会议。监事可以提议召开临时监事会会议。监事会的议事方式和表决程序，除法律有规定的外，由公司章程规定。监事会决议应当经半数以上监事通过。监事会应当把所议事项的决定做成会议记录，出席会议的监事应当在会议记录上签名。

监事会、不设监事会的公司监事行使职权所必需的费用，由公司承担。

(四) 董事、监事、高级管理人员任职资格的限制和义务

(1) 董事、监事、高级管理人员任职资格的限制。董事、监事、高级管理人员拥有公司的决策权、监督权和执行权，他们在很大程度上实际控制公司的运营。但是与股东不同，他们仅是公司的代理者，而非公司的所有者。他们与股东的利益有很大程度的一致性，并因此被赋予充分的职权；同时，他们又有自己独立的利益，甚至可能与股东和公司存在着冲突。为此，《公司法》第 147 条规定，有下列情形之一的，不得担任公司的董事、监事、高级管理人员：①无民事行为能力或者限制民事行为能力；②因贪污、贿赂、侵占财产、挪用财产或者破坏社会主义市场经济秩序，被判处刑罚，执行期满未逾 5 年，或者因犯罪被剥夺政治权利，执行期满未逾 5 年；③担任破产清算的公司、企业的董事或者厂长、经理，对该公司、企业的破产负有个人责任的，自该公司、企业破产清算完结之日起未逾 3 年；④担任因违法被吊销营业执照、责令关闭的公司、企业的法定代表人，并负有个人责任的，自该公司、企业被吊销营业执照之日起未逾 3 年；⑤个人所负数额较大的债务到期未清偿。

(2) 董事、监事、高级管理人员对公司的义务及责任。现代公司制度的发展促使公司内部所有权和经营权分离的趋势日渐加剧，公司的董事、监事等高级管理人员的权利也不断扩大。因此，公司内部机构之间必然形成分工负责相互制衡机制，从而杜绝公司内部权力过于集中。为解决我国目前公司治理中存在的问题，《公司法》明确规定了董事、监事和高级管理人员的义务，集中体现在忠实和勤勉两个方面。

第一，忠实、勤勉义务。《公司法》第 148 条规定：董事、监事、高级管理人员应当遵守法律、行政法规和公司章程，对公司负有忠实义务和勤勉义务。

董事、监事、高级管理人员不得利用职权收受贿赂或者其他非法收入，不得侵占公司的财产。

《公司法》第 149 条规定：董事、高级管理人员不得有下列行为：挪用公司资金；将公司资金以其个人名义或者以其他个人名义开立账户存储；违反公司章程的规定，未经股东会、股东大会或者董事会同意，将公司资金借贷给他人或者以公司财产为他人提供担保；违反公司章程的规定或者未经股东会、股东大会同意，与本公司订立合同或者进行交易；未经股东会或者股东大会同意，利用职务便利为自己或者他人谋取属于公司的商业机会，自营或者为他人经营与所任职公司同类的业务；接受他人与公司交易的佣金归为己有；擅自披露公司秘密；违反对公司忠实义务的其他行为。董事、高级管理人员违反前款规定所得的收入应当归公司所有。

第二，董事、监事、高级管理人员违反忠实、勤勉义务的责任。董事、监事、高级管理人员执行公司职务时违反法律、行政法规或者公司章程的规定，给公司造成损失

的，应当承担赔偿责任。

四、一人有限责任公司的特别规定

（一）一人有限责任公司的概念和特征

一人有限责任公司，是指只有一个自然人股东或者一个法人股东的有限责任公司。一人有限责任公司与一般的有限责任公司相比，具有如下法律特征：①公司仅有一个股东，且该唯一股东持有公司的全部出资额或股份。②一人有限责任公司的股东对公司的债务原则上承担有限责任，只要股东能将自己财产和公司财产分开，法律即可承认一人有限责任公司的独立地位。这是与个人独资企业的本质区别。③内部结构相对简单。一人有限责任公司不设股东会，股东、董事、经理身份往往重合。④只能是有限责任公司。我国《公司法》只承认一人有限责任公司，即只有一个自然人股东或者一个法人股东的有限责任公司。

（二）《公司法》对一人有限责任公司的特别规制

为了防止一人有限责任公司可能会引起的负面效果，《公司法》规定了诸多特殊规则：①明确公示其一人有限责任公司身份。在公司登记和营业执照中应载明自然人或法人独资的信息。②转投资受到很大限制。一个自然人只能设立一个一人有限责任公司，且该一人有限责任公司不能投资设立新的一人有限责任公司。但此规定不适用于法人及其设立的一人有限责任公司。③财务会计要求严格。一人有限责任公司应当在每一会计年度终了时编制财务会计报告，并经会计事务所审计。④简化公司机关设置。不设股东会，公司章程和重大决策由股东做出，关于公司的经营方针和投资计划应以书面方式做出，并由股东签名后备置于公司。⑤确立一人公司的法人人格否认制度。一人有限责任公司股东不能证明公司财产独立于股东自己的财产的，应当对公司债务承担连带责任。

五、国有独资公司

（一）国有独资公司的概念和特征

国有独资公司，是指国家单独出资，由国务院或者地方人民政府授权本级人民政府国有资产监督管理机构履行出资人职责的有限责任公司。国有独资公司具有以下特征：①国有独资公司为国家单独出资，由国务院或者地方人民政府授权本级人民政府国有资产监督管理机构开办；②国有独资公司章程由国有资产监督管理机构制定，或者由董事会制定报国有资产监督管理机构批准；③重要的国有独资公司，按照国务院的规定确定。

（二）国有独资公司的组织机构

1. 股东会职权的行使

国有独资公司不设股东会，由国有资产监督管理机构行使股东会职权。国有资产监督管理机构可以授权公司董事会行使股东会的部分职权，决定公司的重大事项，但公司的合并、分立、解散、增减注册资本和发行公司债券，必须由国有资产监督管理机构决定。其中，重要的国有独资公司合并、分立、解散、申请破产的，应当由国有资产监督管理机构审核后，报本级人民政府批准。

2. 董事会和经理

国有独资公司设立董事会，依照《公司法》的规定及国有资产监督管理机构的授权来行使职权。董事每届任期不得超过 3 年。董事会成员中应当有公司职工代表。董事会成员由国有资产监督管理机构委派；但是，董事会成员中的职工代表由公司职工代表大会选举产生。董事会设董事长一人，可以设副董事长。董事长、副董事长由国有资产监督管理机构从董事会成员中指定。

国有独资公司设经理，由董事会聘任或者解聘。经国有资产监督管理机构同意，董事会成员可以兼任经理。

国有独资公司的董事长、副董事长、董事、高级管理人员，未经国有资产监督管理机构同意，不得在其他有限责任公司、股份有限公司或者其他经济组织兼职。

3. 监事会

国有独资公司监事会成员不得少于 5 人，其中职工代表的比例不得低于三分之一，具体比例由公司章程规定。监事会成员由国有资产监督管理机构委派；但是，监事会中的职工代表由公司职工代表大会选举产生。监事会主席由国有资产监督管理机构从监事会成员中指定。

监事会的职责，以财务监督为主，确保国有资产不受侵害。监事会不参与、不干预企业的经营决策和经营管理活动。

六、有限责任公司的股权转让

股权是股东基于股东资格而享有的从公司获取经济利益并参加公司经营管理的权利。股权转让是指股东将自己依据股东身份而享有的权利按照一定的程序让与他人，转让人丧失股东资格及股东权，受让人取得股东资格及股东权的行为。有限责任公司虽为资合公司，但却有人合因素，因此股权转让受到较多限制。

（一）股东间转让

根据《公司法》第 71 条第 1 款和第 4 款的规定，有限责任公司的股东之间可以相互转让其全部或者部分股权。可见，一般情况下，股东间可以自由地转让股权。但是，公司章程对股权转让另有规定的，从其规定。

（二）向股东以外的人转让

根据《公司法》第 71 条第 2 款规定，股东向股东以外的人转让股权，应当经其他股东过半数同意。股东应就其股权转让事项书面通知其他股东征求同意，其他股东自接到书面通知之日起满 30 日未答复的，视为同意转让。其他股东半数以上不同意转让的，不同意的股东应当购买该转让的股权；不购买的，视为同意转让。

经股东同意转让的股权，在同等条件下，其他股东有优先购买权。两个以上股东主张行使优先购买权的，协商确定各自的购买比例；协商不成的，按照转让时各自的出资比例行使优先购买权。公司章程对股权转让另有规定的，从其规定。

人民法院依照法律规定的强制执行程序转让股东的股权时，应当通知公司及全体股东，其他股东在同等条件下有优先购买权。其他股东自人民法院通知之日起满20日不行使优先购买权的，视为放弃优先购买权。

（三）特殊情况下的股权转让

根据《公司法》第74条规定，有下列情形之一的，对股东会该项决议投反对票的股东可以请求公司按照合理的价格收购其股权：①公司连续5年不向股东分配利润，而公司该5年连续盈利，并且符合公司法规定的分配利润条件的；②公司合并、分立、转让主要财产的；③公司章程规定的营业期限届满或者章程规定的其他解散事由出现，股东会会议通过决议修改公司章程使公司存续的。

自股东会会议决定通过之日起60日内，股东与公司不能达成股权收购协议的，股东可以自股东会会议决议通过之日起90日内向人民法院提起诉讼。

《公司法》第75条规定，自然人股东死亡后，其合法继承人可以继承股东资格；但是，公司章程另有规定的除外。

第三节 股份有限公司

一、股份有限公司的概念与特征

股份有限公司是由两个或两个以上股东组成、公司全部资产划分为等额股份，股东以其认购的股份为限对公司承担责任，公司以其全部资产对公司债务承担责任的企业法人。股份有限公司具有如下法律特征。

（1）典型的资合性。股份有限公司的信用基础为公司资本，而非股东个人信用。股东之间主要以财产为连接，彼此之间无须存在特殊的信赖和信任。股份具有流通性，股东也在不断地变化中。因此，股份有限公司是典型的资合性公司。

（2）股东责任有限性。股份有限公司的股东仅以其认购的股份为限对公司承担责任。

（3）公司资本股份性。股份是股东对股份有限公司的出资所形成的公司资本，经等比例分割后所形成的均等份额。根据《公司法》，股份有限公司全部资产划分为等额股份。

（4）公司发起人的人数受到特殊限制。发起人是筹办公司设立事务并承担设立失败风险的人。在公司设立完成后，发起人通常转变为股东，称“发起人股东”。我国《公司法》第78条规定：“设立股份有限公司，应当有2人以上200人以下为发起人，其中须有半数以上的发起人在中国境内有住所”。

（5）公司股票的流通性。股票是公司签发的证明股东所持股份的凭证，是股份的表现形式。股票原则上可以自由买卖流通，如上市交易则要在证券交易所挂牌交易。

（6）公司信息公开程度较高。股票可自由交易，这使股份有限公司更适于成为公众的投资对象。为保护投资者的利益，公司在发行股票和持续经营中，应当承担向公众或者投资者公开相关信息的责任。

二、股份有限公司的设立

（一）股份有限公司的设立条件

(1) 发起人符合法定人数。股份有限公司发起人承担公司筹办事务，发起人应当签订发起人协议，明确各自在公司设立过程中的权利和义务。设立股份有限公司，应当有2人以上200人以下的发起人，其中须有半数以上的发起人在中国境内有住所。

(2) 有符合公司章程规定的全体发起人认购的股本总额或者募集的实收股本总额。股份有限公司采取发起设立方式设立的，注册资本为在公司登记机关登记的全体发起人认购的股本总额。在发起人认购的股份缴足前，不得向他人募集股份。股份有限公司采取募集方式设立的，注册资本为在公司登记机关登记的实收股本总额。法律、行政法规以及国务院决定对股份有限公司注册资本实缴、注册资本最低限额另有规定的，从其规定。

(3) 股份发行、筹办事项符合法律规定。股份有限公司的资本，每一股金额应当相等。股份有限公司的股份以公开的方法，依法定程序，实行公开、公平、公正的原则，向社会公开招募。

(4) 发起人制定公司章程，采用募集方式设立的经创立大会通过。股份有限公司章程应当载明下列事项：公司名称和住所；公司经营范围；公司设立方式；公司股份总数、每股金额和注册资本；发起人的姓名或者名称、认购的股份数、出资方式和出资时间；董事会的组成、职权、任期和议事规则；公司法定代表人；监事会的组成、职权、任期和议事规则；公司利润分配办法；公司的解散事由与清算办法；公司的通知和公告办法；股东大会会议认为需要规定的其他事项。

(5) 有公司名称，建立符合股份有限公司要求的组织机构。公司名称必须标明“股份有限公司”或者“股份公司”的字样，必须符合有关法律、行政法规的规定。公司须建立与法律规定相一致的组织机构。

(6) 有公司住所。公司以其主要办事机构所在地为住所。主要办事机构所在地，通常是公司发出指令的业务中枢机构所在地。公司的住所是公司章程载明的地点，是公司章程的必要记载事项，具有公示效力。

（二）股份有限公司的设立程序

股份有限公司的设立，可以采取发起设立或者募集设立的方式。发起设立，是指由发起人认购公司应发行的全部股份而设立公司；募集设立，是指由发起人认购公司应发行股份的一部分，其余股份向社会公开募集或者向特定对象募集而设立公司。因设立方式的不同，设立程序有所不同。

1. 发起设立的程序

(1) 发起人订立公司章程。

(2) 发起人认足股份。以发起设立方式设立股份有限公司的，发起人应当书面认足公司章程规定其认购的股份，并按照公司章程规定缴纳出资。以非货币财产出资的，应当依法办理其财产权的转移手续。

（3）发起人缴纳股款。

（4）发起人组建公司机构。发起人首次缴纳出资后，应当选举董事会和监事会。

（5）公司设立登记。由董事会向公司登记机关报送公司章程、由依法设定的验资机构出具的验资证明以及法律、行政法规规定的其他文件，申请设立登记。

2. 募集设立的程序

（1）发起人订立公司章程并认购股份。在募集设立中，发起人应该一次性足额认缴其股份，发起人认购的股份不得少于公司股份总数的35%；但是，法律、行政法规另有规定的，从其规定。

（2）认股人认股。发起人向社会公开募集股份，必须公告招股说明书，并制作认股书。发行股份的股款缴足后，必须经依法设立的验资机构验资并出具证明。

（3）召开创立大会。创立大会是在股份有限公司募集设立过程中由发起人、认股人所组成的决议机构。发起人应当自股款缴足之日起30日内主持召开公司创立大会。

（4）申请设立登记。董事会应于创立大会结束后30日内，向公司登记机关报送有关文件，申请设立登记。以募集方式设立股份有限公司公开发行股票的，还应当向公司登记机关报送国务院证券监督管理机构的核准文件。

（三）发起人的责任

发起人对股份有限公司承担以下责任：①当公司不能成立时，发起人对设立行为所产生的债务和费用负担连带责任；对认股人已缴纳的股款，负返还股款并加算银行同期存款利息的连带责任。②在公司设立过程中，由发起人的过失导致公司利益遭受损害的，发起人应当对公司承担赔偿责任。③股份有限公司成立后，发起人未按照公司章程的规定缴足出资的，应当补缴；其他发起人承担连带责任。发现作为设立公司出资的非货币财产的实际价格显著低于公司章程所定价额的，应当由缴纳该出资的发起人补足其差额；其他发起人承担连带责任。

三、股份有限公司的组织机构

（一）股东大会

1. 股东大会的组成和职权

股份有限公司股东大会由全体股东组成，是公司的权力机构。其职权范围与有限责任公司股东会的职权相同。

2. 股东大会会议的召开

股东大会会议由董事会召集，董事长主持；董事长不能履行职务或者不履行职务的，由副董事长主持；副董事长不能履行职务或者不履行职务的，由半数以上董事共同推举一名董事主持。董事会不能履行或者不履行召集股东大会会议职责的，监事会应当及时召集和主持；监事会不召集和主持的，连续90日以上单独或者合计持有公司10%

以上股份的股东可以自行召集和主持。

股东大会会议分为年会和临时会议。股东大会应当每年召开一次年会。有下列情形之一的，应当在2个月内召开临时股东大会：①董事人数不足公司法规定人数或者公司章程所定人数的三分之二时；②公司未弥补的亏损达实收股本总额三分之一时；③单独或者合计持有公司10%以上股份的股东请求时；④董事会认为必要时；⑤监事会提议召开时；⑥公司章程规定的其他情形。

3. 股东大会的表决

股东出席股东大会会议，所持每一股份有一表决权。股东可以委托代理人出席股东大会会议，代理人应当向公司提交股东授权委托书，并在授权范围内行使表决权。但是，公司持有的本公司股份没有表决权。股东大会做出决议，必须经出席会议的股东所持表决权过半数通过。但是，股东大会做出修改公司章程、增加或者减少注册资本的决议，以及公司合并、分立、解散或者变更公司形式的决议，必须经出席会议的股东所持表决权的三分之二以上通过。

股东大会选举董事、监事，可以根据公司章程的规定或者股东大会的决议，实行累积投票制。累积投票制是指股东大会选举董事或者监事时，每一股份拥有与应选董事或者监事人数相同的表决权，股东拥有的表决权可以集中使用。

（二）董事会及经理

1. 董事会的组成和职权

股份有限公司设董事会，其成员为5～19人。董事会成员中可以有公司职工代表。董事会中的职工代表由公司职工通过职工代表大会、职工大会或者其他形式民主选举产生。

董事的任期、董事会的职权与有限责任公司的规定相同。

董事会设董事长一人，可以设副董事长。董事长和副董事长由董事会以全体董事的过半数选举产生。董事长召集和主持董事会会议，检查董事会决议的实施情况。副董事长协助董事长工作，董事长不能履行职务或者不履行职务的，由副董事长履行职务；副董事长不能履行职务或者不履行职务的，由半数以上董事共同推举一名董事履行职务。

2. 董事会会议的召开

董事会每年度至少召开两次会议，每次会议应当于会议召开10日前通知全体董事和监事。代表十分之一以上表决权的股东、三分之一以上董事或者监事会，可以提议召开董事会临时会议。董事长应当自接到提议后10日内，召集和主持董事会会议。董事会召开临时会议，可以另定召集董事会的通知方式和通知时限。

3. 董事会的表决

董事会会议应有过半数的董事出席方可举行。董事会做出决议，必须经全体董事的过半数通过。董事会决议的表决，实行一人一票制。

董事会会议，应由董事本人出席；董事因故不能出席，可以书面委托其他董事代为出席，委托书中应载明授权范围。董事会应当把会议所议事项的决定做成会议记录，出席会议的董事应当在会议记录上签名。董事应当对董事会的决议承担责任。董事会的决议违反法律、行政法规或者公司章程、股东大会决议，致使公司遭受严重损失的，参与决议的董事对公司负赔偿责任。但经证明在表决时曾表明异议并记载于会议记录的，该董事可以免除责任。

4. 经理

股份有限公司设经理，由董事会决定聘任或者解聘。《公司法》关于有限责任公司经理职权的规定，适用于股份有限公司经理。公司董事会可以决定由董事会成员兼任经理。

（三）监事会

股份有限公司设立监事会，其成员不得少于三人。监事的任期及监事会的职权与有限责任公司的规定相同。

监事会应当包括股东代表和适当比例的公司职工代表，其中职工代表的比例不得低于三分之一，具体比例由公司章程规定。监事会中的职工代表由公司职工通过职工代表大会、职工大会或者其他形式民主选举产生。

监事会设主席一人，可以设副主席。监事会主席和副主席由全体监事过半数选举产生。监事会主席召集和主持监事会会议；监事会主席不能履行职务或者不履行职务的，由监事会副主席召集和主持监事会会议；监事会副主席不能履行职务或者不履行职务的，由半数以上监事共同推举一名监事召集和主持监事会会议。董事、高级管理人员不得兼任监事。

监事会每6个月至少召开一次会议。监事可以提议召开临时监事会会议。监事会应当对所议事项的决定做成会议记录，出席会议的监事应当在会议记录上签名。

（四）董事、监事、高级管理人员的资格和义务

股份有限公司董事、监事、高级管理人员的资格和义务与有限责任公司的规定相同。

四、股份有限公司的股份发行与转让

（一）股份的概念

股份是股东对股份有限公司的出资所形成的公司资本，经等比例分割后所形成的均等份额。股份是股份有限公司资本构成的基本单位，也是股东权和股东地位的体现。

（二）股票的概念

股份有限公司的股票是公司签发的证明股东所持股份的凭证。简单地说，股票是股份的表现形式。

（三）股票的记载内容

根据《公司法》第128条规定，股票应采用纸面形式或者国务院证券监督管理机构

规定的其他形式，并应当载明下列主要事项：①公司名称；②公司成立日期；③股票种类、票面金额及代表的股份数；④股票的编号。

股票由法定代表人签名，公司盖章。发起人的股票，应当标明发起人股票字样。

（四）股份有限公司的股份发行

股份的发行是指为了设立股份有限公司或者募集新增股份而向社会公众公开出售股份。股份发行的条件和程序应当符合《公司法》和《中华人民共和国证券法》（简称《证券法》）的有关规定。

公司发行的股票可以为记名股票，也可以为无记名股票。公司向发起人、法人发行的股票，应当为记名股票，并应当记载该发起人、法人的名称或者姓名，不得另立户名或者以代表人姓名记名。

公司发行记名股票的，应当置备股东名册，记载下列事项：①股东的姓名或名称及住所；②各股东所持股份数；③各股东所持股票的编号；④各股东取得股份的日期。发行无记名股票的，公司应当记载其股票数量、编号及发行日期。

股份发行可以为平价和溢价发行，我国法律禁止低于股票票面金额发行股票。

（五）股份有限公司的股份转让

1. 股份转让的限制

发起人持有的本公司股份，自公司成立之日起1年内不得转让。公司公开发行股份前已发行的股份，自公司股票在证券交易所上市交易之日起1年内不得转让。

公司董事、监事、高级管理人员应当向公司申报所持有的本公司的股份及其变动情况，在任职期间每年转让的股份不得超过其所持有本公司股份总数的25%；所持本公司股份自公司股票上市交易之日起1年内不得转让。上述人员离职后半年内，不得转让其所持有的本公司股份。公司章程可以对公司董事、监事、高级管理人员转让其所持有的本公司股份做出其他限制性规定。

公司不得收购本公司股份。但是，有下列情形之一的除外：①减少公司注册资本；②与持有本公司股份的其他公司合并；③将股份奖励给本公司职工；④股东因对股东大会做出的公司合并、分立决议持异议，要求公司收购其股份的。

公司由于上述第1至第3种情形收购本公司股份的，应当经股东大会决议。公司收购本公司股份后，属于第一种情形的，应自收购之日起10日内注销；属于第2和第4种情形的，应当在6个月内转让或者注销。

公司将收购的本公司股份奖励给本公司职工，不得超过本公司已发行股份总额的5%；用于收购的资金应当从公司的税后利润中支出；所收购的股份应当在1年内转让给职工。

公司不得接受本公司的股票作为质押权的标的。

2. 股份转让的场所

股东转让其股份，应当在依法设立的证券交易场所进行或者按照国务院规定的其他方式进行。

3. 股份转让的方式

记名股票，由股东以背书方式或者法律、行政法规规定的其他方式转让；转让后由公司将受让人的姓名或者名称及住所记载于股东名册。无记名股票的转让，由股东将该股票交付给受让人后即发生转让的效力。

五、上市公司

（一）上市公司的特点

上市公司是指所发行的股票经过国务院或者国务院授权的证券监督管理部门批准在证券交易所上市交易的股份有限公司。上市公司除具备一般股份公司的一般属性外，还具有下列特点。

（1）上市公司是股份有限公司。股份有限公司可为非上市公司，但上市公司必须是股份有限公司。

（2）上市公司股票在证券交易所上市。证券交易所是依据国家有关法律，经政府证券主管机关批准设立的集中进行证券交易的有形场所。只有股票在证券交易所上市交易的股份有限公司，才是上市公司。

（3）法律对上市公司规定有特殊的规则。由于上市公司是公众持股的公司，为了保护公众投资者的利益，上市公司应遵守特殊的规则。根据我国《证券法》的相关规定，上市公司必须更严格地履行信息披露义务，必须设立上市公司特有的公司机关，必须遵守特有的决议规则，必须接受证券监督管理机构的监督。

（二）上市公司董事会秘书

上市公司设董事会秘书，负责公司股东大会和董事会会议的筹备、文件保管以及公司股东资料的管理，办理信息披露事务等事宜。

（三）上市公司的信息披露义务

根据《证券法》，上市公司有持续信息公开的义务，依法披露其信息，必须真实、准确、完整，不得有虚假记载、误导性陈述或重大遗漏。上市公司主要通过编制定期或临时报告履行信息披露义务，如中期报告、年度报告、重大事件临时报告等。

（四）上市公司的特别规定

上市公司应当遵守《公司法》关于公司、股份有限公司的一般规定，但考虑到上市公司的特殊性，我国《公司法》设置了如下特殊规则。

（1）独立董事制度。独立董事是来自公司外部的与公司没有关联关系的非执行董事。这一制度源于美国，上市公司设立独立董事的目的和作用在于提升公司的专业化运作，检查和评判内部董事的工作绩效，最大限度地谋求股东利益尤其是小股东利益，加强对董事会的监督约束，完善法人治理结构。我国《公司法》第 122 条规定："上市公司设立独立董事，具体办法由国务院规定。"

（2）重大资产处置。上市公司在一年内购买、出售重大资产或者担保金额超过公司资产总额30%的，应当由股东大会做出决议，并经出席会议的股东表决权的三分之二以上通过。

（3）关联交易表决规则。上市公司董事与董事会会议决议事项所涉及的企业有关联关系的，不得对该项决议行使表决权，也不得代理其他董事行使表决权。该董事会会议由半数的无关联关系董事出席即可举行，董事会会议所作决议须经无关联关系董事过半数通过。出席董事会的无关联关系董事人数不足3人的，应将该事项提交上市公司股东大会审议。

（4）董事会秘书。由于上市公司股东人数众多、信息披露义务较重，所以上市公司专门设立了一个董事会秘书的职务，负责公司股东大会和董事会会议的筹备、文件保管以及公司资料的管理，办理信息披露事务等事宜。根据《公司法》规定，董事会秘书属于公司的高级管理人员，应该承担《公司法》规定的高级管理人员的义务。

相关链接

独立董事制度简介

独立董事，是指独立于公司股东且不在公司内部任职，与公司或公司经营管理者没有重要的业务联系或专业联系，并对公司事务做出独立判断的董事。中国证券监督管理委员会（简称中国证监会）在《关于在上市公司建立独立董事制度的指导意见》中指出，上市公司独立董事是指不在上市公司担任除董事外的其他职务，并与其所受聘的上市公司及其主要股东不存在可能妨碍其进行独立客观判断关系的董事。独立董事制度最早起源于20世纪30年代，1940年美国颁布的《投资公司法》是其产生的标志。

第四节 公司的合并、分立、增资、减资、解散和清算

一、公司的合并与分立

（一）公司的合并

公司的合并，是指两个以上的公司依照法定程序变为一个公司的行为。公司合并的形式有两种：一是吸收合并，即一个公司吸收其他公司，被吸收的公司解散；二是新设合并，即两个以上公司合并设立一个新的公司，合并各方解散。公司合并时，合并各方的债权、债务，应当由合并后存续的公司或者新设的公司承继。

（二）公司的分立

公司的分立，是指一个公司依法分为两个以上的公司。公司的分立也有两种形式：一是派生分立，即本公司继续存在，从本公司中派生出一个或几个新公司；二是新设分立，即本公司注销，并分立成两个以上新的公司。公司分立前的债务由分立后的公司承

担连带责任。但是，公司在分立前与债权人就债务清偿达成的书面协议另有约定的除外。

（三）公司合并与分立的程序

公司合并和分立，由公司股东会或股东大会决议，有限责任公司合并和分立必须经代表三分之二以上表决权的股东通过；国有独资公司的合并和分立应由国有资产监督管理机构决定；股份有限公司合并和分立，必须经出席股东大会会议股东所持表决权的三分之二以上通过。

公司合并，应当由合并各方签订合并协议，并编制资产负债表及财产清单。公司应当自做出合并决议之日起10日内通知债权人，并于30日内在报纸上公告。债权人自接到通知书之日起30日内，未接到通知书的自公告之日起45日内，可以要求公司清偿债务或者提供相应的担保。

公司分立，其财产作相应的分割。公司分立，应当编制资产负债表及财产清单。公司应当自做出分立决议之日起10日内通知债权人，并于30日内在报纸上公告。

公司合并或者分立，登记事项发生变更的，应当依法向公司登记机关办理变更登记；公司解散的，应当依法办理公司注销登记；设立新公司的，应当依法办理公司设立登记。

二、公司的增资、减资

公司增加或者减少注册资本是公司重大事项的变动，有限责任公司必须经代表三分之二以上表决权的股东通过；股份有限公司必须经出席股东大会会议股东所持表决权的三分之二以上通过。

（一）增资

增资即增加注册资本，指公司经营期间，依照法定程序增加公司注册资本。公司注册资本的增加，会增强公司的实力，提高公司的信用，有利于保护债权人利益，对社会交易安全影响不大，因此各国公司法对公司增资一般不作过多限制。

（二）减资

减资即减少注册资本，是指公司经营期间，依照法定程序减少注册资本的行为。公司减少注册资本不仅会涉及公司法人财产运作基础的变化，而且会影响公司股东权利义务履行的扩张与增减，并对公司董事或监事等管理人员的职责产生法律上的要求，同时又关乎债权人等第三人的利益。因此各国公司法均采取非常慎重的态度，规定严格的减资程序。

根据我国《公司法》及相关法律规范，公司的减资应遵循下列程序：制订减资方案，做出减资决议；公司必须编制资产负债表及财产清单，并通知和公告债权人；债权人自接到通知书之日起30日内，未接到通知书的自公告之日起45日内，有权要求公司清偿债务或者提供相应的担保；办理减资登记手续。公司董事会应严格按照股东会或者股东大会的决议实施减资。

公司增加或者减少注册资本，应当依法向公司登记机关办理变更登记。

三、公司解散、清算

（一）公司的解散

公司的解散是指对成立的公司，因公司章程或法律规定的事由出现，依法使公司法人资格消灭的法律行为。公司因下列原因解散：公司章程规定的营业期限届满或者公司章程规定的其他解散事由出现；股东会或者股东大会决议解散；因公司合并或者分立需要解散；依法被吊销营业执照、责令关闭或者被撤销；人民法院依持有公司全部股东表决权 10%以上股东的请求对公司予以解散。

（二）公司的清算

公司的清算是指终结解散公司法律关系、消灭解散公司法人资格的程序。

(1) 清算组的成立。公司解散（因合并或者分立需要解散的除外），应当在解散事由出现之日起 15 日内成立清算组，开始清算。

(2) 清算组的职权。清算组在清算期间行使下列职权：清理公司财产，分别编制资产负债表和财产清单；通知、公告债权人；处理与清算有关的公司未了结的业务；清缴所欠税款以及清算过程中产生的税款；清理债权、债务；处理公司清偿债务后的剩余财产；代表公司参与民事诉讼活动。

(3) 清算组的义务。清算组在清理公司财产、编制资产负债表和财产清单后，发现公司财产不足清偿债务的，应当依法向人民法院申请宣告破产。公司经人民法院裁定宣告破产后，清算组应当将清算事务移交给人民法院。公司清算结束后，清算组应当制作清算报告，报股东会、股东大会或者人民法院确认，并报送公司登记机关，申请注销公司登记，公告公司终止。清算组成员应当忠于职守，依法履行清算义务。清算组成员不得利用职权收受贿赂或者其他非法收入，不得侵占公司财产。清算组成员因故意或者重大过失给公司或者债权人造成损失的，应当承担赔偿责任。

(4) 财产的分配。清算组在清理公司财产、编制资产负债表和财产清单后，应当制订清算方案，并报股东会、股东大会或者人民法院确认。公司财产在分别支付清算费用、职工的工资、社会保险费用和法定补偿金，缴纳所欠税款，清偿公司债务后的剩余财产，有限责任公司按照股东的出资比例分配，股份有限公司按照股东持有的股份比例分配。清算期间，公司存续，但不得开展与清算无关的经营活动。公司财产在未按前款规定清偿前，不得分配给股东。

(5) 清算的完结。公司清算结束后，清算组应当制作清算报告，报股东会、股东大会或者人民法院确认，并报送公司登记机关，申请注销登记，公告公司终止。

【本章学习反馈】

一、单项选择题

1. 以公司的信用基础为标准，可以将公司划分为人合公司与资合公司。典型的资合公司是（　　）。

A. 无限公司　　B. 有限责任公司

C. 两合公司　　D. 股份有限公司

2. 甲股份有限公司净资产额为5000万元，依照我国《公司法》规定，其向外投资额（　　）。

A. 不得超过5000万元　　B. 不得超过2500万元

C. 不得超过1750万元　　D. 不得超过1000万元

3. 根据《公司法》的规定，公司成立时间是（　　）。

A. 工商行政管理机关做出予以核准登记的决定之日

B. 工商行政管理机关签发企业法人营业执照之日

C. 申请人收到企业法人营业执照之日

D. 公司成立公告发布之日

4. 除法定情形外，公司不得收购本公司的股票。这是（　　）。

A. 资本确定原则的要求　　B. 资本维持原则的要求

C. 资本不变原则的要求　　D. 资本独立原则的要求

5. 某人购买了上市公司发行的可转换公司债券，他可以（　　）。

A. 在发行结束后，依据约定的条件将债券随时转换为股票

B. 在发行结束30日后，依据约定的条件将债券转换为股票

C. 在发行结束3个月后，依据约定的条件将债券转换为股票

D. 在发行结束6个月后，依据约定的条件将债券转换为股票

二、案例分析题

某有限责任公司董事长李某认为该公司的章程已经不符合公司发展的需要，因此决定召开临时股东会议，修改公司章程。2018年12月5日，股东张某等9人收到了仅由李某署名，没有董事会署名的会议通知，并于12月7日参加了股东会。在12月7日的股东会上，李某宣读了公司章程修改草案，该草案引起了激烈的争论，李某等代表五分之三股权的5名股东投票同意，张某等代表五分之二股权的4名股东则投了反对票。最后，会议主持人李某宣布，按照少数服从多数的原则，公司章程修改案通过。

问题：

此案中哪些做法违反现行法律规定？为什么？

第四章　合　同　法

☞ 学习目标

通过本章的学习，要求：了解合同及合同法的概念；理解合同的种类；掌握合同的订立、效力、履行、违约及其救济。

☞ 导入案例

王×华最大的业余爱好是文物收藏，并具备一定的古玩鉴赏能力。2009 年其以 1 万元的价格从某搬迁农村处收购到一件三国时期的玉器，但由于年代太久远，王×华无法评估其真实价值，认为价值应在 5 万元以上。2018 年 3 月 3 日，王×华将该玉器请古董店老板鉴赏，店老板提出向王×华买下该玉器，出价为 30 万元。王×华对此高价内心十分满意，但仔细一想，心知该玉器价值绝对超过 30 万，如果拍卖，超过百万也有可能。但苦于拍卖成本过高，自身也没有条件拍卖。于是，王×华心生一计，同意将玉器卖给古董店老板，并签订了买卖合同（王×华想待日后古董店老板高价卖出后再主张合同可撤销，要求变更合同）。后来，古董店老板将该玉器以 500 万元卖出。王×华随即向法院主张合同显失公正，要求古董店老板至少再补偿 470 万元。

问题：①王×华与古董店老板的合同是否成立，是否有效？②王×华的请求是否具有法律依据？为什么？③法院应如何处理？

第一节　合同与合同法概述

一、合同的含义

（一）合同的概念

我国现行的合同法律制度主要是《中华人民共和国民法典》。该法明确指出：合同是指平等主体的自然人、法人、其他组织之间设立、变更、终止民事权利义务关系的协议。

（二）合同的法律特征

（1）合同是双方的法律行为，即需要两个或两个以上的当事人互为意思表示（意思表示就是将能够发生民事法律效果的意思表现于外部的行为）。

（2）双方当事人意思表示须达成协议，即意思表示要一致。

（3）合同系以发生、变更、终止民事法律关系为目的。

(4) 合同是当事人在符合法律规范要求条件下而达成的协议，故应为合法行为。

合同一经成立即具有法律效力，在双方当事人之间就发生了权利、义务关系；或者使原有的民事法律关系发生变更或消灭。当事人一方或双方未按合同履行义务，就要依照合同或法律承担违约责任。

(三) 合同的分类

依据不同的标准，合同可被分为不同的种类。

(1) 双务合同与单务合同。这是依据当事人双方是否互相享有权利、负有义务而进行的分类。双务合同是指双方当事人相互享受权利、承担义务的合同，如买卖合同、租赁合同等。单务合同是指一方当事人负担义务而他方当事人不负担义务的合同，如赠与合同。这种分类的意义主要是在合同履行方面，双务合同的当事人享有同时履行抗辩权，而单务合同履行中则不存在这一问题。

(2) 有名合同与无名合同。这是以法律是否对合同规定有确定的名称与调整规则而作的分类。有名合同又称典型合同，是指法律对这类合同的类型设有规定并赋予一定的名称的合同。例如，买卖合同、赠与合同、借款合同、租赁合同等。无名合同又称非典型合同，是指法律未对这类合同的类型特别加以规定也未赋予其特定名称的合同。

(3) 有偿合同与无偿合同。这是依据当事人之间有无对价的给付为标准而作的分类。有偿合同是指当事人双方为从合同中取得利益需要支付相应对价的合同，如买卖合同。无偿合同则是指当事人一方从对方取得利益而不需支付相应对价的合同，如赠与合同。

(4) 要式合同与不要式合同。这是以合同的成立是否要求履行一定的形式和手续而进行的分类。要式合同是指法律要求必须具备一定的形式和手续方可成立的合同。不要式合同是法律对合同订立未规定一定的形式和手续的合同。通常，各国均以不要式合同为原则而以要式合同为例外。

(5) 诺成合同与实践合同。这是依据合同在当事人意思表示一致后，是否须有实际交付标的物的行为才能成立而进行的分类。诺成合同是指当事人意思表示一致即告成立的合同。实践合同是指在当事人意思表示一致后，仍须有实际交付标的物的行为才能成立的合同。

(6) 主合同与从合同。这是根据某一合同的存在是否以其他合同的存在为前提而进行的分类。主合同是指可独立存在而无须以其他合同的存在为前提的合同。从合同又称附属合同，是指必须以其他合同的存在为前提才可成立的合同，如保证合同。

二、合同法

(一) 合同法的概念

合同法是调整平等主体的自然人、法人、其他组织之间设立、变更、终止民事权利义务关系的法律规范的总称。它是规范市场交易的基本法律，是民商法的重要组成部分，与公司、企业的生产经营和人民群众的生活密切相关。合同法调整合同的订立、效力、履行、变更、转让、终止以及违约责任等有关合同的一系列问题。

(二) 我国《民法典》合同编的适用范围

我国《民法典》规定：合同是民事主体之间设立、变更、终止民事法律关系的协议。这一规定明确了我国合同法的适用范围。因此，合同法的概念应界定为调整平等主体的自然人、法人、其他组织之间设立、变更、终止民事权利义务关系的法律规范的总称。

相关链接

婚姻、收养、监护等有关身份关系的协议，适用其他法律的规定。

用人单位和劳动者之间建立劳动关系，订立、履行、变更、解除或者终止劳动合同，适用《中华人民共和国劳动合同法》(简称《劳动合同法》)，不属于《民法典》的调整范围。这样就将这些非财产性契约从合同法中排除出去。

(四) 合同法的基本原则

合同法的基本原则是合同法的主旨和根本准则，它贯穿在整个合同法制度和规范之中，是市场经济的内在要求在法律上的表现。我国民法典规定了当事人订立合同应遵循的基本原则：合同当事人法律地位平等原则；合同自由原则；合同公平原则；诚实信用原则；合同合法原则等。

第二节 合同的订立

一、合同订立的主体

合同是平等主体的自然人、法人、其他组织之间订立的，为此，当事人订立合同，应当具有相应的民事权利能力和民事行为能力。当事人依法可以委托代理人订立合同。

为此，自然人、法人订立合同，一是可以亲自实施，二是通过代理人实施。

二、合同的形式

合同的形式是指体现合同内容、明确当事人权利义务关系的方式，即合同的载体。我国民法典第 10 条规定，当事人订立合同，有书面形式、口头形式和其他形式。法律、行政法规规定采用书面形式的，应当采用书面形式。当事人约定采用书面形式的，应当采用书面形式。可见，合同的形式可以分为书面形式、口头形式和其他形式三种。

(1) 书面形式。书面形式是指当事人以文字等有形的表现形式体现当事人所订立合同的内容的形式。其优点是有据可查，发生纠纷时容易举证，便于分清责任。根据我国我国民法典规定：书面形式是合同书、信件、电报、电传、传真等可以有形地表现所载内容的形式。以电子数据交换、电子邮件等方式能够有形地表现所载内容，并可以随时调取查用的数据电文，视为书面形式。

相关链接

一般来说，作为合同书应当符合如下条件：必须以某种文字、符号书写；必须有双方当事人（或者代理人）的签字（或者同时盖章）；必须规定当事人的权利义务。

(2) 口头形式。口头形式是指当事人只用语言为意思表示而订立合同，而不用文字表达协议内容的合同形式。凡当事人未约定、法律未规定特定形式的合同，都可以采用口头形式。口头形式在实践中运用得比较广泛，一般对即时结清的买卖、服务和消费合同大都采取口头形式订立。其优点在于简便易行、快捷迅速，其缺点是发生合同纠纷时不易取证，难以分清责任。

(3) 其他形式。其他形式是指除口头形式、书面形式之外的订立合同的形式，主要包括视听资料形式和默示行为。

三、合同的内容

合同的内容是指依据法律规定和合同的约定所产生的权利义务关系，具体体现为合同的各项条款。合同的内容由当事人约定。一般包括以下条款。

(1) 当事人的名称或者姓名和住所。合同依法生效后，即在当事人之间产生法律约束力。所以，合同中必须写明当事人的名称。当事人的住所是确定债务履行地的依据，是发生合同纠纷时确定管辖地的一个依据，也是人民法院送达诉讼文书的目的地。因此，合同中也应当写明当事人的住所。

相关链接

如果当事人为个人的，在书立合同时最好加入身份证号码。

(2) 标的。标的是合同当事人的权利义务指向的对象。简单说，我们去商场买冰箱，这个冰箱也就成为买卖双方的标的物。标的是合同成立的必要条件，是一切合同的必备条款。

(3) 数量。在大多数合同中，数量是必备条款。对于有形财产，数量是对单位个数、体积、面积、长度、容积、重量等的计量；对于无形财产，数量是个数、件数、字数以及使用范围等多种量度方法；对于劳务，数量为劳动量；对于工作成果，数量是工作量及成果数量。数量条款中应当约定明确的计量单位和计量方法，约定合理的磅差、正负尾差、超欠幅度、自然损耗等。计量单位和计量方法必须合法、具体、准确，除国家明文规定以外，当事人双方可以协商确定。

(4) 质量。质量是指标的的内在素质和外观形象的状况。质量条款是合同的主要条款，当事人必须在合同中约定质量标准。如果质量条款规定不明确，极易产生争议。质量主要包括标的的物理和化学成分、标的的规格、标的的性能、标的的款式、标的的感觉要素等。

相关链接

如果合同中质量要求不明确的，按照国家标准、行业标准履行；没有国家标准、行业标准的，按照通常标准或者符合合同目的的特定标准履行。

（5）价款或者报酬。价款或者报酬是有偿合同的主要条款。价款是取得标的物所应支付的对价，报酬是获得服务所应支付的对价。价款或者报酬除国家有定价的以外，由当事人自愿约定，但应当公平。当事人还应当约定价款或者报酬的支付方式（一次性支付或分期支付）、币种（人民币或外币）、支付地点、结算方式（现金计算还是票据支付）等内容。

相关链接

如果合同中价款或者报酬不明确的，按照订立合同时履行地的市场价格履行；依法应当执行政府定价或者政府指导价的，按照规定履行。

（6）履行期限、履行地点和履行方式。履行期限是有关当事人实际履行合同的时间规定，直接关系到合同义务完成的时间，也是确定合同是否按时履行或者迟延履行的客观依据。合同成立生效后，当事人还不用实际地履行，须待履行期到来时才实际地履行义务。因此，履行期限条款应当尽量明确、具体，或者明确规定计算期限的方法。合同中履行期限约定不明确的，当事人可事后达成补充协议或通过合同解释的办法来弥补。

履行地点是指当事人依据合同约定履行其义务的场所。履行地点是确定风险由谁承担以及所有权是否转移的依据，也是在发生纠纷后确定由哪一地法院管辖的依据。因此，履行地点与双方当事人的权利义务关系有一定联系，在合同中应当规定得明确、具体。

履行方式是指当事人履行合同义务的方法，如买卖合同中，是采取一次履行还是分次履行，买受人自提，还是采用出卖人送货的方式等，履行方式与当事人的利益密切相关，应当从方便、快捷等方面考虑采取最为适当的履行方式，并且在合同中应当明确规定。

相关链接

履行地点不明确，给付货币的，在接受货币一方所在地履行；交付不动产的，在不动产所在地履行；其他标的，在履行义务一方所在地履行。

履行期限不明确的，债务人可以随时履行，债权人也可以随时要求履行，但应当给对方必要的准备时间。

履行方式不明确的，按照有利于实现合同目的的方式履行。

履行费用的负担不明确的，由履行义务一方负担。

（7）违约责任。违约责任是指合同当事人违反合同义务而应承担的责任，即当事人不履行合同债务时，所应承担的损害赔偿、支付违约金等责任。违约责任是促使当事人履行合同义务，使对方免受或少受损失的法律措施，也是保证合同履行的主要条款。当事人可以在合同中就违约责任做出具体约定，如约定定金、违约金、赔偿金额以及赔偿金的计算方法等。

(8) 解决争议的方法。解决争议的方法是指发生合同纠纷的解决途径。按照合同自由原则，当事人可以在合同中约定解决争议的具体方法，解决合同争议的方法主要有四种：一是自行协商和解；二是由第三人进行调节；三是申请仲裁；四是提起诉讼。当事人如果意图在发生纠纷后通过诉讼途径解决可以不用在合同中约定。涉外合同的当事人约定采用仲裁方式解决争议的，可以选择中国的仲裁机构进行仲裁，也可以选择在外国进行仲裁。涉外合同的当事人还可以选择解决他们的争议所适用的法律，但法律有限制性规定的，依照其规定。

四、合同订立的一般程序

合同是当事人之间关于权利义务的合意，当事人之间意思表示真实一致时，合同即可成立。合同的成立采取要约、承诺的方式进行。所谓的要约是希望和他人订立合同的意思表示，而承诺是受要约人同意要约的意思表示。下面的案例能够说明合同订立的过程。

相关案例

日常生活买苹果

小贩：“苹果便宜啦，五元一斤！”（要约）

顾客：“五元太贵，三元卖吗？”（新要约）

小贩：“不行，最少四元一斤”（新要约）

顾客：“给我秤三斤。”（承诺）

小贩：“好，交钱！”（类似于签订合同）

（一）要约的相关规定

要约是订立合同的必经阶段，不经过要约的阶段，合同是不可能成立的。要约是希望和他人订立合同的意思表示。表意人即发出要约的人称为要约人，受领要约的人称为相对人或受要约人。

要约的意思表示必须“表明经受要约人承诺，要约人即受该意思表示约束”。要约一旦发出，除依法律规定或受要约人的同意外，不得任意变更或撤销。

1. 要约的构成要件

要约要取得法律效力必须具备下列条件。

(1) 要约必须是由具有订约能力的特定人做出的意思表示。当事人订立合同，应当具有相应的民事权利能力和民事行为能力。因此，要约人应当具有订立合同的相应的民事权利能力和行为能力。而且要约人必须是订立合同的一方当事人，必须是特定的，以便受要约人能够对之进行承诺。

(2) 要约必须向要约人希望与之订立合同的相对人发出。要约只有向要约人希望与之订立合同的相对人发出才能唤起相对人的承诺。相对人既可以是特定人，如具体的个人、公司或企业，也可以是非特定人，如社会公众，大多数服务性行业都以社会公众作为要约的相对人。

(3) 要约必须具有缔结合同的目的。要约是希望和他人订立合同的意思表示，要约中必须表明要约经受要约人承诺，要约人即受该意思表示拘束。要约人向相对人提出的意思表示必须具有与之订立合同的主观目的，否则不可视为要约，而只是要约邀请。

(4) 要约的内容必须具体确定。所谓“具体”，是指要约应包括足以使合同成立的主要条款。所谓“确定”，是指要约的内容必须明确，而不能含糊不清，否则便无法承诺。

(5) 要约必须到达受要约人。“要约到达受要约人时生效。”可见，我国合同法采取的是“受信主义”原则，要约在到达受要约人后才能对相对人产生实际的约束力。

相关链接

要约与要约邀请。

(1) 要约应当同时具备两个条件：一是内容具体确定；二是表明经受要约人承诺，要约人即受该意思表示约束。如果不能同时符合这两个条件，为要约邀请。

(2) 寄送的价目表、拍卖公告、招标公告、招股说明书、商业广告等，性质为要约邀请；但若商业广告的内容符合要约的规定，如悬赏广告，则视为要约。

(3) 新要约。受要约人对要约的内容做出实质性变更的，为新要约。有关合同标的、数量、质量、价款或者报酬、履行期限、履行地点和方式、违约责任和解决争议方法等内容的变更，属于对要约内容的实质性变更。

2. 要约的生效时间

要约生效的时间因其所采取的口头或书面形式之不同而不同。以口头形式发出的要约，从相对人了解要约时开始生效。以书面形式发出的要约，以要约到达受要约人时发生效力。采用数据电文形式订立合同，收件人指定特定系统接收数据电文的，该数据电文进入特定系统的时间，视为到达时间；未指定特定系统的，该数据电文进入收件人的任何系统的首次时间，视为到达时间。

3. 要约的撤回与撤销

第一，要约的撤回。“要约可以撤回。撤回要约的通知应当在要约到达受要约人之前或者与要约同时到达受要约人。”要约人在要约发出以后，未到达受要约人之前，有权撤回要约。

第二，要约的撤销。如果要约中规定了承诺期限或者以其他形式明示要约是不可撤销的，或者受要约人有理由认为要约是不可撤销的，并且已经为履行合同做了准备工作，则不可撤销要约。

4. 要约失效

要约失效，是指要约丧失了法律约束力，不再对要约人和受要约人产生约束。要约失效以后，受要约人也丧失了其承诺的权利。要约的法律效力因以下几种原因而失效。

第一，受要约人拒绝要约。拒绝要约是指受要约人没有接受要约所规定的条件，或虽做出承诺但对原要约内容做了修改的，视为拒绝原要约。

第二，要约人依法撤回或撤销要约。

第三，承诺期限届满，受要约人未做出承诺。如果要约中规定了承诺期限，则承诺必须在该期限内做出。

第四，受要约人对要约的内容做出实质性变更。有关合同的标的、数量、质量、价款或者报酬、履行期限、履行地点和方式、违约责任和解决争议方法等的变更，是对要约内容的实质性变更。

（二）承诺的相关规定

承诺，是指受要约人同意要约的意思表示，即受要约人同意接受要约的条件以缔结合同的意思表示。承诺只能以明示的方式做出，沉默或不作为本身不构成承诺。

1. 承诺的构成要件

(1) 承诺须由受要约人向要约人做出。只有受要约人或其代理人才能做出承诺。承诺必须向要约人做出，才能使合同成立。如果向要约人以外的其他人做出承诺，不能产生承诺的效力。

(2) 承诺须在规定的期限内到达要约人。只有在规定的期限内到达的承诺才是有效的。要约中如果规定了承诺期限，则承诺应当在规定的期限内到达才生效。没有规定承诺期限如果要约是以对话方式做出的，承诺人应当即时做出承诺；如果要约是以非对话方式做出的，应当在合理的期限内做出并到达要约人。合理期限的长短应当根据具体情况来确定。

(3) 承诺的内容须与要约的内容一致。承诺是对要约内容的全部接受，即承诺的内容须与要约的内容一致。若受要约人对要约的内容进行了变更，则应视为对原要约的拒绝。

2. 承诺的方式

承诺原则上应采取通知方式，但根据交易习惯或者要约表明可以通过行为作为承诺的除外。通知的方式主要包括采用对话、信件、电报、电传等明确地表达承诺人承诺的意思。

3. 承诺的期限

要约规定有承诺期限的，“承诺应当在要约确定的期限内到达要约人。”要约没有规定承诺期限的，应当在下列期限内承诺：要约以对话方式做出的，应当即时做出承诺，但当事人另有约定的除外；要约以非对话方式做出的，承诺应当在合理期限内到达。“要约以信件或者电报做出的，承诺期限自信件载明的日期或者电报交发之日开始计算。

信件未载明日期的，自投寄该信件的邮戳日期开始计算。要约以电话、传真等快速通信方式做出的，承诺期限自要约到达受要约人时开始计算。”

4. 承诺撤回

“承诺可以撤回。撤回承诺的通知应当在承诺通知到达要约人之前或者与承诺通知同时到达要约人。”即承诺撤回的通知必须在承诺生效之前到达要约人，或与承诺通知同时到达要约人，撤回才能生效。

五、合同成立的时间与地点

（一）合同成立的时间

一般情况下，对于非要式合同，合同自承诺生效时成立。而对于要式合同，合同自完成特定手续时成立。如当事人约定采用合同书形式订立合同的，自双方当事人签字或者盖章时合同成立。如双方当事人未同时在合同书上签字或盖章，则以当事人中最后一方签字或盖章的时间为合同的成立时间。但法律有特别规定或者当事人有特别约定的，应从其规定或约定。

（二）合同成立的地点

合同成立地点因要式合同或非要式合同而有不同。一般情况下，非要式合同以承诺生效的地点为合同成立地点；要式合同则应以完成特别手续的地点为合同成立地点。采用合同书形式订立合同的，双方当事人签字或者盖章的地点为合同成立的地点。如双方当事人未在同一地点签字或盖章，则以当事人中最后一方签字或盖章的地点为合同成立的地点。采用数据电文形式订立合同的，收件人的主营业地为合同成立的地点；没有主营业地的，其经常居住地为合同成立的地点。当事人另有约定的，按照其约定。

六、格式条款

（一）格式条款的概念

格式条款是指当事人为了重复使用而预先拟定，并在订立合同时未与对方协商的条款，如保险合同、拍卖成交确认书等，都是格式合同。

格式条款，是自 19 世纪以来发展起来的，是某些行业在进行频繁地、重复性地交易的过程中为了简化合同订立的程序而形成的。这些行业一般是发展较大的具有一定规模的企业，往往具有垄断性。例如，水、电、热力、燃气、邮电、电信、保险、铁路、航空、公路、海运等行业。有公用事业，也有一般的大企业。

（二）格式条款的特点

格式条款具有以下特点：①作为要约，其对象具有广泛性。要约向公众发出，任何人只要同意要约的规定就可以签订合同。②条款具有持久性。格式条款一般是经过认真研究拟定的，在一个相当长的时期内不会改变。③条款具体细致。格式条款往往内容繁复，条款甚多，具体细致。④由事业者提出。不论是由事业者自行拟定或由某行业协会拟定，无论以何种形式表现，可以合同书形式、票证形式或者其他形式，甚至其条款并不在书面形式上记载，但是由事业者一方提出。但如果格式合同是由政府部门拟定的，一般不作为格式条款。

（三）格式条款的限制

使用格式条款的好处是，简捷、省时、方便、降低交易成本，但其弊端在于，提供商品或者服务的一方往往利用其优势地位，制定有利于自己而不利于交易对方的条款，这一点在消费者作为合同相对方时特别突出。因此，必须在立法上予以限制。

民法典从维护公平、保护弱者出发，对格式条款从三个方面予以限制：第一，提供格式条款一方有提示、说明的义务，应当提请对方注意免除或者限制其责任的条款，并按照对方的要求予以说明；第二，免除提供格式条款一方当事人主要义务，排除对方当事人主要权利的格式条款无效；第三，对格式条款的理解发生争议的，应当做出不利于提供格式条款一方的解释。

（四）格式条款的无效

合同中格式条款除合同外，提供格式条款一方免除其责任、加重对方责任、排除对方主要权利的，该条款无效。

（五）格式条款的解释

对格式条款的理解发生争议的，应当按照通常理解予以解释。对格式条款有两种以上解释的，应当做出不利于提供格式条款一方的解释。格式条款和非格式条款不一致的，应当采用非格式条款。

七、缔约过失责任

缔约过失责任是指当事人于缔结合同之际，合同不成立、被确认无效或被撤销时，使对方当事人遭受损失而应承担的法律责任。缔约过失责任是一种介于违约责任和侵权责任之间的责任状态。在缔约阶段，当事人通过接触进入可以彼此影响的范围，虽未订立合同，但也应该依据诚实信用原则维护对方的利益。如果一方当事人随意撤回要约或实施其他致人损害的不正当行为，将严重妨碍合同的依法成立和生效，影响到交易安全，因此，缔约阶段也受到法律的规制。

缔约过失责任的成立须具备以下条件。

（一）缔约一方违反了先合同义务

缔约过失责任发生在合同订立过程中，而合同尚未订立之前。缔约一方违反先合同义务的主要表现为当事人一方有假借订立合同，恶意进行磋商的行为，或者故意隐瞒与订立合同有关的重要事实或提供虚假情况等违背诚实信用原则的行为。

（二）相对方受有损失

缔约过失责任的目的就是弥补缔约过程中由于一方违反先合同义务而给对方造成的信赖利益的损失，因此，相对方受有损失的事实是承担缔约过失责任的前提。这种损失既包括实际利益的损失，也包括可得利益的损失。

（三）违反先合同义务与相对方受有损失之间存在因果关系

当事人在缔结合同过程中，应遵守依据诚实信用原则而产生的协助、保密等附随义务。当事人一方如果不履行这种义务，就会给他方造成损害。因此，承担缔约过失责任要求相对方受有损失这一事实与一方当事人违反先合同义务之间存在因果关系。

（四）违反先合同义务的一方有过错

缔约的过错是指当事人违背了其负有的义务并破坏了缔约关系。这里的过错包括故意和过失，当事人在合同缔结过程中因不同程度的过错影响到其承担的不同责任后果。

（五）缔约过失责任的适用范围

(1) 假借订立合同，恶意进行磋商。这是指没有与对方订立合同的诚意，故意与对方进行磋商、谈判，目的在于损害对方或者他人利益。例如，故意和对方谈判使其丧失与他人进行交易的机会。但要求受有损失的相对方能证明另一方具有假借磋商、谈判而使其遭受损害的恶意。

(2) 故意隐瞒与订立合同有关的重要事实或者提供虚假情况。在实践中主要表现为一方当事人故意隐瞒真实情况，或故意陈述虚伪事实使他人陷入错误的行为。例如，不告知对方自己所售房屋已经设立抵押的情况或故意隐蔽产品的瑕疵等。

(3) 其他违背诚实信用原则的行为。其他违背诚实信用原则的行为较多。在合同无效和被撤销、违反强制订约义务、无权代理等情况下，也容易产生缔约过失责任。

第三节 合同的效力与履行

一、合同的生效

（一）合同生效的概念

合同的生效是指合同具备一定的要件，在当事人之间产生了一定的法律拘束力。

我国规定："依法成立的合同，自成立时生效。""依法成立的合同，对当事人具有法律约束力。当事人应当按照约定履行自己的义务，不得擅自变更或者解除合同。依法成立的合同，受法律保护。"可见，合同的拘束力主要体现在对当事人的拘束力上，具体体现为合同当事人依据法律及合同的约定所产生的权利依法受到法律保护，同时当事人双方都必须履行根据合同所产生的义务。

相关链接

合同的成立与合同的生效是两个不同的概念。一般情况下，合同生效的时间与成立的时间是一致的。但是，有些情况下两者则是不一致的，如附条件的合同，附生效条件的合同自条件成就时生效。附解除条件的合同，自条件成就时失效。应该说，合同具备法定要件即可成立，但是，是否能产生法律效力，则还应具备法律所规定的生效要件。

（二）合同生效的要件

（1）当事人具有相应的缔约行为能力。合同是以当事人的意思表示为基础，以产生一定的法律效果为目的，因此，要求当事人必须具备与订立某项合同相应的缔约行为能力。对于法人，其缔约能力应与其被核准的经营范围或者设立登记的宗旨相一致。我国“当事人订立合同，应当具有相应的民事权利能力和民事行为能力。”这一规定对于保护当事人的利益，维护社会经济秩序有重要意义。

（2）合同的内容必须确定并且可能。合同的内容是确定各方当事人各自权利义务的重要根据，也是当事人履行义务的依据。因此，要求合同的内容确定并且可能，如果其内容不确定或者不可能，就会使当事人无法履行合同，也难以确定各方当事人的权利义务。合同的内容不确定或者不可能，合同不生效。

（3）合同不违反法律和社会公共利益。这是各国法律均承认的一项原则。合同不违反法律是指合同不得违反法律的强制性规定，而不是指任意性规范。合同不违反社会公共利益，主要是指合同的内容不违反公序良俗，如有违反，则合同不产生法律效力。

（4）合同的形式须符合法律规定或当事人约定。一般来说，合同的形式可由当事人自由选择，当事人订立合同，有书面形式、口头形式和其他形式。但是，如果法律有特别规定或当事人有特别约定的，则须在条件满足时，合同才生效。

二、附条件与附期限的合同

（一）附条件的合同

附条件的合同是指当事人在合同中约定一定的条件，以条件的是否实现来决定合同是否生效的合同。“当事人对合同的效力可以约定附条件。附生效条件的合同，自条件成就时生效。附解除条件的合同，自条件成就时失效。”但在某些特殊情况下，行为人并不希望合同一经成立就产生效力，所以，行为人通过订立附条件的合同，等到一定的条件成就后，才使其生效。

在附条件的合同中，所附的条件必须具备以下要求：一是条件必须是将来发生的事实；二是条件是不确定的事实；三是条件是由当事人议定的而不是法定的；四是条件必须合法，既符合法律的规定也符合公共道德；五是条件不得与合同的主要内容相矛盾。

（二）附期限的合同

附期限的合同是指当事人在合同条款中约定一定的期限，并把期限的到来作为合同效力发生或消灭根据的合同。“当事人对合同的效力可以约定期限。附生效期限的合同，自期限届至时生效。附终止期限的合同，自期限届满时生效。”期限通常分为两种，即生效期限和终止期限。

三、效力待定的合同

效力待定合同是指合同于成立时是否发生效力尚不确定，有待于其他行为使之确定的合同。合同虽然已经成立，但不完全符合有关生效要件的规定，因此其效力能否发生，尚未确定，须经其他行为才能生效。

（一）限制民事行为能力人依法不能独立订立的合同

限制民事行为能力人订立的合同，可以在事后由其法定代理人追认而生效。“限制民事行为能力人订立的合同，经法定代理人追认后，该合同有效，但纯获利益的合同或者与其年龄、智力、精神健康状况相适应而订立的合同，不必经法定代理人追认。”

相对人可以催告法定代理人在一个月内予以追认。法定代理人未作表示的，视为拒绝追认。合同被追认之前，善意相对人有撤销的权利。撤销应当以通知的方式做出。这里的善意相对人指不知行为人为限制行为能力人的一方。这是合同法对善意相对人的合法权益的保护。

（二）无权代理的人订立的合同

“行为人没有代理权、超越代理权或者代理权终止后以被代理人名义订立的合同，未经被代理人追认，对被代理人不发生效力，由行为人承担责任。”这里的无权代理是指表见代理以外的欠缺代理权的代理。主要包括以下几种情况：一是根本无代理权的无权代理。代理人在未得到任何授权的情况下，以本人的名义从事代理活动。二是超越代理权的无权代理。代理人虽享有一定的代理权，但其实施的代理行为超越了代理权的范围。三是代理权终止后的无权代理。在代理权终止以后，代理人仍以原委托人名义从事代理活动。无权代理人承担其给相对人造成的损失。无权代理所产生的合同是一种效力待定合同，经过本人的追认是有效的合同。

（三）无权处分合同

“无处分权的人处分他人财产，经权利人追认或者无处分权的人订立合同后取得处分权的，该合同有效。”可见，无权处分合同是指无处分权人处分他人财产，并与相对人订立转让财产的合同，属于效力待定合同，这类合同的效力取决于权利人的追认与取得处分权。

四、无效合同、可撤销或可变更的合同

（一）无效合同

无效合同是指合同虽然已经成立，但因其在内容上违反了法律、行政法规的强制性规定和社会公共利益而不产生法律效力的合同。

有下列情形之一的，合同无效：第一，一方以欺诈、胁迫的手段订立合同，损害国家利益；第二，恶意串通，损害国家、集体或第三人利益的合同；第三，以合法形式掩盖非法目的合同；第四，损害社会公共利益的合同；第五，违反法律、行政法规的强制性规定的合同。

有下列情形之一的，合同中的下列免责条款无效：第一，造成对方人身伤害的；第二，因故意或者重大过失造成对方财产损失的。

（二）可撤销或可变更的合同

可撤销或可变更的合同是指当事人在订立合同时，因意思表示不真实，法律允许其行使撤销权而使已经生效的合同归于无效。

这类合同主要包括：第一，因重大误解订立的合同。一方当事人对合同的主要内容发生误解，直接影响到其所应享有的权利和承担的义务，可以请求人民法院或者仲裁机关予以变更或撤销。第二，显失公平的合同。这是指一方当事人在紧迫或者缺乏经验的情况下订立的使当事人之间的权利义务严重不对等的合同。第三，因欺诈、胁迫而订立的合同。根据一方以欺诈、胁迫的手段或者乘人之危，使对方在违背真实意思的情况下订立的合同，受损害方有权请求人民法院或仲裁机构变更或者撤销。第四，乘人之危的合同。行为人利用他人的危难处境或紧迫需要，强迫对方接受某种明显不公平的条件并做出违背其真实意思的意思表示。

（三）无效合同、可撤销或可变更合同的法律效力

"无效的合同或者被撤销的合同自始没有法律约束力。"可见，合同被确认无效或被撤销以后，自合同成立之日起就是无效的。一旦合同被确认无效或被撤销，合同关系不再存在，但并不是不产生任何法律后果。"合同无效或者被撤销后，因该合同取得的财产，应当予以返还；不能返还或者没有必要返还的，应当折价补偿。有过错的一方应当赔偿对方因此所受到的损失，双方都有过错的，应当各自承担相应的责任。""当事人恶意串通，损害国家、集体或者第三人利益的，因此取得的财产收归国家所有或者返还集体、第三人。"

（1）返还财产。合同被确认无效或被撤销以后，一方当事人对其已交付给对方的财产享有返还请求权，而接受财产的一方则负有返还财产的义务。返还财产的对象仅限于原物及其孳息。当事人恶意串通，损害集体或者第三人利益的，因此取得的财产，应返还集体、第三人。

（2）赔偿损失。合同当事人中有过错的一方应当赔偿对方所受到的损失，当事人一

方要主张损害赔偿，必须要证明损害的实际存在。双方都有过错的，应当各自承担相应的责任。

(3) 收归国家所有。如果双方恶意串通，损害国家利益的，因此取得的财产收归国家所有。

五、合同的履行

(一) 合同的履行原则

合同的履行原则是指合同的双方当事人在履行的过程中应当遵循的基本原则。“当事人应当按照约定全面履行自己的义务。当事人应当遵循诚实信用原则，根据合同的性质、目的和交易习惯履行通知、协助、保密等义务。”我们认为，合同履行应遵循的主要原则有以下几条。

(1) 实际履行原则。实际履行原则是指当事人应当按照法律和合同约定的标的履行义务的原则。在合同法中，实际履行包括两方面：一是当事人在履行合同时，应按照合同约定的标的履行，不得任意以其他标的代替；二是在当事人一方不履行合同时，应当承担实际履行的责任，相对方有权要求违约方继续履行合同。当然，在合同无法实际履行时，也可由当事人协商用其他标的代为履行。

(2) 全面履行原则。全面履行原则也称适当履行原则，指当事人除按照合同约定的标的履行外，还要按照合同约定的其他条款要求全面承担合同义务，具体包括当事人应按照合同标的物的数量和质量、履行期限、履行地点、履行方式等履行合同。可以说，全面履行原则是实际履行原则的补充。

(3) 协作履行原则。协作履行原则是指当事人在履行合同过程中，应本着相互协商和协作的目标履行合同。这一原则要求当事人在履行合同过程中，除严格按约定履行自己的义务外，还要相互合作，配合对方履行。合同的双方当事人应当相互关照，互通有无。在合同的履行过程中，双方当事人之间要及时通报情况，发现问题及时解决，以便于合同的履行。

(二) 双务合同履行中的抗辩权

1. 同时履行抗辩权

同时履行抗辩权是指在双务合同中应当同时履行的一方当事人有证据表明另一方当事人在同时履行的时间不能履行或不能适当履行，到履行期时其享有不履行或部分履行的权利。

当事人互负债务，没有先后履行顺序的，应当同时履行。一方在对方履行之前有权拒绝其履行要求；一方在对方履行债务不符合约定时，有权拒绝其相应的履行要求。

同时履行抗辩权的行使，需具备以下条件：①需基于同一双务合同；②根据合同约定或合同性质，要求当事人同时履行合同义务，双方的履行没有先后顺序；③双方债务已届清偿期；④一方当事人有证据表明应同时履行义务的对方当事人未履行或未适当履行合同；⑤对方有履行的可能性。

同时履行抗辩权只是暂时阻止对方当事人请求权的行使，而不是永久地终止合同。当对方当事人完全履行了合同义务，同时履行抗辩权即告消灭，主张抗辩权的当事人就应当履行自己的义务。当事人因行使同时履行抗辩权致使合同迟延履行的，迟延履行责任由对方当事人承担。

2. 后履行抗辩权

后履行抗辩权是指合同当事人互负债务，有先后履行顺序，先履行一方未履行的，后履行一方有权拒绝其履行要求。先履行一方履行债务不符合约定的，后履行一方有权拒绝其相应的履行要求。

后履行抗辩权的行使有四个条件：①当事人基于同一双务合同，互负债务；②当事人的履行有先后顺序；③应当先履行的当事人不履行合同或不适当履行合同；④后履行抗辩权的行使人是履行义务顺序在后的一方当事人。

后履行抗辩权不是永久性的，它的行使只是暂时阻止了当事人请求权的行使。先履行一方的当事人如果完全履行了合同义务，则后履行抗辩权消灭，后履行当事人就应当按照合同约定履行自己的义务。

3. 不安抗辩权

不安抗辩权又称先履行抗辩权，是指当事人互负债务，有先后履行顺序的，先履行的一方有确切证据表明另一方丧失履行债务能力时，在对方没有履行或者没有提供担保之前，有权中止合同履行的权利。规定不安抗辩权是为了切实保护当事人的合法权益，防止借合同进行欺诈，促使对方履行义务。

不安抗辩权的行使有四个条件：①当事人基于同一双务合同；②当事人的履行有先后顺序；③不安抗辩权的行使人是履行义务顺序在先的一方当事人；④后履行合同的一方当事人有丧失或可能丧失履行债务能力的情形。

不安抗辩权的效力：①中止合同，即先履行合同的当事人停止履行或延期履行合同。②解除合同。中止履行合同后，如果对方在合理期限内未恢复履行能力并且未提供适当担保的，中止履行合同的一方可以解除合同。

第四节　合同的变更、转让和终止

一、合同的变更

（一）合同变更的概念

合同变更是指有效成立的合同，在尚未履行或者尚未完全履行以前，由于一定法律事实的出现，而使当事人就合同内容达成修改和补充的协议。“当事人协商一致，可以变更合同。法律、行政法规规定变更合同应当办理批准、登记等手续的，依照其规定。”实际上，合同变更是在保留原合同实质内容的基础上产生一个新的合同关系。

（二）合同变更的条件

（1）合同的变更以有效成立的合同为前提。合同在有效成立后，如需调整局部内容就要通过合同的变更。如果合同尚未订立，要通过撤回或撤销来进行，不可能发生变更问题。

(2) 合同的变更在原则上要经过当事人协商一致。合同是双方当事人意思表示一致的产物，因而合同的变更也必须经过双方的协商。任何一方未经协商不得擅自变更合同内容，否则将构成违约。此外，“当事人对合同变更的内容约定不明确的，推定为未变更。”可见，当事人对变更内容约定不明确的，视为未变更，当事人仍应当按原合同履行。

(3) 合同的变更要遵循法定的程序和方式。依据法律、行政法规的规定，在某些情况下合同的变更须履行特定的批准、登记等手续，如中外合作企业的合同内容如需进行重大变更的，应当报审查机关批准。这类合同的变更，不但要求当事人双方协商一致，而且还必须履行变更合同的法定的程序和方式，合同才得以变更。

(4) 合同变更要使合同内容发生变化。合同的变更对象是合同内容的变化，但合同的变更应该是非实质性条款的变更，也就是说，这些条款的变更不能导致原合同关系的消灭和新合同关系的产生。

二、合同的转让

合同的转让是指当事人将合同的权利和义务全部或者部分转让给第三人。合同的转让分为合同权利的转让、合同义务的移转及合同权利和义务的概括移转。

(一) 合同权利的转让

1. 合同权利转让的概念

合同权利的转让，又称为债权转让，是指债权人通过协议将其债权全部或部分地转让给第三人的行为。“债权人可以将合同的权利全部或者部分转让给第三人”。合同权利转让在不改变合同权利的内容的情况下，由债权人将权利转让给第三人，但应当及时通知债务人。合同权利转让的对象是合同债权，这种转让既可以是全部的转让，也可以是部分的转让。如果是合同权利的全部转让，则第三人完全取代转让人的地位而成为合同当事人，原合同关系消灭，而产生了一个新的合同关系。如果是权利的部分转让，则受让人作为第三人将加入到原合同关系之中，与原债权人共同享有债权。

2. 合同权利转让的限制

下列情况下合同权利不得转让：①根据合同性质不得转让；②按照当事人约定不得转让；③依照法律规定不得转让。

3. 合同权利转让的法律效力

(1) 对受让人的效力。“债权人转让权利的，受让人取得与债权有关的从权利，但该从权利专属于债权人自身的除外。”可见，合同权利转让后，受让人取得合同权利及属于主权利的从权利。

(2) 对债务人的效力。一是债务人不得再向原债权人履行债务；二是债务人应向受让人履行债务，并免除债务人对转让人所负的责任；三是债务人在合同权利转让时所享有的对抗原债权人的抗辩权依然存在，债务人接到债权转让通知后，债务人对让与人的抗辩，可以向受让人主张；四是债务人的抵销权只能向新的债权人行使，我国《合同法》第 83 条规定：“债务人接到债权转让通知时，债务人对让与人享有债权，并且债务人的债权先于转让的债权到期或者同时到期的，债务人可以向受让人主张抵销。”

（二）合同义务的移转

1. 合同义务移转的概念

合同义务的移转又称债务承担，是指在不改变合同内容的前提下，债务人将债务移转给第三人承担。包括两种情况：一是债务人将合同义务全部移转给第三人，由该第三人取代债务人的地位，成为新的债务人，称为免责的债务承担；二是债务人将合同义务部分地转移给第三人，由债务人和第三人共同承担债务，称为并存的债务承担。

2. 合同义务移转的效力

合同义务全部移转的，新债务人将代替原债务人而成为当事人，原债务人不再是当事人。债权人只能向新债务人请求履行债务或要求其承担违约责任。合同义务部分移转的，第三人与原债务人共同承担合同义务。合同义务移转后，新债务人可以主张原债务人对债权人的抗辩。“债务人转移义务的，新债务人可以主张原债务人对债权人的抗辩。”同时，合同义务移转后，新债务人应当承担与主债务有关的从债务。“债务人转移义务的，新债务人应当承担与主债务有关的从债务，但该从债务专属于原债务人自身的除外。”

（三）合同权利义务的概括移转

合同权利义务的概括移转是指由原合同当事人一方将其债权债务一并移转给第三人，由第三人概括地继受这些债权债务。“当事人一方经对方同意，可以将自己在合同中的权利和义务一并转让给第三人。”由于移转的是全部债权债务，原债务人享有的解除权和撤销权也将因概括的权利和义务的移转而移转给第三人。合同当事人一方与第三人达成概括移转权利义务的协议后，必须经另一方当事人同意方可生效。

合同权利义务的概括移转，可以依据当事人约定而发生，也可以因法律的规定而产生。最典型的就是因企业的合并而发生的权利义务的概括移转。“当事人订立合同后合并的，由合并后的法人或者其他组织行使合同权利，履行合同义务。当事人订立合同后分立的，除债权人和债务人另有约定的以外，由分立的法人或者其他组织对合同的权利和义务享有连带债权，承担连带债务。”

三、合同的终止

合同的终止是指合同当事人之间的权利义务客观上不复存在。合同终止后，当事人之间的债权债务关系消灭。

（一）债务已经按照约定履行

债务已经按照约定履行即合同的清偿，是指债务人按照合同的约定向债权人履行义务行为，这是合同终止的最基本、最常见、最重要的原因。清偿的主体包括清偿人与清偿受领人。清偿人是依合同的约定向受领人为履行的人，清偿人主要包括债务人、债务人的代理人及第三人。清偿受领人是指有权接受债务人给付的人。债务的清偿须由清偿人向有受领权的人为之，经受领后，即发生清偿的效力。清偿受领人主要包括债权人本人、债权人的代理人、破产管理人或清算人、受领证书持有人、行使代位权的债权人。

（二）合同解除

合同解除是指在合同有效成立后，没有履行或没有履行完毕之前，当事人一方基于法律规定或通过协议而使合同关系提前消灭的一种法律行为。合同解除主要包括协议解除、约定解除和法定解除三种。

（1）协议解除。协议解除是指当事人通过协商解除合同。

（2）约定解除。约定解除是指当事人基于双方约定的事由一方行使解除权而解除合同。

（3）法定解除。法定解除是指当事人基于法律规定的事由行使解除权而解除合同。法定解除属于一种单方解除合同的方式。由法律直接规定解除合同的条件，在具备条件时，当事人单方可以行使解除权以解除合同。有下列情形之一的，当事人可以解除合同：第一，因不可抗力致使不能实现合同目的。不可抗力是指不能预见、不能避免并不能克服的客观现象；第二，在履行期限届满之前，当事人一方明确表示或者以自己的行为表明不履行主要债务；第三，当事人一方迟延履行主要债务，经催告后在合理期限内仍未履行；第四，当事人一方迟延履行债务或者有其他违约行为致使不能实现合同目的；第五，法律规定的其他情形。

（三）债务相互抵销

抵销，又称“充抵”，是指双方当事人互负债务，且给付种类相同，可以将两项债务相互充抵，从而使各自的债务在对等数额内消灭。在抵销中，用作抵销的债，即抵销人得债权称为主动债权或抵销债券。被抵销的债，即被抵销的对方当事人的债，称为被动债权或主债权。

抵销可以分为法定抵销与合意抵销。“当事人互负到期债务，该债务的标的物种类、品质相同的，任何一方可以将自己的债务与对方的债务抵销，但依照法律规定或者按照合同性质不得抵销的除外。当事人主张抵销的，应当通知对方。通知自到达对方时生效。抵销不得附条件或者附期限。”这是关于法定抵销的规定。合意抵消又称为契约上抵销，是指双方当事人经合意而发生的抵销。合意抵销的构成要件均由双方当事人自由商定。“当事人互负债务，标的物种类、品质不相同的，经双方协商一致，也可以抵销。”

（四）债务人依法将标的物提存

提存是指在一定条件下，债务人将无法给付的标的物提交给一定的机关保存，从而消灭债权债务关系的一种法律制度。在合同的履行中，债权人对债务人的给付负有受领的义务。如果债权人无正当理由，对债务人的履行拒不接受，或者债务人无法向债权人履行，债务人的债务就不能消灭，这对于债务人有失公允。因此，法律设立了提存制度，债务人可以将其无法给付的标的物提交给一定的机关保存，从而消灭债权债务关系，使合同终止。

（五）债权人免除债务

债务免除是指债权人以债的消灭为目的而使合同权利义务部分或全部终止的意思表示。债务免除为合同终止的原因之一，债务一旦免除，债务人就不再负担债务。“债权人免除债务人部分或者全部债务的，合同的权利义务部分或者全部终止。”可见，债务免除是单方行为，即债权人可以通过其单方的意思表示免除债务人的债务。免除债务人部分债务的，合同关系于免除的范围内部分消灭；免除债务人全部债务的，合同之债全部消灭。

（六）债权债务归于同一人

债权债务归于同一人即混同，合同关系消灭。“债权和债务同归于一人的，合同的权利义务终止，但涉及第三人利益的除外。”混同无须意思表示，是一种事实行为，即仅有债权债务归于同一人的事实，即发生合同关系消灭的效力。但若债权同时作为他人权利的标的时，为保护第三人的利益，即使发生混同的事实，合同关系也不消灭。

（七）合同终止的效力

合同终止的效力主要表现为以下几个方面。①合同当事人之间的权利义务消灭。债权人不再享有合同的权利，债务人也不再承担合同的义务。②债权的担保及其他从属的权利及义务消灭。例如，担保物权、保证债权等，在合同关系消灭时，也随之消灭。③合同当事人必须承担合同终止后的附随义务。“合同的权利义务终止后，当事人应当遵循诚实信用原则，根据交易习惯履行通知、协助、保密等义务。”合同终止后的附随义务不因合同的终止而消灭。④合同终止不影响合同中结算和清理条款的效力。“合同的权利义务终止，不影响合同中结算和清理条款的效力。”

第五节 违约责任

一、违约责任概述

（一）违约责任的概念

违约责任指合同当事人在无法定免责原因的情况下，不按合同约定履行义务而应承担的责任。合同一旦生效，即在当事人之间产生法律约束力，各方当事人均应按照合同的约定履行合同义务。违约并不一定产生违约责任，如在一定情况下，虽然有违约行为，但因存在法定的或约定的免责事由而免除责任。我国《合同法》第 107 条规定，当事人一方不履行合同义务或者履行合同义务不符合约定的，应当承担继续履行、采取补救措施或者赔偿损失等违约责任。

（二）违约责任的特点

（1）违约责任以违反合同义务为前提。违约责任是合同当事人不履行合同义务所产生的责任。如果当事人违反的不是合同义务，而是法律规定的其他义务，则应负其他责任。

（2）违约责任具有相对性。这种相对性是指违约责任只能在特定的当事人之间即合同关系的当事人之间发生。合同关系以外的人不负违约责任，合同当事人也不对其承担违约责任。

（3）违约责任具有补偿性。这种补偿性是指违约责任旨在弥补或补偿因违约行为造成的损害后果。例如，约定的违约金或赔偿金不能过高，否则当事人有权要求法院减少数额。

（4）违约责任可由双方当事人约定。合同当事人可以在法律规定的范围内，对一方的违约责任做出事先的约定。“当事人可以约定一方违约时应当根据违约情况向对方支付一定数额的违约金，也可以约定因违约产生的损失赔偿数额的计算方法。”

二、违约责任的构成要件

违约责任的构成要件可分为一般构成要件和特殊构成要件。一般构成要件是指违约当事人承担违约责任形式必须具备的要件。特殊构成要件是指各种具体的违约责任形式所要求的要件。一般违约责任的构成要件主要包括两个方面。

（1）违约行为。“当事人一方不履行合同义务或者履行合同义务不符合约定的，应当承担继续履行、采取补救措施或者赔偿损失等违约责任。”违约行为是指合同当事人不履行合同义务或者履行合同义务不符合约定的行为。

（2）不存在法定和约定的免责事由。违约责任的免责事由问题涉及违约责任的归责原则。实际上，违约行为不包括当事人的主观过错。在违约行为发生以后，违约当事人并非一定承担违约责任。如果其有法定的或约定的免责事由，则不承担违约责任。

三、承担违约责任的主要形式

（1）实际履行。实际履行也称继续履行、依约履行，是指在一方当事人违反合同时，另一方有权要求其按照合同的约定继续履行合同义务。

（2）采取补救措施。采取补救措施指违约方所采取的旨在消除违约后果的补救方式。“当事人一方不履行合同义务或者履行合同义务不符合约定的，应当承担继续履行、采取补救措施或者赔偿损失等违约责任。”

（3）违约损害赔偿。违约损害赔偿又称为赔偿损失，是指违约方因不履行合同或者不完全履行合同义务而给对方造成损失，依法应当承担的赔偿损失的责任。“当事人一方不履行合同义务或者履行合同义务不符合约定的，应当承担赔偿损失等违约责任。”违约损害赔偿既可以单独使用，也可以与其他救济措施一并使用。“当事人一方不履行合同义务或者履行合同义务不符合约定的，在履行义务或者采取补救措施后，对方还有其他损失的，应当赔偿损失。”

（4）支付违约金。支付违约金是指由当事人通过协商预先确定的，在违约发生后做出的独立于履行行为以外的给付。我国《合同法》第114条规定：“当事人可以约定一方违约时应当根据违约情况向对方支付一定数额的违约金。”

相关链接

违约金与定金

定金是指合同当事人约定一方向对方给付一定数额的货币（即定金）作为债权的担保。债务人履行债务后，定金抵作价款或者收回。给付定金的一方不履行约定的债务的，无权要求返还定金；收受定金的一方不履行约定的债务的，应当双倍返还定金。定金的数额由当事人约定，但不得超过主合同标的额的20%。

当事人约定的定金数额超过主合同标的额20%的，超过的部分，人民法院不予支持。

实际交付的定金数额多于或者少于约定数额，视为变更定金合同；收受定金一方提出异议并拒绝接受定金的，定金合同不生效。

目前我国违约金的作用主要是补偿性的，视守约方损失的多少可由双方请愿法院增加或减少，与赔偿损失共同适用。而定金具有惩罚的性质，交付一方违约则不返还，接受一方违约则双倍返还。

（5）免责事由。免责事由是在合同履行过程中，出现了法定的或约定的免责条件，而导致债务人被免除履行义务，这些法定的或约定的免责条件称为免责事由。我国合同法中，法定的免责事由仅指不可抗力。不可抗力“是指不能预见、不能避免并不能克服的客观情况”。不可抗力包括某些自然现象或某些社会现象，如地震、台风、洪水、海啸、战争等。“因不可抗力不能履行合同的，根据不可抗力的影响，部分或者全部免除责任，但法律另有规定的除外。当事人迟延履行后发生不可抗力的，不能免除责任。”在当事人一方因不可抗力的原因而不能履行合同，应及时向对方当事人通报合同不能履行或者迟延履行、部分履行的事实，并应尽最大的努力消除事件的影响，减少因不可抗力所造成的损失。

【本章学习反馈】

一、单项选择题

1. 我国《合同法》对要约生效的时间采取（　　）。

A. 发信主义　B. 到达主义　C. 了解主义　D. 以上答案都不对

2. 合同部分无效，不影响其他部分效力的，其他部分（　　）。

A. 仍然有效　B. 可以不考虑　C. 无效　D. 可撤销

3. 合同权利义务的终止是指（　　）。

A. 合同的变更　B. 合同的消灭　C. 合同效力的中止　D. 合同的解释

二、案例分析题

甲公司与乙公司订立合同。约定由甲向乙供应一套设备并负责安装，货款总计 300 万元。设备安装后调试运行正常 3 个月后付款。3 个月后，乙未向甲提出质量问题，甲索要余款。乙认为目前尚难发现质量问题，要求再延期支付 3 个月。甲未允，函告乙支付余款。此后，甲未向乙请求，事过 2 年后，双方达成还款协议，但乙仍未履行还款协议。甲起诉。

问题：

(1) 如乙在运转 3 个月后发现质量问题，能否要求甲承担赔偿责任？为什么？

(2) 如何看待甲、乙双方达成的最后协议？

第五章 物 权 法

☞ 学习目标 》》

通过本章的学习，使学生掌握物权制度的基本知识；掌握物权的取得、变更、转让和消灭的相关法律规定；了解物权保护的相关理论；理解所有权、用益物权、担保物权的相关法律规定。

☞ 导入案例 》》

不能支配的“物权”不是物权

78岁的甲因儿子在外地工作，独自住在自己的一幢房子里，由一个在其家里服务了几年的老保姆乙照顾。某日，甲与乙签订一个合同，约定：甲死后，乙可以在该幢房子里居住，直到死为止。此后不久甲即死亡，其子丙继承了甲该幢房屋的所有权。丙考虑到自己在外地工作无法照看该房，故将该房卖给了当地的丁。丁要求乙搬出该幢房屋。适逢《中华人民共和国物权法》草案面向全国征求意见（后并入《中华人民共和国民法典》），天天在做宣传。乙因为经常看电视看报纸，有所了解，故拿出其与甲签订的合同声称：甲给自己设定了居住权，丁无权要求自己搬出。

问题：①什么是居住权？②根据新《中华人民共和国民法典》的相关规定，分析本案例。

第一节 物权和物权法概述

一、物权概述

（一）物权的概念

物权，是指权利人依法对特定的物享有直接支配和排他的权利，包括所有权、用益物权和担保物权。物权是权利人依法对特定的物享有直接支配和排他的权利，包括所有权、用益物权和担保物权。规定：“本法所称物权，是指权利人依法对特定的物享有直接支配和排他的权利，包括所有权、用益物权和担保物权。”

物权作为民事权利的一种，具有支配权、绝对权、财产权、客体是物、排他性和公开性等特征。

（二）物权的效力

物权是权利人直接支配特定物并排他的权利，物权的效力就是法律保障物权发生对特定物的直接支配和排他效果的强制力。物权的效力主要包括：物权排他效力、物权优先效力、物权请求权效力、物权追及效力等。

1. 物权的排他效力

即在同一特定物上，不能同时成立两个以上内容互不相容的物权。

具体包括：①在同一特定物上，不能同时成立两个以上的所有权。如该物上已经成立了所有权，则该所有权排除他人再行成立的所有权；如果他人善意取得所有权，则原所有人的所有权消灭。②在同一特定物上，不能同时成立同一支配内容的两个不相容的用益物权。例如，同一土地上不能同时存在两个承包经营权。③在同一特定物上，不能同时为两个债权人成立质权或留置权。因为动产不可能同时为不同的人所占有，而质权和留置权都要占有质物或留置物。

2. 物权的优先效力

即物权优先于债权的效力和数个物权之间的优先效力。

具体包括两方面：①物权优先于债权。当同一标的物上存在债权人主张债权实现与物权人主张物权实现的冲突时，物权优先于债权的实现。②物权相互之间的优先效力。依据《物权法》，当同一标的物上并存的物权发生现实上的冲突时，解决的规则一般为：其一，如果是同一性质的多个物权，成立在先的物权优先于成立在后的物权。如果已经登记，则已登记的优先于未登记的物权。都未登记且取得时间相同，按比例受偿。其二，当抵押权、质权、留置权和所有权并存时，留置权最优先，其次是抵押权，再次是质权，最后是所有权。

3. 物权的追及效力

即物权的标的物无论辗转于何人之手，物权人都可以追及物之所在，对物直接进行支配的效力。例如，无处分权人将不动产或者动产转让给受让人的，所有权人有权追回；除法律另有规定外，符合善意取得情形的，受让人取得该不动产或者动产的所有权。所有权人或者其他权利人有权追回遗失物。

4. 物上请求权效力

物上请求权是指物权的权利人在其权利的实现上遇有某种妨害时，物权人有权对于造成妨害其权利事由发生的人请求排除此等妨害。物权受到妨害后，物权人可以直接请求侵害人为一定的行为或不为一定的行为，包括请求侵害人停止侵害、排除妨碍、消除危险、返还财产等。

相关案例

排除妨碍请求权

甲的汽车发生故障，停在乙商店的门口，挡住了乙的店面通道。乙找到甲要求甲将汽车拖走，甲说自己也没办法。几日来，乙的商店生意冷清，门可罗雀。本案中乙在行使排除妨碍请求权，要求甲拖车未果时，可以请求人民法院维护自己的权利。并且，由于甲的车挡住了乙商店的门口通道，造成乙生意的损失可以要求甲进行赔偿。

（三）物权的种类

我国民法典规定，物权具有如下种类。

（1）所有权。这是所有人在法律规定的范围内独占性地支配其所有的财产的权利，所有人可以对其所有的财产占有、使用、收益、处分，并可以排除他人对于其财产违背其意志的干涉。

所有权是物权中最完整、最充分的物权，为充分发挥物的效用，从所有权中可以分离、派生、引申出各种其他的物权。

（2）用益物权。用益物权是物权的一种，是指非所有人对他人之物所享有的占有、使用、收益的排他性的权利。我国《物权法》上规定的用益物权主要包括：自然字眼使用权、土地承包使用权、建设用地使用权、宅基地使用权、地役权。

（3）担保物权。担保物权是指在借贷、买卖等民事活动中，债务人或者第三人将自己所有的财产作为履行债务的担保。债务人未履行债务时，债权人依照法律规定的程序就该财产优先受偿的权利。担保物权包括抵押权、质权和留置权。

相关案例

甲向乙借款5万元，并以自己价值10万元的名画以转让所有权的方式给乙提供担保。在本案中当事人设立的让与担保不发生物权效力。让与担保不是我国物权法所承认的物权类型，因而该约定违反了我国物权法定原则，不发生物权效力。

（四）物权的变动

物权的变动，又称物权的取得、变更、转让和消灭，是指物权法律关系的发生、变更和终止。就物权自身而言，物权变动是指物权的发生、变更与消灭；就物权主体而言，物权变动是指物权的取得、丧失与变更，可简称为物权的得丧变更。

归结起来，物权变动的原因主要有以下四类：一是法律行为，即依当事人的意思使物权变动；二是事实行为和事件，如先占、加工、附合等；三是法律的直接规定，如留置权、优先权、法定抵押权等的取得是基于法律的直接规定；四是公法上的原因，如征收、没收等。

在这四类原因中，法律行为是物权变动的最重要、最常见的原因。

相关链接

（1）动产物权变动的公示方法：交付。

动产物权变动一般以交付（移转占有）作为公示方法，某些特殊的动产也以登记作为公示方法，如交通工具物权变动、动产抵押。

所谓交付，是指对物的占有的转移。《物权法》第23条规定，动产物权的设立和转让，自交付时发生效力，但法律另有规定的除外。

（2）不动产物权变动的公示方法：登记。

登记，是指不动产登记机关经权利人申请、依法定的条件和程序将不动产物权变动的事实记载于不动产登记簿册的行为。《物权法》第9条规定，不动产物权的设立、变更、转让和消灭，经依法登记，发生效力；未经登记，不发生效力，但法律另有规定的除外。

二、物权法

（一）物权法的调整对象

根据民法典的规定，因物的归属和利用而产生的民事关系，适用该法。法律规定和调整物的归属关系的规范的总和，构成物权法的重要制度——所有权制度。物权法调整物的利用关系的法律规范的总和，构成物权法的另一重要制度——他物权制度。

（二）物权法的基本原则

我国物权法的基本原则包括：坚持社会主义基本经济制度的原则；平等保护国家、集体和私人物权的原则；物权法定原则；一物一权原则；物权取得和行使合法和不得滥用原则。

第二节　所　有　权

一、所有权概述

（一）所有权的概念

所有权是对特定物进行永久、全面支配的物权。根据我国《物权法》第39条的规定，所有权是所有权人对自己的不动产或者动产，依法享有占有、使用、收益和处分的权利。

（二）所有权的权能

（1）占有权能。占有权能是实际掌握、控制物的权能。行使物的占有权能是行使物的使用权能的前提条件。占有权能作为所有权的一项权能，通常属于所有人。

（2）使用权能。使用权能是指按照物的性能和用途对物加以利用，以满足生产、生活需要的权能。行使使用权能，对物进行使用，是实现物的使用价值的手段。

（3）收益权能。收益权能是指收取由原物产生出来的新增经济价值的权能。所谓新增经济价值，包括由原物派生出来的果实（天然孳息），由原物产生的租金、利息（法定孳息），以及由运用原物进行生产经营活动而产生的利润等。

（4）处分权能。处分权能，是指依法对物进行处置，从而决定物的命运的权能。处分包括事实上的处分（实物形态上的处分）和法律上的处分（价值形态上的处分）两种形式。事实上的处分，是指对物进行消费，包括生产消费和生活消费。事实上的处分是对物的实物形态进行的处分，它将导致物的形体的变更或消灭。法律上的处分，是指通过不同法律行为对物进行的种种处置，包括转让物的所有权、设定他物权和需要转移物之占有的债权（如租赁、借用）等。

（5）排除他人干涉、妨害的权能。此项权能直接体现了所有权作为人与人之间的法律关系的性质。依此项权能，当所有人对其所有物进行占有、使用、收益及处分时，如遇他人之非法干涉与妨害，可以根据其受干涉、妨害的具体情况，请求排除妨碍、返还原物、恢复原状、赔偿损失。但所有人行使此项权能时，与行使其他权能一样，须受法律、习惯及社会公德之限制；对法律、习惯或社会公德认为正当的干涉，不得排除。

相关案例

房屋所有权人享有哪些权利?

甲2013年购买房屋一套，住了半年以后，因换工作，住房离自己的工作单位太远，于是甲搬到单位附近的简易住房，将该房屋出租给了乙。2014年3月，甲因急用钱，将该房屋抵押给了银行，贷款30万元。本案涉及的是所有权的内容问题。甲作为所有权人对自己的房屋享有占有、使用、收益、处分的权利。甲对房屋的居住，属于对房屋行使占有、使用权能。甲将房屋出租给乙，属于对房屋行使收益全能。甲在自己房屋上设定抵押，则属于对自己的房屋广义上的处分。

（三）所有权的取得

所有权的取得，是指主体根据一定法律事实获得某物的所有权，从而在该特定主体与其他人之间发生以该物为客体的所有权法律关系。所有权的取得分为原始取得与继受取得。

1. 所有权的原始取得

原始取得主要有以下几种方法。

（1）先占。先占是指对无主动产由最先占有者取得其所有权。先占取得的标的仅限于动产，对不动产不能先占取得。

（2）拾得遗失物。拾得遗失物，应当返还权利人。拾得人应当及时通知权利人领取，或者送交公安等有关部门。

（3）发现埋藏物和隐藏物。拾得漂流物、发现埋藏物或者隐藏物的，参照适用拾得遗失物的有关规定。法律另有规定的，依照其规定。

（4）善意取得。所谓善意取得，又称即时取得，是指让与人无权处分他人之物，并且已经将该物交付给受让人或者已经办理物权变动登记，如果受让人是善意的，即可取得该物的物权。

善意取得的构成必须具备的要件：善意取得的对象可以是动产，也可以是不动产；受让人取得财产时出于善意；以合理的价格取得；转让的不动产或者动产依照法律规定应当登记的已经登记，不需要登记的已经交付给受让人。

（5）添附。所谓添附，是指不同所有权人的物被结合、混合在一起成为一个新物或利用别人的物加工成为新物的事实状态，包括附合、混合和加工。

2. 所有权的继受取得

继受取得，又称传来取得，是指根据原所有人的意思接受原所有人转移之所有权。所有权的继受取得的方法又以下几种：①买卖，即一方转移标的物的所有权于另一方，另一方支付价款。②互易，即双方用自己所有的标的物换取对方的标的物的所有权。③赠与，即一方无偿地将自己所有的物或者金钱送给对方。④继承与遗赠。因继承或者受遗赠取得物权的，自继承或者受遗赠开始时发生效力。但是处分该物权时，依照法律规定需要办理登记的，未经登记，不发生物权效力。⑤取得法人终止后遗留的财产。

二、建筑物区分所有权

（一）建筑物区分所有权的概念

建筑物区分所有权就是指业主所享有的、对建筑内不动产的专有部分的专有所有权，以及对共有部分享有的共有所有权及共同管理的权利。

（二）业主大会的权利

业主可以设立业主大会，选举业主委员会。业主大会具有如下权利：①制定和修改业主大会议事规则；②制定和修改建筑物及其附属设施的管理规约；③选举业主委员会或者更换业主委员会成员；④选聘和解聘物业服务企业或者其他管理人；⑤筹集和使用建筑物及其附属设施的维修资金；⑥改建、重建建筑物及其附属设施；⑦有关共有和共同管理权利的其他重大事项。

决定以上业主大会权利第 5 项和第 6 项规定的事项，应当经专有部分占建筑物总面积三分之二以上的业主且占总人数三分之二以上的业主同意。决定除第 5 项和第 6 项中其他事项，应当经专有部分占建筑物总面积过半数的业主且占总人数过半数的业主同意。

相关案例

某小区召开业主大会，通过决议，每户每月需缴纳物业管理费 200 元。张某与陈某系某小区业主，开会当天，张某因故未参加会议，也未委托其他人参加；陈某参加了大会，但在会议上表示，每月 200 元的物业管理费过高，应减少至 150 元，如果不减少，其将不缴纳该项费用。到缴费日，张某与陈某都拒绝缴费。在本案中张某以未参加业主大会为由，陈某以不同意为由，拒绝履行业主大会决议确定的义务，两人的主张均不能成立。

三、共有关系

（一）共有的概念与特征

共有是指两个以上的公民、法人共同对某一物共同享有所有权的情况。共有具有如下特征：共有的主体为两个以上的人；共有的客体为同一个物；共有的内容是两个以上的公民、法人对共有物共同享有占有、使用、收益和处分的权利。

（二）共有的种类

按份共有。按份共有是指两个以上的民事主体按照一定的份额（比例）对某一物享有权利、承担义务的共有。

共同共有。共同共有是指两个以上的民事主体不分份额（比例）地对某一物享有权利、承担义务的共有。在我国目前，共同共有主要有以下几种类型：夫妻财产共有；家庭财产共有；遗产分割前的共有。

（三）对共有财产的管理与处置

1. 共有财产的管理

根据《物权法》，共有财产的管理规则主要是：共有人按照约定管理共有的不动产或者动产；没有约定或者约定不明确的，各共有人都有管理的权利和义务；对共有物的管理费用以及其他负担，有约定的，按照约定；没有约定或者约定不明确的，按份共有人按照其份额负担，共同共有人共同负担。

2. 共有财产的分割

根据民法典，共有财产的分割规则主要是：共有人约定不得分割共有的不动产或者动产，以维持共有关系的，应当按照约定，但共有人有重大理由需要分割的，可以请求分割；没有约定或者约定不明确的，按份共有人可以随时请求分割，共同共有人在共有的基础丧失或者有重大理由需要分割时可以请求分割。因分割对其他共有人造成损害的，应当给予赔偿。

3. 共有财产的处分

根据民法典，共有财产的处分规则主要是：处分共有的不动产或者动产以及对共有的不动产或者动产进行重大修缮的，应当经占份额三分之二以上的按份共有人或者全体共同共有人同意，但共有人之间另有约定的除外。按份共有人可以转让其享有的共有的不动产或者动产份额。其他共有人在同等条件下享有优先购买的权利。

4. 共有物上的债权债务

在对外关系上，共有人享有连带债权、承担连带债务，但法律另有规定或者第三人知道共有人不具有连带债权债务关系的除外。

在共有人内部关系上，除共有人另有约定外，按份共有人按照份额享有债权、承担债务，共同共有人共同享有债权、承担债务。偿还债务超过自己应当承担份额的按份共有人，有权向其他共有人追偿。

5. 共有财产的确认

共有人对共有的不动产或者动产没有约定为按份共有或者共同共有，或者约定不明确的，除共有人具有家庭关系等外，视为按份共有。

四、相邻关系

（一）相邻关系的概念和特征

相邻关系是指不动产相互毗邻的所有权人或使用权人在对不动产行使占有使用权时，相互之间应当给予便利或者接受限制而发生的权利义务关系。

相邻关系的特征主要有：相邻关系的主体只能是不动产相互毗邻的所有权人或者占有使用权人；相邻关系的客体不是相互毗邻的不动产，而是与邻人有关的经济利益或其他利益；相邻关系的实质是对所有权人、占有使用权人行使所有权或使用权的一种限制。

（二）相邻关系的种类

相邻关系的具体类型主要有：相邻土地通行、使用关系；相邻用水、排水关系；相邻土地上的界桩、树木共有关系；相邻通风、采光关系；相邻环境保护关系；越界植物枝根的刈除权和果实取得权等。

（三）处理相邻关系的一般原则

根据《物权法》，处理相邻关系的一般原则主要有：有利生产、方便生活原则；团结互助原则；公平合理原则。

第三节 用益物权

一、用益物权的概念和特征

用益物权是指权利人对他人所有的不动产和动产，依法享有占有、使用和收益的权利。用益物权是物权法的重要组成部分，与所有权和担保物权一并构成了一个完整的物权体系。我国民法典规定："用益物权人对他人所有的不动产或者动产，依法享有占有、使用和收益的权利。"

用益物权是一种他物权，以利用为目的的他物权，是限制物权，一般要以对标的物的占有为条件的独立物权。

二、用益物权其他物权的区别

（一）用益物权与所有权

用益物权以对标的物的使用、收益为其主要内容，权利人所使用的不动产在法律上是他人财产而不是自己的财产，使用人只有使用权和受益权而没有所有权。它与财产所有权最大的不同在于，用益物权是一种他物权，客体是他人所有之物。

（二）用益物权与担保物权

用益物权与担保物权是性质不同的两类他物权，它们之间具有下列区别。

(1) 用益物权与担保物权虽同为物之支配权，但两者对物进行支配的主要方面则有所不同。用益物权以追求物的使用价值为内容，标的物须具有使用价值。而担保物权主要以标的物的交换价值和优先受偿为内容，因此，担保物权的标的物必须具有交换价值。

(2) 用益物权具有独立性，担保物权则具有从属性。一般地，用益物权根据法律的规定或与财产所有人的约定独立存在，不以用益物权人对财产所有人享有其他财产权利为前提，因此，用益物权都是主权利。而担保物权系以担保债务履行为目的，其存在则以担保物权人对担保物的所有人或其他关系人享有债权为前提，它因债权的产生而产生，因债权的消灭而消灭，因此，担保物权是从物权。

(3) 用益物权往往有明确的存续期间。在物权关系解除后，权利归于消灭，而在权利的存续期间，权利人可以依法或依合同规定行使权力。担保物权以债权的存在为前提，在担保物权实现之时，该权利亦归于消灭。

(4) 用益物权的行使，必须以占有标的物为前提，而担保物权的行使，除留置权、质押权外，均不以直接占有标的物为前提。

(5) 就目的实现之时间而言，担保物权须于接受担保债权届期未受清偿时，始得实行，其目的实现的时间系于将来。而用益物权一旦设定，即能实现用益的目的，故其目的的实现时间系于现在。

(6) 担保物权具有物上代位性，而用益物权则不具有这一性质。担保物权的标的物灭失，如不能归责于担保物权人，担保物权人可以请求担保人以其他物替补。而用益物权的标的物灭失，用益物权人不得请求所有人以其他物替代。

三、用益物权的种类

我国根据社会发展的需要，规定了建设用地使用权、土地承包经营权、宅基地使用权、地役权四种主要的用益物权和其他准用物权法相关规定的探矿权、采矿权、取水权、渔业权等自然资源使用权。

由于用益物权较为复杂且所涉及专业知识较多，本教材不加以详细介绍。

第四节 担保物权

一、担保物权的概念

担保物权，是与用益物权相对应的他物权，指的是为确保债权的实现，在债务人或第三人的物上设定的，债权人直接取得或者支配其交换价值为内容的权利。担保物权作为直接支配标的物交换价值的权利，具有从属性、不可分性、物上代位性等特征。

二、担保物权的分类

(1) 以担保物权的原因为标准，担保物权可以分为法定担保物权与意定担保物权。法定担保物权，指依法律的直接规定而当然发生的担保物权，如留置权；意定担保物权，指依当事人的设立合同而成立的担保物权，抵押权和质权为典型的意定担保物权。

法定担保物权通常是为担保一定的债权而成立的，所以具有强烈的从属性。意定担保物权具有媒介融资的作用（即以担保物权作为获取融资的手段），故又称为融资性担保物权。

（2）担保物权以其主要效力为标准，可以分为留置性担保物权与优先清偿性担保物权。留置性担保物权是以留置标的物，迫使债务人清偿债务为其主要效力的担保物权，如留置权和质权；优先清偿性担保物权是支配标的物的交换价值，以确保优先清偿为其主要效力的担保物权，如抵押权。留置权性担保物权，因权利人需要占有标的物，导致债务人不能使用、收益标的物，所以企业融资一般不采取这种方式。优先清偿性担保物权是以标的物的交换价值作为优先清偿债务的保障，不将标的物的占有移转给债权人，债务人占有、使用标的物，符合企业的经营方针，所以企业乐于采用。这种担保物权在现在经济生活中居于主导地位。

（3）以担保物权的标的物的不同而作的区分，可分为动产担保物权、不动产担保物权、权利担保物权和非特定财产担保物权。动产担保物权，指以动产为标的物而设立的担保物权，如动产抵押权和动产质权；不动产担保物权，指以不动产为标的物而设立的担保物权，如权利质权和权利抵押权；非特定财产担保物权，指以内容经常变动的财产为标的物而设立的担保物权，如企业担保（浮动担保）等。

（4）以担保物权的构造形态的不同为标准，担保物权可分为定限性担保物权与权利移转性的担保物权。定限性担保物权，担保权人取得的只是定限性的权利，担保标的物的所有权仍然保存在设立人（债务人或第三人）之手。权利移转性担保物权，是将担保标的物的所有权或其他权利移转给担保权人的担保权，以让与担保为其典型。

（5）以是否移转担保标的的物的占有为标准，担保物权可以分为占有担保物权与非占有担保物权。将标的物移转给债权人占有的担保物权，为占有担保物权，如留置权和质权；非占有担保物权，指不把标的物移转给债权人占有、债务人仍继续使用、收益担保的物的担保物权，如抵押权。

（6）以担保是否为民法所明文规定为标准，担保可以分为典型担保与非典型担保。凡由民法所明文规定的担保为典型担保，如抵押权、留置权和质权；非典型担保，又称不规则担保或变态担保，指在社会交易的实践中自发产生为判例学说所认可的担保形式，如让与担保等。

三、抵押权

（一）抵押的概念与特点

所谓抵押，就是指债务人或第三人不转移财产的占有，将特定的财产作为债权的担保，当债务人不履行债务的时候，债权人有权就该财产卖得的价金优先受偿的担保物权。“为担保债务的履行，债务人或者第三人不转移财产的占有，将该财产抵押给债权人的，债务人不履行到期债务或者发生当事人约定的实现抵押权的情形，债权人有权就该财产优先受偿。前款规定的债务人或者第三人为抵押人，债权人为抵押权人，提供担保的财产为抵押财产。”

抵押权作为一种担保物权，除了具有担保物权的一般特征外，还具有自身的特点。

(1) 抵押权是以不动产、动产或权利为客体的担保物权。相比之下，质权和留置权只能是动产或权利。

(2) 抵押权人是就标的物卖得的价金优先受偿的权利。这一点正是物权性担保与债权性担保的根本区别。

(3) 抵押权不转移标的物的占有。抵押权是在不移转标的物的前提下，在标的物上设定权利的。

(4) 抵押权的标的一般只能是特定的物。

相关链接

抵押权的范畴

下列财产可以作为抵押权的标的：①建筑物和其他土地附着物；②建设用地使用权；③以招标、拍卖、公开协商等方式取得的荒地等土地承包经营权；④生产设备、原材料、半成品、产品；⑤正在建造的建筑物、船舶、航空器；⑥交通运输工具；⑦法律、行政法规未禁止抵押的其他财产。

抵押人可以将前款所列财产一并抵押。

下列财产不得抵押：①土地所有权；②耕地、宅基地、自留地、自留山等集体所有的土地使用权，但法律规定可以抵押的除外；③学校、幼儿园、医院等以公益为目的的事业单位、社会团体的教育设施、医疗卫生设施和其他社会公益设施；④所有权、使用权不明或者有争议的财产；⑤依法被查封、扣押、监管的财产；⑥法律、行政法规规定不得抵押的其他财产。

(5) 抵押权的成立除法律特别规定外，一般必须进行登记。

(6) 抵押关系成立后，抵押人仍对抵押物享处分权。

(7) 抵押权具有不可分性。

抵押权的不可分性主要有两层含义：一是指在债权人全部债权没有受清偿前，抵押权人对于物的整体，仍享有抵押权；二是抵押物分割或让与或一部分灭失后，抵押权不受影响。

(二) 抵押权的设定

第一，抵押权一般通过抵押合同设立，该合同是一种要式合同，一般应采取书面形式。

第二，以上述“相关链接”中可以作为抵押的财产的第 1 项至第 3 项规定的财产或者第 5 项规定的正在建造的建筑物抵押的，应当办理抵押登记。抵押权自登记时设立。

以上述“相关链接”中可以作为抵押的财产的第 4 项、第 6 项规定的财产或者第 5 项规定的正在建造的船舶、航空器抵押的，抵押权自抵押合同生效时设立；未经登记，不得对抗善意第三人。

企业、个体工商户、农业生产经营者以现有的以及将有的生产设备、原材料、半成品、产品抵押，动产抵押的，应当向抵押人住所地的工商行政管理部门办理登记。抵押权自抵押合同生效时设立；未经登记，不得对抗善意第三人。虽经登记，也不得对抗正常经营活动中已支付合理价款并取得抵押财产的买受人。

（三）抵押权的权利实现

抵押权的实现又叫抵押权的实行，是指抵押权人行使抵押权以实现抵押物的价值，并从中优先受偿其债权的法律行为。

1. 抵押权的实现条件

抵押权的实现必须具备以下条件：①必须以抵押权的有效存在为前提；②债务人的债务已届清偿期；③债务人未清偿债务或发生当事人约定的实现抵押权的情形；④债务未清偿非因债权人的原因。

2. 抵押权实现的方式和顺序

抵押权实现的方式主要有拍卖、变卖和折价三种方式。

抵押权的实现顺序一般是：①同一抵押物上存在数个抵押权时，一般情况下按照抵押物登记的先后顺序受清偿；②抵押物已登记的抵押权人先于未登记的抵押权人受清偿；未登记的动产抵押权不能对抗第三人，各抵押权人按照被担保债权额的比例受清偿，而不问抵押权设立的先后顺序；③抵押权、质权按各自权利设立的先后顺序受清偿。

相关案例

某甲向邻居某乙借款 10 万元，用自己价值 20 万的房屋作为抵押。但某甲的该房屋已经作为抵押物向银行贷款 15 万，对此某乙也知情。问，某甲可否以自己的房屋再成立抵押？该房屋上的两个抵押权，清偿顺序如何？

第一，某甲可以以该房屋再设抵押。因为房屋价值为 20 万，房屋在设定了第一个抵押后，尚有剩余价值。第二，依据《物权法》第 199 条规定，清偿顺序的确定首先要看这两个抵押是否办理了抵押登记，都登记了的，按照登记的先后顺序受偿。有未登记的，登记的优先于未登记的受偿。都未登记的，按照债权比例受偿。

（四）抵押人与抵押权人的权利和义务

1. 抵押人的权利和义务

抵押人在其财产设定抵押后，仍享有对抵押物的使用、收益和处分权。行使这些权利要受到已设定的抵押权的影响。

（1）抵押人在一般情况下仍然有权收取抵押物的孳息，但债务履行期届满，债务人不履行债务致使抵押物被人民法院扣押的，自扣押之日起，抵押权人有权收取由抵押物分离的自然孳息，并且抵押人就抵押物可以收取法定孳息。

（2）抵押人的处分权。其一，抵押期间，抵押人经抵押权人同意转让抵押财产的，应当将转让所得的价款向抵押权人提前清偿债务或者提存。转让的价款超过债权数额的部分归抵押人所有，不足部分由债务人清偿。其二，抵押期间，抵押人未经抵押权人同意，不得转让抵押财产，但受让人代为清偿债务消灭抵押权的除外。

（3）抵押人的出租权。其一，订立抵押合同前抵押财产已出租的，原租赁关系不受该抵押权的影响。其二，抵押权设立后抵押财产出租的，该租赁关系不得对抗已登记的抵押权。

2. 抵押权人的权利和义务

抵押权人的权利义务主要有以下内容。

（1）债权人之中，有抵押权的债权人应享有优先受偿的权利，但法律、法规另有规定的除外。抵押权人应当在主债权诉讼时效期间行使抵押权；未行使的，人民法院不予保护。

（2）抵押权人可以让予其抵押权或者为他人提供担保，但抵押权不得与债权分离而单独转让或者作为其他债权的担保。

（3）抵押权人的保全。抵押人的行为足以使抵押财产价值减少的，抵押权人有权要求抵押人停止其行为。抵押财产价值减少的，抵押权人有权要求恢复抵押财产的价值，或者提供与减少的价值相应的担保。抵押人不恢复抵押财产的价值也不提供担保的，抵押权人有权要求债务人提前清偿债务。

（4）同一财产向两个以上债权人抵押，变卖抵押物所得的价款按照下列顺序清偿：①抵押权已登记的，按照登记的先后顺序清偿；顺序相同的，按照债权比例清偿。②抵押权已登记的先于未登记的受偿；抵押权未登记的，按照债权比例清偿。

（5）抵押权人放弃抵押权的效果。抵押权人可以放弃抵押权或者抵押权的顺位。债务人以自己的财产设定抵押，抵押权人放弃该抵押权、抵押权顺位或者变更抵押权的，其他担保人在抵押权人丧失优先受偿权益的范围内免除担保责任，但其他担保人承诺仍然提供担保的除外。

四、质权

（一）质权的概念和特征

质权又称质押权，是指为了担保债的履行，债务人或者第三人将其动产或者权利移交债权人占有，当债务人不履行债务或者发生当事人约定的实现质权的情形时，债权人有就其占有的财产优先受偿的权利。

质权作为一种担保物权物权，除具有担保物权的一般特征外，还具有如下特点：①质权的客体是动产或者动产权利。在不动产之上不能设立质权。这一点与抵押权有很大区别。②质权是一种约定的担保物权，是基于当事人双方约定而产生的。这一点与留置权是法定物权有很大区别。③质权是以出质人移转质物的占有为成立要件的担保物权。这一点和抵押权不移转物的占有判然有别。

（二）质权的分类

质权按照不同的标准可以分成不同的类型。最重要的分类是，按照质权标的物的不同把质权分为动产质权、不动产质权与权利质权。

动产质权，是指以动产为标的物的质权。不动产质权，是指以不动产为标的物的质权。不动产质权在历史上曾经存在过，但目前多数国家已经废止了这一制度，我国《物权法》也不承认不动产质权。权利质权是指以可转让的财产性权利为标的而设定的质权。

（三）质押权的设定

动产质权的设立，通常都是以合同进行的，并且质权自出质人交付质押财产时设立。《物权法》对权利质权的设定有特殊的规定：①以汇票、支票、本票、债券、存款单、仓单、提单出质的，质权自权利凭证交付质权人时设立；没有权利凭证的，质权自有关部门办理出质登记时设立。②以基金份额、证券登记结算机构登记的股权出质的，质权自证券登记结算机构办理出质登记时设立；以其他股权出质的，质权自工商行政管理部门办理出质登记时设立。③以注册商标专用权、专利权、著作权等知识产权中的财产权出质的，质权自有关主管部门办理出质登记时设立。④以应收账款出质的，当事人应当订立书面合同。质权自信贷征信机构办理出质登记时设立。

（四）出质人与质权人的权利和义务

出质人的权利主要包括：①出质人在质权人因保管不善致使质物毁损灭失时，有权要求质权人承担民事责任；②债务履行期届满，债务人履行债务的，或出质人提前清偿所担保的债权的，出质人有权要求质权人返还质物；③出质人如是债务人以外的第三人，该第三人代为清偿债权或因质权实行丧失质物的所有权时，有权向债务人追偿。

出质人的义务与质权人的权利相对应，主要有：因质物有隐蔽瑕疵而致使质权人有损害时的损害赔偿义务，对质权人因保管质物所支出的必要费用的偿还义务。

质权人的权利主要包括：①质权人有占有质物、收取孳息、必要时要求出质人提供担保的权利。②优先受偿的权利。③转质的权利。质权人在质权存续期间，未经出质人同意转质，造成质押财产毁损、灭失的，应当向出质人承担赔偿责任。

质权人的义务主要包括：①质权人负有妥善保管出质物的义务。出质人有权要求提存或提前清偿（不能要求解除合同），质权人有权请求出质人支付保管费用。②质权人不得擅自对质物进行使用、出租、处分。

五、留置权

（一）留置权的概念和特点

留置权是指债务人不履行到期债务，债权人可以留置已经合法占有的债务人的动产，并有权就该动产优先受偿。“债务人不履行到期债务，债权人可以留置已经合法占有的债务人的动产，并有权就该动产优先受偿。”

留置权的标的只限于动产，对不动产不能行使留置权。

（二）留置权的成立

留置权成立的积极要件：第一，债权人合法占有债务人的动产；第二，占有的动产必须与债权有牵连关系，但企业之间留置的除外；第三，债务人未按期全部履行债务；

第四，必须符合法律或者当事人的约定。

留置权成立的消极条件：第一，不得是双方在合同中明确约定不得留置的财产；第二，留置债务人的财产违反公共秩序或善良风俗的，不得留置；第三，行使留置权与债务人所承担的义务相抵触的，不得留置。

相关案例

甲委托裁缝乙做一套西装，做成后甲不支付加工费，乙可否留置该西装？乙能否将西装交给甲，而将甲的手表留置？本案中，第一，前一个留置符合留置权成立的要件。乙可以留置该西装。第二，后一个留置不能成立。因为手表和服装加工关系不属于同一法律关系（没有牵连关系）。

（三）留置权的权利实现

优先受偿权行使的条件一般包括：①须经催告。留置权人在留置财产后，应当催告债务人履行债务。②经过合理期间。③债务人在合理期间内仍不履行债务或未另行提供担保。

（四）留置权人与债务人的权利和义务

留置权人的权利主要有：①占有留置动产的权利；②收取留置物孳息的权利；③请求偿还留置物保管的必要费用的权利，如维修费、养护费等；④就留置物的变价优先受偿的权利。

留置权人的义务一般包括：①留置权人负有妥善保管留置财产的义务；因保管不善致使留置财产毁损、灭失的，应当承担赔偿责任。②不得擅自使用、利用留置物的义务。③在留置权所担保的债权消灭时，留置权人有返还留置物的义务。

（五）留置权的消灭

留置权消灭的原因主要有：①债务人对债务清偿；②留置权实现；③留置物灭失或留置物占有的丧失；④债务人另行提供担保，债权人同意。

【本章学习反馈】

一、单项选择题

1. 甲购买乙的一辆二手车，但双方没有办理过户手续。甲付款购车后，驾驶该车到某汽车空调配件经销部丙处，购买汽车空调配件并安装。安装好并付清款项后，甲驾车离开。途中，空调泵线圈短路引起电源线起火造成火灾，该车被全部烧毁。经有关部门认定，丙作为汽车空调提供者对火灾负有间接责任。下列说法中正确的是（　　）。

A. 甲和乙之间的买卖合同未生效，因为双方没有办理车辆过户手续

B. 甲取得该车的所有权，因为动产所有权转让自交付时发生效力

C. 甲不能向丙请求损害赔偿，因为其不是该车的所有权人

D. 甲不可以向丙请求损害赔偿，因为该车转让没有登记，不得对抗第三人

2. 甲为了能在自己的房子里欣赏远处的风景，便与相邻的乙约定：乙不在自己的土地上建高层建筑；作为补偿，甲每年支付给乙 4000 元。2 年后，乙将该土地使用权转让给丙。丙在该土地上建了一座高楼，与甲发生了纠纷。对此纠纷，下列判断哪一个是正确的？（　　）

A. 甲对乙的土地不享有地役权

B. 甲有权不让丙建高楼，但得每年支付其 4000 元

C. 丙有权建高楼，但须补偿甲由此受到的损失

D. 甲与乙之间的合同因没有办理登记而无效

3. 甲分别有债权人乙、丙、丁。丁为了使自己的债务得到清偿，许诺甲将其全部财产抵押给丁后，为其办理出国手续。甲便与丁签订了抵押合同，并办理了相关手续。因乙、丙的债权得不到清偿引起纠纷。对此，下列表述正确的是（　　）。

A. 甲与丁签订的抵押合同不具有效力

B. 甲与丁签订的抵押合同具有效力，且具有不可撤销性

C. 甲与丁签订的抵押合同具有效力，但乙、丙可请求人民法院撤销

D. 甲与丁签订的抵押合同为效力未定

4. A 与 B 系前后邻居，两家房距 5.8 米。A 翻盖房屋，准备在原来的宅基地上建两层 9.22 米高的楼房，便找到 B 协商。B 表示，按农村风俗前房不能高出后房，自己的房屋是 4.8 米，A 不能超建。A 认为，在自己的宅基地上建房，想盖多高就盖多高，谁都无权干涉。故趁 B 外出做生意之机，强行超建将房建成。经科学测算，因 A 的超建，B 的房屋整个窗户在冬季近 2 个月不能受阳光照射。则下列说法中正确的是（　　）。

A. A 建房属于合法行使自己宅基地使用权，B 无权干涉

B. A 和 B 之间形成地役权法律关系

C. B 有权要求 A 停止侵害，排除妨碍

D. A 的行为违反乡规民俗属于无效

二、案例分析题

贾老板因发生交通事故致使车辆受损，来到李先生的汽修厂修理。车修好后，贾老板未能支付修理费，即给李先生打下了一张字据，内容为：材料及维修费共计 11.16 万余元，因保险公司定损单未出，修理费、维修费贾老板分文未付。于是，李先生同意贾老板把车开走。嗣后，保险公司只支付给李先生 5 万元的修理费。虽经李先生索要，但贾老板与保险公司均未再向李先生支付车辆修理费。随后，李先生便以贾老板拖欠修理费，自己系行使留置权为由，强行扣留了贾老板的车。后贾老板见车辆被扣，问题一直未得到解决，便将李先生告上法院，要求李先生返还车辆，赔偿因经营造成的租车损失和养路费共计 2 万余元。

问题：

法院能否支持其诉讼请求？

第六章　市场规制法

☞ 学习目标

通过本章的学习，应达到以下目标：掌握消费者应有的权利；理解经营者的义务；理解产品质量法的概念、特点及体系；掌握产品标准、产品质量与产品质量责任；掌握不正当竞争的概念和特征；了解反不正当竞争法的基本原则；掌握各种不正当竞争行为的特征及表现。

☞ 导入案例

陈树清退休在家，为了休闲于2013年2月7日到自由市场花费2300元购买了一把秋千椅回家，2013年3月19日中饭后，陈树青带着孙女坐在秋千椅上自然摇动，突然其中一根支撑的木料断裂，陈树青摔在地上致使右手骨折，经医院治疗共花去医药费1100元。

陈树青治愈后立即去自由市场找销售者，但发现销售者已不在原处，一时无法找到，后发现秋千椅上刻着鸿达木竹制品厂生产的字样，通过打听在城郊找到了该厂，陈树青即要求该厂承担其一切损失，而厂方认为陈树青应先向销售者索赔。协商无果的情况下，陈树青便向法院提起民事诉讼，对被告鸿达木竹制品厂提出以下诉讼请求：①要求被告赔偿秋千椅的损失2300元；②要求被告赔偿医药费1100元。

问题：①鸿达木竹制品厂对陈树青的人身损害及秋千椅的损失是否均应承担赔偿责任？②如果该产品质量缺陷属于销售者的责任，该厂是否有权向销售者再追偿？

第一节　消费者权益保护法

一、消费者权益保护法概述

（一）消费者的概念

消费者是社会消费的主体，包括生产性消费和生活性消费两种。消费者权益保护法中所涉及的“消费者”，主要是指生活资料的消费者，在特殊情况下也包括生产资料的消费者，如农民的生产性消费活动等。本教材所指称的消费者是指为了满足个人生活消费的需要而购买、使用商品或接受服务的居民。这里的居民是指自然人或称个体社会成员。在我国，消费者是与经营者对称的，而经营者就是向消费者出售商品或提供服务的市场主体。

（二）消费者权益保护法的概念及特征

消费者权益保护法的概念有广义和狭义之分，广义的消费者权益保护法是指保护消费者合法权益的所有的法律规范的总称，包括消费者权益保护基本法、安全保障法、商品的计量标准和计量监督法、价格监督法、消费合同法及竞争监督法等；而狭义的消费者权益保护法仅指1993年10月31日通过、1994年1月1日起正式施行的《消费者权益保护法》，该法分别于2009年8月27日和2013年10月25日进行修订。

消费者权益保护法具有如下几方面的特征。

（1）消费者权益保护法保护手段的强制性。消费者权益保护法通过国家干预市场经济运行来实现保护消费者的合法权益。实践中，国家通过制定实施强制性、禁止性的法律规范来干预市场经济的运行，而这些强制性、禁止性的规范是针对生产经营者的义务所作的规定，同时也包含了对标准合同条款的限制。因此说，消费者权益保护法的保护手段具有强制性。

（2）消费者权益保护法保护的是消费者的消费权益。所谓消费者权益是指消费者依法享有的权利以及该权利受到保护时，给消费者带来的应得利益。消费者权益的核心是消费者的权利，包括知情权、安全权等若干权利。

（3）消费者权益保护法调整对象的确定性。消费者权益保护法调整的对象是消费者和经营者在购买、使用商品或接受商品服务过程中所发生的关系。从范围上看，它既包括购买商品，也包括使用商品；既包括本人使用商品，也包括他人使用商品。因此说，消费者权益保护法保护的不仅是和经营者发生买受行为的消费者，也包括了没有与经营者发生直接合同行为但受到商品侵害的其他人。

二、消费者权益保护法的调整范围

《消费者权益保护法》第2条规定："消费者为生活消费需要购买、使用商品或者接受服务，其权益受本法保护；本法未作规定的，受其他有关法律、法规保护。"由此可以看出我国消费者权益保护法有如下调整范围。

（一）主体

消费者权益保护法的保护主体即消费者。虽然我国现行立法并未明确指出消费者就是个人，但是我们可以结合立法理解为消费者主要指个人，但同时还可以包括购买生活消费品以满足本单位个人成员消费需求的组织。

（二）客体

消费者权益保护法调整的客体是生活消费资料而非生产资料。但是《消费者权益保护法》第62条所列的"农民购买、使用直接用于农业生产的资料"仍属于该法保护范围。

（三）调整的社会关系

消费者权益保护法调整的是以保护消费者为核心在购买生活消费商品过程中所发生的社会关系。具体而言，它包括消费者和经营者之间在购买商品过程中、使用商品过程中以及接受商品服务过程中所发生的各种社会关系。从构成上看，该关系以消费者和经营者的关系为主导，还包括有国家与经营者、国家与消费者、其他组织或个人与经营者之间的社会关系。

三、消费者权利

我国《消费者权益保护法》第2章第7条至第15条规定了消费者的权利即消费者的安全权，知情权，自主选择权，公平交易权，依法获得赔偿权，结社权，获得知识权，人格尊严、民族风俗习惯受尊重权，以及监督批评权等九项权利。

（一）安全权

《消费者权益保护法》第7条规定了消费者的安全权，具体指消费者在购买、使用商品和接受服务时享有人身、财产安全不受损害的权利。

消费者的安全权包括：第一，人身安全权。人身安全权中又包括生命安全保障和生命健康不受损害。第二，财产安全权。上述两方面权利的确立要求经营者在销售商品或提供服务时，必须严格执行国家相关的标准，确保消费者的生命健康和财产安全，同时，经营者不能生产、销售或者提供不符合国家、行业标准的商品或服务，一旦有上述违法行为存在，国家将追究其责任。

（二）知情权

《消费者权益保护法》第8条规定："消费者有知悉其购买、使用的商品或者接受的服务的真实情况的权利。"消费者的知情权具体指消费者享有知悉其购买、使用的商品或者接受服务的真实情况的权利。消费者有权根据商品或者服务的不同情况，要求经营者提供商品的价格、产地、生产者、用途、性能、规格、等级、主要成分、生产日期、有效期限、检验合格证明、使用方法说明书、售后服务，或者服务的内容、规格、费用等有关情况。

消费者的知情权包括两层含义：一是消费者在购买、使用商品或接受服务时，有权询问、了解商品或者服务的有关情况；二是经营者依消费者要求所提供的信息必须是真实的。

（三）自主选择权

《消费者权益保护法》第9条规定："消费者享有自主选择商品或者服务的权利。"消费者的自主选择权是指消费者依法享有的自主选择商品或者服务的权利。

消费者的自主选择权包括如下几方面内容：第一，消费者有权选择提供商品或者服务的经营者；第二，消费者有权自主选择商品品种或者服务方式；第三，消费者有权自主决定购买或者不购买任何一种商品，接受或者不接受任何一项服务；第四，消费者在选择商品或者服务时，有权进行比较、鉴别和挑选。

（四）公平交易权

《消费者权益保护法》第10条规定："消费者享有公平交易的权利。"具体讲，消费者的公平交易权是指消费者在购买商品或者接受服务时依法享有的获得质量保障和价格合理、计量准确等公平交易条件的权利。

（五）依法获得赔偿权

《消费者维权保护法》第11条规定了消费者依法获得赔偿权，赔偿的范围包括人身损害赔偿和财产损失赔偿，其中的人身损害赔偿又包括生命、健康损害赔偿和精神损害赔偿。

（六）结社权

《消费者权益保护法》第12条规定："消费者享有依法成立维护自身合法权益的社会组织的权利。"具体而言，所谓消费者的结社权是指消费者在购买、使用商品或接受商品服务时享有依法成立维护自身合法权益的社会团体的权利。

消费者的结社权主要体现在：第一，消费者结成的组织是保障个体消费者合法权益的重要组织形态，它在维护消费者权益方面起着重要作用；第二，消费者结成的组织可以通过调解、仲裁等形式来解决消费者与经营者之间的纠纷；第三，消费者结成的组织也可以在消费者与政府之间起沟通的桥梁作用。

（七）获取知识权

《消费者权益保护法》第13条规定了消费者在购买、使用商品或接受服务时有获得相关知识的权利。这里的知识包括两大方面：一是消费者权益保护方面的知识，主要是关于消费者权益保护的法律规范、政策以及具体维护自身权益的诉讼知识等；二是消费者在购买、使用商品或接受服务中关于具体商品或者服务的知识，对此，国家和经营者都有义务为消费者提供基本的培训、咨询和指导。

（八）人格尊严、民族风俗习惯受尊重权

《消费者权益保护法》第14条规定："消费者在购买、使用商品和接受服务时，享有其人格尊严、民族风俗习惯得到尊重的权利，享有个人信息依法得到保护的权利。"经营者不得对消费者进行侮辱、诽谤，不得搜查消费者的身体及携带的物品，不得侵犯消费者的人身自由。

（九）监督批评权

《消费者权益保护法》第15条规定："消费者享有对商品和服务以及保护消费者权益工作进行监督的权利。"进一步而言，消费者有权检举、控告侵害消费者权益的行为

和国家机关及其工作人员在保护消费者权益工作中的违法失职行为，有权对保护消费者权益工作提出批评、建议。消费者的监督权表现在两个方面：一是对消费者权益保护工作进行监督的权利；二是对商品和服务进行监督的权利。

四、经营者的义务

所谓的经营者就是向消费者提供其生产、销售的商品或者提供服务的单位或者个人，是以营利为目的的从事生产经营活动并与消费者对立存在的另一方当事人。

在买卖或接受服务的法律关系中，经营者与消费者是相对应的消费法律关系主体，因而消费者的权利与经营者的义务是相对的一个问题的两个方面，即消费者的权利是经营者的义务，消费者的权利是通过经营者履行义务来实现的。

消费者权益保护法中的经营者具备以下特征：①经营者的外延包含生产者、销售者和服务的提供者；②营利是经营者最主要的构成要件，也是所有经营者追求的目标和其从事经营活动的直接动因；③经营者不是泛指所有从事生产经营活动的人，而仅指那些向消费者提供与生活消费有关的商品和服务的公民、法人及其他组织。

（一）经营者依法定或依约定履行义务

《消费者权益保护法》第16条规定，经营者向消费者提供商品或者服务，应当依照《产品质量法》和其他有关法律、法规的规定履行义务。此外，经营者和消费者有约定的，应当按照约定履行义务，但双方的约定不得违背法律、法规的规定。

（二）经营者听取意见和接受监督的义务

《消费者权益保护法》第17条规定，经营者应当听取消费者对其提供的商品或者服务的意见，接受消费者的监督。

（三）保障人身和财产安全的义务

《消费者权益保护法》第18条规定，经营者应当保证其提供的商品或者服务符合保障人身、财产安全的商品或服务。应当向消费者做出真实的说明和明确的警示，并说明和标明消费者正确使用商品或接受服务的方法以及防止危害发生的方法。

《消费者权益保护法》第19条规定，经营者发现其提供的商品或者服务存在缺陷，有危及人身、财产安全危险的，应当立即向有关行政部门报告和告知消费者，并采取停止销售、警示、召回、无害化处理、销毁、停止生产或者服务等措施。采取召回措施的，经营者应当承担消费者因商品被召回支出的必要费用。

（四）经营者不作虚假宣传的义务

《消费者权益保护法》第20条规定，经营者向消费者提供有关商品或者服务的质量、性能、用途、有效期限等信息，应当真实、全面，不得作虚假或者引人误解的宣传。经营者对消费者就其提供的商品或者服务的质量和使用方法等问题提出的询问，应当做出真实、明确的答复。经营者提供商品或者服务应当明码标价。

采用网络、电视、电话、邮购等方式提供商品或者服务的经营者，以及提供证券、保险、银行等金融服务的经营者，应当向消费者提供经营地址、联系方式、商品或者服务的数量和质量、价款或者费用、履行期限和方式、安全注意事项和风险警示、售后服务、民事责任等信息。

（五）标明经营者真实名称和标记的义务

《消费者权益保护法》第 21 条规定，经营者应当标明其真实名称和标记；租赁他人柜台或者场地的经营者，应当标明其真实名称和标记。

经营者的名称和标记是区别于其他商品和服务的来源的标志，在发生纠纷时，有助于准确地确定求偿主体。

（六）向消费者出具购货凭证或者服务单据的义务

《消费者权益保护法》第 22 条规定，经营者提供商品或者服务，应当按照国家有关规定或者商业惯例向消费者出具购货凭证或者服务单据；消费者索要发票等购货凭证或者服务单据的，经营者必须出具。此项义务的规定意在保护消费者接受服务和购买商品的证据，当发生法律责任时，免于消费者处于被动状态。

（七）保证商品品质和服务质量的义务

《消费者权益保护法》第 23 条规定了经营者保证商品质量和服务质量的义务。经营者应当保证在正常使用商品或者接受服务的情况下其提供的商品或者服务应当具有的质量、性能、用途和有效期限；但消费者在购买该商品或者接受该服务前已经知道其存在瑕疵，且存在该瑕疵不违反法律强制性规定的除外。经营者以广告、产品说明、实物样品或者其他方式表明商品或者服务的质量状况的，应当保证其提供的商品或者服务的实际质量与表明的质量状况相符。经营者提供的机动车、计算机、电视机、电冰箱、空调器、洗衣机等耐用商品或者装饰装修等服务，消费者自接受商品或者服务之日起 6 个月内发现瑕疵，发生纠纷的，由经营者承担有关瑕疵的举证责任。

（八）承担退货、更换、修理和其他责任的义务

《消费者权益保护法》第 24 条规定，经营者提供的商品或者服务不符合质量要求的，消费者可以依照国家规定、当事人约定退货，或者要求经营者履行更换、修理等义务。没有国家规定和当事人约定的，消费者可以自收到商品之日起 7 日内退货；7 日后符合法定解除合同条件的，消费者可以及时退货，不符合法定解除合同条件的，可以要求经营者履行更换、修理等义务。发生上述情形退货、更换、修理的，经营者应当承担运输等必要费用。

《消费者权益保护法》第 25 条规定，经营者采用网络、电视、电话、邮购等方式销售商品，消费者有权自收到商品之日起 7 日内退货，且无须说明理由，但下列商品除外：消费者定做的；鲜活易腐的；在线下载或者消费者拆封的音像制品、计算机软件等数字化商品；交付的报纸、期刊。消费者退货的商品应当完好。经营者应当自收到退回

商品之日起7日内返还消费者支付的商品价款。退回商品的运费由消费者承担；经营者和消费者另有约定的，按照约定。

（九）不得排除或者限制消费者权利的义务

《消费者权益保护法》第26条规定，经营者在经营活动中使用格式条款的，应当以显著方式提请消费者注意商品或者服务的数量和质量、价款或者费用、履行期限和方式、安全注意事项和风险警示、售后服务、民事责任等与消费者有重大利害关系的内容，并按照消费者的要求予以说明。经营者不得以格式条款、通知、声明、店堂告示等方式，做出排除或者限制消费者权利、减轻或者免除经营者责任、加重消费者责任等对消费者不公平、不合理的规定，不得利用格式条款并借助技术手段强制交易。格式条款、通知、声明、店堂告示等含有前款所列内容的，其内容无效。

（十）不得侵犯消费者人格权的义务

我国《消费者权益保护法》第27条规定，经营者不得对消费者进行侮辱、诽谤，不得搜查消费者的身体及其携带的物品，不得侵犯消费者的人身自由。

（十一）经营者收集、使用消费者个人信息方面的义务

我国《消费者权益保护法》第29条规定，经营者收集、使用消费者个人信息，应当遵循合法、正当、必要的原则，明示收集、使用信息的目的、方式和范围，并经消费者同意。经营者收集、使用消费者个人信息，应当公开其收集、使用规则，不得违反法律、法规的规定和双方的约定收集、使用信息。

经营者及其工作人员对收集的消费者个人信息必须严格保密，不得泄露、出售或者非法向他人提供。经营者应当采取技术措施和其他必要措施，确保信息安全，防止消费者个人信息泄露、丢失。在发生或者可能发生信息泄露、丢失的情况时，应当立即采取补救措施。

经营者未经消费者同意或者请求，或者消费者明确表示拒绝的，不得向其发送商业性信息。

五、消费争议解决与法律责任

《消费者权益保护法》中所说的消费争议是指消费者与经营者之间因商品的质量或者提供的服务内容等造成消费者人身、财产损失而引发的争执、争端。按照我国《消费权益保护法》规定，在发生消费纠纷时，可选择和解、调解、申诉、仲裁、诉讼等途径解决纠纷。

依照我国《消费者权益保护法》的规定，经营者因其行为性质、程度的不同，可能承担民事责任、行政责任，甚至刑事责任。具体情况如下。

（一）民事责任

我国民法通则规定的民事责任可以分为两大类，即违约责任和侵权责任。而侵权责

任又可以分为一般侵权责任和特殊侵权责任，在消费纠纷中，经营者承担的民事责任主要有以下几种。

经营者违反《产品质量法》和其他法律法规规定应承担的民事责任。我国现行《消费者权益保护法》第48条规定：①商品或者服务存在缺陷的；②不具备商品应当具备的使用性能而出售时未作说明的；③不符合在商品或者其包装上注明采用的商品标准的；④不符合商品说明、实物样品等方式表明的质量状况的；⑤生产国家明令淘汰的商品或者销售失效、变质的商品的；⑥销售的商品数量不足的；⑦服务的内容和费用违反约定的；⑧对消费者提出的修理、重作、更换、退货、补足商品数量、退还货款和服务费用或者赔偿损失的要求，故意拖延或者无理拒绝的；⑨法律、法规规定的其他损害消费者权益的情形。经营者对消费者未尽到安全保障义务，造成消费者损害的，应当承担侵权责任。

其中，经营者提供商品或者服务有欺诈行为的，应当按照消费者的要求增加赔偿其受到的损失，增加赔偿的金额为消费者购买商品的价款或者接受服务的费用的三倍；增加赔偿的金额不足500元的，为500元。法律另有规定的，依照其规定。经营者明知商品或者服务存在缺陷，仍然向消费者提供，造成消费者或者其他受害人死亡或者健康严重损害的，受害人有权要求经营者依照消费者权益保护法等法律规定赔偿损失，并有权要求所受损失二倍以下的惩罚性赔偿。

致人伤害的民事责任。《消费者权益保护法》第49条规定，经营者提供商品或者服务，造成消费者或者其他受害人人身伤害的，应当赔偿医疗费、护理费、交通费等为治疗和康复支出的合理费用，以及因误工减少的收入。造成残疾的，还应当赔偿残疾生活辅助具费和残疾赔偿金。造成死亡的，还应当赔偿丧葬费和死亡赔偿金。

侵犯其他人身权的民事责任。《消费者权益保护法》第50条规定，经营者侵害消费者的人格尊严、侵犯消费者人身自由或者侵害消费者个人信息依法得到保护的权利的，应当停止侵害、恢复名誉、消除影响、赔礼道歉，并赔偿损失。

造成精神损害的民事责任。《消费者权益保护法》第51条规定，经营者有侮辱诽谤、搜查身体、侵犯人身自由等侵害消费者或者其他受害人人身权益的行为，造成严重精神损害的，受害人可以要求精神损害赔偿。

造成财产损害的民事责任。《消费者权益保护法》第51条规定，经营者提供商品或者服务，造成消费者财产损害的，应当依照法律规定或者当事人约定承担修理、重作、更换、退货、补足商品数量、退还货款和服务费用或者赔偿损失等民事责任。

（二）行政责任

《消费者权益保护法》第56条规定，经营者有下列情形之一，除承担相应的民事责任外，其他有关法律、法规对处罚机关和处罚方式有规定的，依照法律、法规的规定执行；法律、法规未作规定的，由工商行政管理部门或者其他有关行政部门责令改正，可以根据情节单处或者并处警告、没收违法所得、处以违法所得一倍以上十倍以下的罚款，没有违法所得的，处以50万元以下的罚款；情节严重的，责令停业整顿、吊销营业执照：①提供的商品或者服务不符合保障人身、财产安全要求的；②在商品中掺杂、掺假，以假充真，以次充好，或者以不合格商品冒充合格商品的；③生产国家明令淘汰的商品或者销售失效、变质的商品的；④伪造商品的产地，伪造或者冒用他人的厂名、厂址，篡改生产日期，伪造或者冒用认证标志等质量标志的；⑤销售的商品应当检验、检疫而未检验、检疫，或者伪造检验、检疫结果的；⑥对商品或者服务作虚假或者引人误解的宣传的；⑦拒绝或者拖延有关行政部门责令对缺陷商品或者服务采取停止销售、警示、召回、无害化处理、销毁、停止生产或者服务等措施的；⑧对消费者提出的修理、重作、更换、退货、补足商品数量、退还货款和服务费用或者赔偿损失的要求，故意拖延或者无理拒绝的；⑨侵害消费者人格尊严、侵犯消费者人身自由或者侵害消费者个人信息依法得到保护的权利的；⑩法律、法规规定的对损害消费者权益应当予以处罚的其他情形。

经营者有上述违法行为的，除依照法律、法规规定予以处罚外，处罚机关应当记入信用档案，向社会公布。

《消费者权益保护法》第58条规定，经营者违反法律规定，应当承担民事赔偿责任和缴纳罚款、罚金，其财产不足以同时支付的，先承担民事赔偿责任。

《消费者权益保护法》第59条规定，对于行政机关的行政处罚，经营者不服的，可以申请复议，或向人民法院提起行政诉讼。

（三）刑事责任

(1) 经营者的刑事责任。经营者违反《消费者权益保护法》的规定提供商品或者服务，侵害消费者合法权益，构成犯罪的，依法追究刑事责任。

经营者以暴力、威胁等方法阻碍有关行政部门工作人员依法执行职务的，依法追究刑事责任；拒绝、阻碍有关行政部门工作人员依法执行职务，未使用暴力、威胁方法的，由公安机关依照《中华人民共和国治安管理处罚法》的规定处罚。

(2) 国家机关工作人员的刑事责任。国家机关工作人员玩忽职守或者包庇经营者侵害消费者合法权益的行为的，由其所在单位或者上级机关给予行政处分；情节严重，构成犯罪的，依法追究刑事责任。

第二节　产品质量法

一、产品质量法概述

（一）产品的概念

我国产品质量法中所说的产品，是指经过加工、制作，用于销售的产品。因此，仅经过加工、制作的产品，还不是产品，产品质量法上的产品还应当是用于销售的产品，具有营利目的。纯为科学研究或纯为自己使用的产品和未投入流通的产品，都不是产品质量法所称的产品。

（二）产品质量法的概念

产品质量法是指调整在生产、流通和消费过程中因产品质量所发生的社会关系的法律规范的总称。我们通常所说的产品质量法是我国 1993 年 9 月 1 日开始实施的《产品质量法》，该法于 2009 年 8 月 27 日第二次修订。根据 2018 年 12 月 29 日第十三届全国人民代表大会常务委员会第七次会议《关于修改〈中华人民共和国产品质量法〉等五部法律的决定》第三次修正）。

（三）产品质量法的立法宗旨

我国产品质量法的立法宗旨是：①加强产品质量监督管理，提高产品质量水平；②明确产品质量责任；③保护消费者合法权益；④维护和整顿社会经济秩序。

（四）产品质量法的适用范围

从空间上说，在中华人民共和国境内从事产品生产、销售活动，包括销售进口商品，必须遵守产品质量法；从主体上说，该法适用于生产者、销售者和消费者以及监督管理机构，产品质量法的调整范围不包括产品的运输、仓储活动；从客体上说，产品质量法只适用于生产、流通的产品，而不包括不动产。

重要提示：建设工程不适用《产品质量法》规定；但是，建设工程使用的建筑材料、建筑构配件和设备，属于《产品质量法》规定的产品范围。

二、产品标准、产品质量、产品质量责任

（一）产品标准

产品标准是对产品所做的技术规定，是判断产品合格与否的依据。我国现行的产品标准分为国家标准、行业标准、地方标准和经备案的企业标准。凡是有国家标准、行业标准的，产品必须符合该标准；没有国家标准、行业标准的，允许适用其他标准，但必须符合保障人体健康和人身、财产安全的要求。对不符合国家标准、行业标准的产品，不符合保障人体健康和人身、财产安全标准和要求的产品，禁止生产和销售。

（二）产品质量

产品质量是指产品符合人们需要的内在素质与外观形态的各种特性。国际标准化组织颁布的 ISO8402-86 标准，将质量含义定为“产品或服务满足规定或潜在需要的特征和特性的总和”。随着经济、科技的发展以及人们需要的变化，产品质量的内容也不断丰富和发展。大体上说，产品质量包括适用性、安全性、耐用性、可靠性、经济性、卫生性等。

（三）产品质量责任

产品质量责任是指产品的生产者、销售者以及对产品质量负有直接责任的人违反产品质量法规定的义务，应承担的法律后果。违反产品质量责任的情形一般有以下几种。

（1）违反明示担保义务。明示担保义务是指生产者以文字或行为等方式对产品责任所承担的保证义务。如果产品达不到承诺的标准，就必须承担相应的产品质量责任。

（2）违反默示担保义务。默示担保义务是指依据法律法规和惯例的规定而产生的生

产者应当对产品质量承担的义务。该项义务一般要求，用来销售的产品应该具有安全性和普通公众期待的使用性能。

（3）产品存在缺陷。产品缺陷是指产品存在危及人身、财产安全的不合理危险；产品有保障人身、财产安全的国家标准和行业标准的，是指不符合该标准。因产品缺陷引起的赔偿责任，称产品责任，本质上属于民事责任。而产品质量责任则是经济法上规定的责任，其范围比产品责任要大得多。

相关案例

甲公司售予乙商场一批玻璃花瓶，称花瓶上有不规则的抽象花纹为新产品，乙商场接货后即行销售，后受到很多消费者投诉，消费者说花瓶上的花纹实际上裂缝，花瓶漏水，要求乙商场退货并赔偿损失，乙商场与甲公司交涉，甲公司称此类花瓶是用于插装塑料花的，裂缝不影响使用，且有特殊的美学效果，拒绝承担责任。

三、产品质量监督

（一）产品质量行政监督部门

国务院产品质量监督管理部门负责全国产品质量监督管理工作。国务院有关部门在各自的职责范围内负责产品质量监督工作。县级以上的地方质量监督管理部门主管本行政区内产品质量监督工作。这里的产品质量监督管理部门是指国家及地方各级技术质量监督局；有关部门是指各级卫生行政部门、劳动部门、商品检验部门等。

（二）质量监督部门的职权

主要有：①对当事人涉嫌从事违反本法的生产、销售活动的场所实施现场检查；②向当事人的法定代表人、主要负责人和其他有关人员调查、了解与涉嫌从事违反本法的生产、销售活动有关的情况；③查阅、复制当事人有关的合同、发票、账簿以及其他有关资料；④对有根据认为不符合保障人体健康和人身、财产安全的国家标准、行业标准的产品或者其他有严重质量问题的产品，以及直接用于生产、销售该项产品的原辅材料、包装物、生产工具，予以查封或者扣押。

（三）产品质量监督管理制度的主要内容

（1）产品质量抽查制度。国家对产品质量实行以抽查为主要方式的监督检查制度。抽查的重点是可能危及人体健康和人身、财产安全的产品，影响国计民生的重要工业产品以及消费者、有关组织反映有质量问题的产品。在抽查方式上，国家监督抽查的产品，地方不得另行重复抽查；上级监督抽查的产品，下级不得另行重复抽查。

（2）质量信息发布制度。国务院、省、自治区、直辖市人民政府的产品质量监督部门应当定期发布其监督抽查的产品的质量状况公告。

（四）产品质量的社会监督

产品质量的社会监督主要包括：用户、消费者的监督；社会组织的监督；新闻媒介的监督等。

（五）产品质量检验、认证机构

根据《产品质量法》的规定，产品质量检验机构必须具备相应的检测条件和能力，经省级以上人民政府产品质量监督部门或者其授权的部门考核合格后，方可承担产品质量检验工作。从事产品质量检验、认证的社会中介机构必须依法设立，不得与行政机关和其他国家机关存在隶属关系或者其他利益关系。产品质量检验、认证机构必须依法按照有关标准，客观、公正地出具检验结果或者认证证明，不得向社会推荐生产者的产品，不得以对产品进行监制、监销等方式参与产品经营活动。

四、生产者、销售者的产品质量义务

（一）生产者的产品质量义务

生产者的义务包括作为的义务和不作为的义务。

1. 作为的义务

产品质量应符合下列要求：①不存在危及人身、财产安全的不合理危险，有国家标准、行业标准的应当符合该标准；②具备产品应当具备的使用性能，但是对产品存在使用性能的瑕疵做出说明的除外；③符合在产品或者其包装上注明采用的产品标准，符合以产品说明、实物样品的方式表明的质量状况。

包装及产品标志应当符合下列要求：①特殊产品（如易碎、易燃、易爆的物品，有毒、有腐蚀性、有放射性的物品，其他危险物品，储运中不能倒置和有其他特殊要求的产品）的标志、包装质量必须符合相应的要求，依照规定做出警示标志或者中文警示说明。②普通物品，应有产品质量检验的合格证明，有中文标明的产品名称、生产厂的厂名和地址；根据需要标明产品规格、等级和主要成分；限期使用的产品，应标明生产日期和安全使用期或者失效日期；产品本身易坏或者可能危及人身、财产安全的产品，有警示标志或者中文警示说明。

2. 不作为的义务

不作为的义务主要包括：①不得生产国家明令淘汰的产品；②不得伪造产地，不得伪造或者冒用他人的厂名、厂址；③不得伪造或者冒用认证标志、名优标志等质量标志；④不得掺杂、掺假，不得以假充真、以次充好，不得以不合格产品冒充合格产品。

（二）销售者的产品质量义务

销售者应当建立并执行进货检查验收制度，验明产品合格证明和其他标志；应当采取措施，保持销售产品的质量；产品的标志应当符合法定的要求。销售者不得销售国家明令淘汰并停止销售的产品和失效、变质的产品；不得伪造产地，不得伪造或者冒用他人的厂名、厂址；不得伪造或者冒用认证标志等质量标志；不得在销售产品时掺杂、掺假，不得以假充真、以次充好，不得以不合格产品冒充合格产品。

相关案例

富威崔桥分公司受南京富威木业有限公司的委托，为其加工生产标注该公司厂名厂址的“东洋唯佳”牌强化复合地板。2013 年 10 月 10 日，根据群众举报，常州质量技术监督局派出执法人员对富威崔桥分公司进行执法检查，现场发现该公司生产的“东洋唯佳”牌强化复合地板涉嫌存在质量问题，遂依法对强化复合地板成品 1800 包进行抽样送检。经常州市产品质量监督检验所检测，结论为不合格（表面耐磨为 2000 转）。2014 年 3 月 28 日，常州质量技术监督局因富威崔桥分公司不合格产品冒充合格产品做出行政处罚决定。

五、产品责任

（一）产品责任的归责原则

产品责任是指因产品缺陷造成人身、缺陷产品以外的财产损害而应承担的赔偿责任。产品责任是一种特殊的侵权责任，属于民事责任。

我国《产品质量法》采用过错责任原则和严格责任原则并存的立法模式，对生产者采用严格责任原则，而对销售者采用过错责任原则。

1. 对生产者适用严格责任原则

因产品存在缺陷造成人身、缺陷产品以外的其他财产损害的，无论生产者主观上是否有故意或过失，生产者都应当承担赔偿责任。但生产者能够证明下列情形之一的除外，不承担赔偿责任：①未将产品投入流通的；②产品投入流通时，引起损害的缺陷尚不存在的；③将产品投入流通时的科学水平尚不能发现缺陷的存在的。

相关案例

李女士在家中做饭时高压锅突然爆炸，李女士被炸飞的锅盖击中头部，抢救无效死亡。后据质量检测专家鉴定，高压锅发生爆炸的直接原因是设计不尽合理，使用时造成排气孔堵塞而发生爆炸，本案中，生产者应承担产品存在的缺陷责任。

2. 销售者的过错责任

由于销售者过错使产品存在缺陷，造成人身、他人财产损害的，销售者应当承担赔偿责任。销售者不能指明缺陷产品的生产者也不能指明缺陷产品的供货者的，销售者应当承担赔偿责任。在销售者过错的认定上，销售者负有举证责任，不能举证则推定为销售者有过错，应当承担赔偿责任。

（二）产品责任的损害赔偿

1. 产品责任的求偿对象

因产品存在缺陷造成人身、他人财产损害的，受害人可以向产品的生产者要求赔偿，也可以向产品的销售者要求赔偿。属于产品的生产者责任的，产品的销售者赔偿的，产品的销售者有权向产品的生产者追偿。属于产品的销售者的责任，产品的生产者赔偿的，产品的生产者有权向产品的销售者追偿。

相关案例

张某从甲商场购买一电热毯，电热毯为乙厂所产。使用中电热毯发生漏电，致使房间着火，烧毁价值5000元的财产，张某本人也被烧伤致残。在本案中，甲商场和乙厂应对张某的损失承担连带责任。

2. 产品责任的赔偿范围

因产品存在缺陷造成受害人人身伤害的，侵害人应当赔偿医疗费、治疗期间的护理费、因误工减少的收入等费用；造成残疾的，还应当支付残疾者生活自助具费、生活补助费、残疾赔偿金以及由其扶养的人所必需的生活费等费用；造成受害人死亡的，并应当支付丧葬费、死亡赔偿金以及由死者生前扶养的人所必需的生活费等费用。

因产品存在缺陷造成受害人财产损失的，侵害人应当恢复原状或者折价赔偿。受害人因此遭受其他重大损失的，侵害人应当赔偿损失。

3. 诉讼时效与除斥期间

因产品存在缺陷造成损害要求赔偿的诉讼时效期间为2年，自当事人知道或者应当知道其权益受到损害时起计算。

因产品存在缺陷造成损害要求赔偿的请求权，在造成损害的缺陷产品交付最初消费者满10年丧失；但是，尚未超过明示的安全使用期的除外。这里的10年为除斥期间。

第三节 反不正当竞争法

一、反不正当竞争法概述

（一）反不正当竞争法的概念与立法目的

《中华人民共和国反不正当竞争法》（简称《反不正当竞争法》）第二条第二款规定："本法所称的不正当竞争行为，是指经营者在生产经营活动中，违反本法规定，扰乱市场竞争秩序，损害其他经营者或者消费者的合法权益的行为"。

1. 反不正当竞争法的概念

反不正当竞争法有广义和狭义之分。狭义的反不正当竞争法是指全国人大常委会于1993年9月2日通过的《中华人民共和国反不正当竞争法》，于1993年12月1日起施行，2017年11月4日第十二届全国人民代表大会常务委员会第三十次会议修订，自2018年1月1日起施行。广义的反不正当竞争法是调整在制止不正当竞争行为过程中发生的经济关系的法律规范的总称。

2. 反不正当竞争法的立法目的

我国《反不正当竞争法》的立法目的是为了保障社会主义市场经济健康发展，鼓励和保护正当竞争，制止不正当竞争，保护经营者和消费者的合法权益。《反不正当竞争法》的立法目的就是为了最大限度地让各经营主体在市场经济环境下平等地参与经济活动，以实现社会资源的优化配置，达到最佳效益。

（二）反不正当竞争法的基本原则

1. 平等保护原则

市场经济的一个基本原则，就是市场中各种经济主体在市场经济规律面前一律平等。在市场交易中应平等协商，任何一方不能把自己的意志强加于人。

2. 有利竞争原则

司法机关和执法机关在处理有关不正当竞争行为的案件时应有利于促进健康正当的竞争。反不正当竞争，其目的是为了确立正常的竞争秩序，鼓励和推进正当竞争。反不正当竞争法在终极目的上，一定要归结为有利于促进这种局面的形成。

3. 诚实信用原则

经营者在市场交易中，应当严格依据法律的规定和合同的约定行事，要尊重实际情况，讲究商业信誉，诚实待人，不得弄虚作假，欺骗竞争对手和社会公众，不得损人利己。这一原则是人们对市场交易安全的起码要求，同时也是对法律具体规定不足的补救。

二、不正当竞争行为

（一）不正当竞争行为的概念与特征

1. 不正当竞争行为的概念

1883年的《保护工业产权巴黎公约》对不正当竞争行为的定义是："凡在工业、商业中违反诚实信用的竞争行为即构成不正当竞争行为。"1896年的德国《反不正当竞争法》则将其定义为："在营业中为竞争目的采取非善良风俗'的行为。"

我国《反不正当竞争法》将不正当竞争行为定义为："经营者在生产经营活动中，违反本法规定，扰乱社会经济秩序，损害其他经营者或者消费者的合法权益的行为。"

2. 不正当竞争行为的特征

（1）不正当竞争的主体是经营者。

（2）不正当竞争行为是违反公认的商业道德的违法行为。

（3）不正当竞争行为是损害其他经营者合法权益的行为。

（4）不正当经济行为是扰乱社会经济秩序的行为。

（二）不正当竞争行为的种类

我国《反不正当竞争法》的第二章规定了7类不正当竞争行为。

1. 假冒或仿冒行为

假冒或仿冒行为是指盗用他人的商业信誉、商品或服务声誉，使其商品或服务发生混淆，从中牟取非法利益的行为。根据《反不正当竞争法》的规定，经营者不得实施下列混淆行为，引人误认为是他人商品或者与他人存在特定联系。

(1) 擅自使用与对他人有一定影响的商品名称、包装、装潢等相同或者近似的标识；

(2) 擅自使用对他人有一定影响的企业名称（包括简称、字号等）、社会组织名称（包括简称等）、姓名（包括笔名、艺名、译名等）；

(3) 擅自使用对他人有一定影响的域名主体部分、网站名称、网页等；

(4) 其他足以引人误认为是他人商品或者与他人存在特定联系的混淆行为。

2. 商业贿赂行为

商业贿赂行为是指经营者在市场交易活动中，通过暗中给付财物或采取其他手段收买交易对象或有关人员，以获得交易机会或占据市场优势的行为。我国《反不正当竞争法》规定，经营者不得采用财物或者其他手段贿赂下列单位或者个人，以谋取交易机会或者竞争优势。

(1) 交易相对方的工作人员；

(2) 受交易相对方委托办理相关事务的单位或者个人；

(3) 利用职权或者影响力影响交易的单位或者个人。

经营者在交易活动中，可以以明示方式向交易相对方支付折扣，或者向中间人支付佣金。经营者向交易相对方支付折扣、向中间人支付佣金的，应当如实入账。接受折扣、佣金的经营者也应当如实入账。

经营者的工作人员进行贿赂的，应当认定为经营者的行为；但是，经营者有证据证明该工作人员的行为与为经营者谋取交易机会或者竞争优势无关的除外。

3. 虚假宣传行为

虚假宣传行为是指经营者利用广告或者其他方法，对商品质量、制作成分、性能、用途、生产者、有效期限、产地等做引人误解的虚假宣传。《反不正当竞争法》规定，经营者不得对其商品的性能、功能、质量、销售状况、用户评价、曾获荣誉等作虚假或者引人误解的商业宣传，欺骗、误导消费者。

经营者不得通过组织虚假交易等方式，帮助其他经营者进行虚假或者引人误解的商业宣传。

4. 侵犯商业秘密行为

侵犯商业秘密行为是指以盗窃、利诱、胁迫或其他不正当的手段获取、披露、使用其他人的商业秘密的行为。所谓的商业秘密，是指不为公众所知悉、具有商业价值并经权利人采取相应保密措施的技术信息和经营信息。根据《反不正当竞争法》第 9 条的规定，侵犯商业秘密的行为主要有以下 3 种。

(1) 以盗窃、贿赂、欺诈、胁迫或者其他不正当手段获取权利人的商业秘密；

(2) 披露、使用或者允许他人使用以前项手段获取的权利人的商业秘密；

(3) 违反约定或者违反权利人有关保守商业秘密的要求，披露、使用或者允许他人使用其所掌握的商业秘密。

第三人明知或者应知商业秘密权利人的员工、前员工或者其他单位、个人实施前款所列违法行为，仍获取、披露、使用或者允许他人使用该商业秘密的，视为侵犯商业秘密。

5. 不当有奖销售行为

不当有奖销售行为是指经营者利用金钱、物质或其他利益引诱购买者与之发生交易关系，以排挤竞争对手的行为。有奖销售行为有正当和不正当之分。根据《反不正当竞争法》规定，下列有奖销售行为是不正当竞争行为。

(1) 所设奖的种类、兑奖条件、奖金金额或者奖品等有奖销售信息不明确，影响兑奖；

(2) 采用谎称有奖或者故意让内定人员中奖的欺骗方式进行有奖销售；

(3) 抽奖式的有奖销售，最高奖的金额超过 5 万元。

6. 商业诽谤行为

商业诽谤行为是指经营者捏造、散布虚伪事实，损害竞争对手的商业信誉或商品声誉的行为。经营者采取商业诋毁的行为，目的是为了削弱竞争对手的竞争能力，破坏竞争对手的正常经营活动。这种行为是为我国《反不正当竞争法》所禁止的。

《反不正当竞争法》规定，经营者不得编造、传播虚假信息或者误导性信息，损害竞争对手的商业信誉、商品声誉。

7. 妨碍、破坏其他经营者合法提供的网络产品或者服务正常运行的行为

经营者利用网络从事生产经营活动，应当遵守本法的各项规定。

经营者不得利用技术手段，通过影响用户选择或者其他方式，实施下列妨碍、破坏其他经营者合法提供的网络产品或者服务正常运行的行为。

(1) 未经其他经营者同意，在其合法提供的网络产品或者服务中，插入链接、强制进行目标跳转；

(2) 误导、欺骗、强迫用户修改、关闭、卸载其他经营者合法提供的网络产品或者服务；

(3) 恶意对其他经营者合法提供的网络产品或者服务实施不兼容；

(4) 其他妨碍、破坏其他经营者合法提供的网络产品或者服务正常运行的行为。

三、对不正当竞争行为的法律规制

(一) 对不正当竞争行为的监督检查

1. 监督检查部门

县级以上人民政府工商行政管理部门是监督检查不正当竞争行为的主管机关。法律、行政法规规定的有权监督检查不正当竞争行为的其他部门，也是不正当竞争行为的监督检查机关。

2. 监督检查部门的职权

监督检查部门在监督检查不正当竞争行为时，有权行使下列职权。

(1) 询问权。按照规定程序询问被检查的经营者、利害关系人、证明人，并要求其提供证明材料或者与不正当竞争行为有关的其他资料。

(2) 查询、复制权。查询、复制与不正当竞争行为有关的协议、账册、单据、文件、记录、业务函电和其他资料。

(3) 检查权。检查与假冒或仿冒行为有关的财物，必要时可以责令被检查的经营者说明该商品的来源和数量，暂停销售，听候检查，不得转移、隐匿、销毁该财物。

监督检查部门工作人员在监督检查不正当竞争行为时，应当出示检查证件。监督检查部门在监督检查不正当竞争行为时，被检查的经营者、利害关系人和证明人应当如实提供有关资料或情况。

（二）不正当竞争行为的法律责任

根据《反不正当竞争法》的规定，不正当竞争行为的法律责任包括民事责任、行政责任和刑事责任。

1. 民事责任

经营者违反《反不正当竞争法》的规定，实施了不正当竞争行为，给被侵害的经营者造成损害，应当承担民事责任。

(1) 经营者违反法律规定，给他人造成损害的，应当依法承担民事责任。

经营者的合法权益受到不正当竞争行为损害的，可以向人民法院提起诉讼。

因不正当竞争行为受到损害的经营者的赔偿数额，按照其因被侵权所受到的实际损失确定；实际损失难以计算的，按照侵权人因侵权所获得的利益确定。赔偿数额还应当包括经营者为制止侵权行为所支付的合理开支。

(2) 经营者违反《反不正当竞争法》第六条、第九条规定，权利人因被侵权所受到的实际损失、侵权人因侵权所获得的利益难以确定的，由人民法院根据侵权行为的情节判决给予权利人 300 万元以下的赔偿。

(3) 经营者实施混淆行为的，由监督检查部门责令停止违法行为，没收违法商品。违法经营额五万元以上的，可以并处违法经营额五倍以下的罚款；没有违法经营额或者违法经营额不足 5 万元的，可以并处 25 万元以下的罚款。情节严重的，吊销营业执照。

经营者登记的企业名称违反本法第六条规定的，应当及时办理名称变更登记；名称变更前，由原企业登记机关以统一社会信用代码代替其名称。

(4) 经营者贿赂他人的，由监督检查部门没收违法所得，处 10 万元以上 300 万元以下的罚款。情节严重的，吊销营业执照。

(5) 经营者对其商品作虚假或者引人误解的商业宣传，或者通过组织虚假交易等方式帮助其他经营者进行虚假或者引人误解的商业宣传的，由监督检查部门责令停止违法行为，处20万元以上100万元以下的罚款；情节严重的，处100万元以上200万元以下的罚款，可以吊销营业执照。

经营者违反本法第八条规定，属于发布虚假广告的，依照《中华人民共和国广告法》的规定处罚。

(6) 经营者侵犯商业秘密的，由监督检查部门责令停止违法行为，处10元以上50万元以下的罚款；情节严重的，处50万元以上300万元以下的罚款。

(7) 经营者进行有奖销售的，由监督检查部门责令停止违法行为，处5万元以上50万元以下的罚款。

2. 行政责任

(1) 经营者假冒他人的注册商标，擅自使用他人的企业名称或姓名，伪造或者冒用认证标志、名优标志等质量标志，伪造产地，对商品质量做引人误解的虚假表示的，依照《中华人民共和国商标法》(简称《商标法》)《产品质量法》的规定处罚。

对于经营者擅自使用知名商品特有的名称、包装、装潢，或者使用与知名商品近似的名称、包装、装潢，造成和他人的知名商品相混淆，使购买者误认为是该知名商品的，监督检查部门应当责令停止违法行为，没收违法所得，可以根据情节处以违法所得1倍以上3倍以下的罚款；情节严重的，可以吊销营业执照。

(2) 经营者的商业贿赂行为未构成犯罪的，监督检查部门可以根据情节处以1万元以上20万元以下罚款，有违法所得的，予以没收。

(3) 对于经营者的虚假宣传行为，监督检查部门应当责令其停止违法行为，消除影响，可以根据情节处以1万元以上20万元以下的罚款。

广告的经营者，在明知或应知的情况下，代理、设计、制作、发布虚假广告的，监督检查部门应当责令其停止违法行为，没收违法所得，并依法处以罚款。

(4) 对于侵犯他人商业秘密的，监督检查部门应当责令停止违法行为，可以根据情节处以1万元以上20万元以下的罚款。

(5) 对于经营者的不正当有奖销售行为，监督检查部门应当责令停止违法行为，可以根据情节处以1万元以上10万元以下的罚款。

(6) 经营者损害竞争对手商业信誉、商品声誉的，由监督检查部门责令停止违法行为、消除影响，处10万元以上50万元以下的罚款；情节严重的，处50万元以上300万元以下的罚款。

(7) 经营者妨碍、破坏其他经营者合法提供的网络产品或者服务正常运行的，由监督检查部门责令停止违法行为，处10万元以上50万元以下的罚款；情节严重的，处50万元以上300万元以下的罚款。

(8) 经营者有主动消除或者减轻违法行为危害后果等法定情形的，依法从轻或者减轻行政处罚；违法行为轻微并及时纠正，没有造成危害后果的，不予行政处罚。

(9) 经营者违反本法规定，应当承担民事责任、行政责任和刑事责任，其财产不足以支付的，优先用于承担民事责任。

(10) 妨害监督检查部门依照本法履行职责，拒绝、阻碍调查的，由监督检查部门责令改正，对个人可以处5000元以下的罚款，对单位可以处5万元以下的罚款，并可以由公安机关依法给予治安管理处罚。

3. 刑事责任

违反反不正当竞争法规定，构成犯罪的，依法追究刑事责任。

【本章学习反馈】

一、单项选择题

1. 某市甲宾馆为某客人介绍出租车司机，按客人房费的8%支付了酬金，与甲宾馆相邻的乙酒店向监督检查部门举报了这一行为。监督检查部门经过检查，发现甲宾馆给予出租车司机的酬金均如实入账。根据《反不正当竞争法》的规定，甲宾馆的行为属于（　　）。

A. 商业贿赂行为　　B. 正当竞争行为

C. 限制竞争行为　　D. 低价倾销行为

2. 我国对不正当竞争行为的监督检查机关是（　　）。

A. 县级以上人民政府工商行政管理部门

B. 地级以上人民政府工商行政管理部门

C. 法律、行政法规规定的监督检查的其他部门

D. 区级以上人民政府工商行政管理部门

3. 有关《消费者权益保护法》的适用范围，以下说法正确的是（　　）。

A.《消费者权益保护法》只调整因生活消费而产生的法律关系

B.《消费者权益保护法》调整因购买、使用商品或者接受服务而产生的所有法律关系

C.《消费者权益保护法》只调整生活消费者与经营者之间的法律关系

D.《消费者权益保护法》主要调整因生活消费而产生的法律关系，也调整农民直接用于农业生产而购买、使用商品所产生的生产消费法律关系

4.《反不正当竞争法》调整的对象是（　　）。

A. 仅调整不正当竞争行为

B. 仅调整限制竞争行为

C. 以调整不正当竞争行为为主，兼顾限制竞争行为

D. 以调整限制竞争行为为主，兼顾不正当竞争行为

5. 消费者小A购买了某一型号的燃气热水器，安装使用后没有出现问题。有一天，小A在中央电视台第二套节目发布的产品抽查结果中发现，其购买的该厂生产的这一型号的燃气热水器被国家质量监督部门抽检确定为不合格产品。对此，小A和经营者依法要做的是（　　）。

A. 小A可以要求退货，经营者应当负责退货

B. 小A可以要求退货，但因其购买的产品未出现质量问题，经营者有权拒绝退货

C. 小A无权要求退货，因其购买的产品未出现质量问题

D. 小A无权要求退货，因其没有造成损害

二、案例分析题

居民甲在某商场购得一台“多功能食品加工机”，回家试用后发现该产品只有一种功能，遂向商场提出退货，商场答复：“该产品说明书未就其性能作明确说明，这是厂家的责任，所以顾客应向厂家索赔，商场概不负责。”

问题：

(1) 该产品存在什么问题？

(2) 谁应对该产品负责？

(3) 根据《消费者权益保护法》，居民甲享有哪些权利？

第七章　工业产权法

☞ 学习目标

通过本章的学习，应达到以下目标：理解工业产权的概念、特征；了解工业产权体系中的商标法和专利法的主要内容。掌握商标的概念及特征；掌握商标注册的概念和原则；了解商标注册的程序；掌握注册商标的有效期和续展；掌握专利与专利权的概念；理解专利权的主体和客体；熟悉授予专利权的条件。

☞ 导入案例

大磨坊公司于2016年1月由我国国家工商行政管理总局商标局（简称商标局）核准注册取得了“大磨坊”注册商标专用权，核定使用的商品为面包。2017的10月大磨坊公司与太阳城商场签订了为期3年代销协议，约定由太阳城商场设专柜出售面包，由大磨坊公司提供名、优、特、新的注册商标商品。2018年4月起，大磨坊公司停止向太阳城商场供货。同年6月大磨坊公司发现太阳城商场在大磨坊专柜上，仍在销售与其类似的面包，商品价签上注明产地大磨坊。大磨坊公司以侵害其商标专用权为由将太阳城商场诉至法院。

问题：①太阳城商场在大磨坊公司不供货时，仍在其大磨坊专柜销售商品价签上注明产地为“大磨坊”的面包，是否构成对大磨坊公司商标专用权的侵犯？为什么？②大磨坊公司是否构成违约？③商标的使用方式与构成侵权有关吗？为什么？

第一节　工业产权法概述

一、工业产权的概念及特征

（一）工业产权的概念

工业产权，是指人们依法对应用于商品生产和流通中的创造发明和显著标记等智力成果，在一定地区和期限内享有的专有权。按照《保护工业产权巴黎公约》的规定，工业产权包括发明、实用新型、外观设计、商标、服装标记、厂商名称、货源标记、原产地名称及制止不正当竞争的权利，在我国，工业产权主要指专利权和商标专用权。

相关链接

“工业产权”一词最早出现于1791年法国的《专利法》中。在此之前，英国和法国都称专利权为特权或垄断权。当时法国《专利法》的起草人德布浮拉认为使用特权或垄断权这样的词，会遭到立法议会和反封建的法国人民的反对，因而提出“工业产权”这个概念。

1883年制定的《保护工业产权巴黎公约》也采用了这个词，“工业产权”一词现已成为国际通用的专业术语。

（二）工业产权的特征

工业产权作为一种无形财产权，与有形财产权相比具有以下法律特征。

（1）专有性。工业产权是国家赋予专利权人和商标专用人，在有效期内对其专利和商标享有的独占、适用、收益和处分的权利。未经权利人许可，任何第三人皆不得使用，否则即构成侵权。

（2）地域性。工业产权的地域性是指工业产权的空间限制。工业产权属于无形财产，一个国家的专利法、商标法所保护的工业产权，除在一定情况下适用保护工业产权的国际公约以外，只在该国范围内有效，对其他国家不发生法律效力。

（3）时间性。工业产权的时间性是指工业产权的时间限制，即工业产权的保护是有一定期限的，这也就是工业产权的有效期。法律规定的期限届满，工业产权专有权即告终止，权利人即丧失其专有权，这些智力成果即成为社会财富。

二、工业产权法的概念和立法现状

（一）工业产权法的概念

工业产权法是指调整因确认、保护、转让和使用工业产权而发生的各种社会关系的法律规范的总称。我国的工业产权法主要包括专利法和商标法。

（二）立法现状

我国1982年颁布了《商标法》，并于1993年、2001年、2013年对《商标法》进行了三次修订，与《商标法》配套实施的法规有国务院于2002年颁布并与2014年修订的《中华人民共和国商标法实施条例》。《中华人民共和国商标法》进行了第四次修正。

我国1984年颁布了《中华人民共和国专利法》（简称《专利法》），并于1992年、2000年、2008年对《专利法》进行了三次修订，与《专利法》配套实施的法规有国务院于2001年颁布的《中华人民共和国专利法实施细则》（2010年修订）。《中华人民共和国专利法》于2020年进行了第四次修正。

第二节 商 标 法

一、商标法概述

（一）商标的概念及特征

商标，是指商品的生产者、经营者或者商业服务的提供者用以标明自己所生产、经营的产品或者所提供的服务，与他人生产、经营的产品或者提供的服务相区别的标记。商标是随着商品经济的发展而逐渐形成的产物。它作为一种标记，能够使商品生产者、经营者或者商业服务的提供者所生产、经营的产品或者所提供的服务，与他人生产、经营的产品或者提供的服务相区别，便于消费者选购。

商标具有如下特征。

（1）商标主要是由文字、图形、字母、数字、三维标志、颜色组合和声音等，以及上述要素的组合而形成的标记。商标的构成具有多样性，是能够将一企业的商品或者服务与另一企业的商品或者服务加以区别的任何标志或者标志的组合。

（2）商标是用于商品或者服务上的显著标记。商标依附于商品或者服务而存在，其使用具有商业意义和商业价值。

（3）商标是代表特定商品生产者、经销者或者服务提供者的专用符号。商标具有识别性和表彰性功能。

（4）商标是依附于商品表面或包装，或标于与所提供的服务相关的物品上的具有显著特征的简洁符号。

（二）商标的种类

在商品经济的发展过程中，商标的表现形式各式各样。因此，为了研究和使用的方便，可以根据不同的标准对商标进行分类。

（1）按商标是否经过注册，可将商标分为注册商标和未注册商标。

注册商标，是指由当事人申请，经商标注册机构核准注册的商标。注册商标是我国《商标法》的保护对象。

未注册商标，是指未经商标注册机构核准注册的商标。未注册商标一般不受法律保护。未注册商标可以使用，但其使用人不享有商标专用权。当他人就相同商标取得注册后，未注册商标应当停止使用，否则构成侵权。

（2）按照商标的构成分类，可以将商标分为文字商标、图形商标、组合商标。

文字商标，是指由文字构成的商标。文字既可以是汉字，也可以是少数民族文字、阿拉伯数字以及外文。我国的文字商标以汉字为主，有的还附有汉语拼音字母或者外国文字。

图形商标，是指由平面图形构成的商标。

组合商标，是指由文字和图形组成的商标。组合商标图文并茂、引人注目，便于记忆和识别。

（3）按商标的识别对象不同，可将商标分为商品商标和服务商标。

商品商标，是指生产者在生产、制造、加工、拣选或者销售的商品上使用的商标。这类商标的使用者主要是商品的生产者、经营者。我们平时见到的商标大部分是商品商标。

服务商标，是指商业服务的提供者用以区别自己所提供的服务不同于他人所提供的服务的一种标记，也是表明服务提供者的服务质量的一种标记。

（4）按商标的特殊性质和用途的不同，可将商标分为证明商标和集体商标。

证明商标，是指由对某种商品或者服务具有监督能力的组织所控制，而由该组织以外的单位或者个人使用于其商品或者服务，用以证明该商品或者服务的原产地、原料、制造方法、质量或者其他特定品质的标志。经营者提供的商品或者服务符合证明商标使用条件的，注册人不得拒绝使用。证明商标注册人不得在经营活动中使用其证明商标。

集体商标，是指以团体、协会或者其他组织名义注册，供该组织成员在商事活动中使用，以表明使用者在该组织中的成员资格的标志。集体商标的作用就在于表明商品的经营者或服务的提供者属于同一组织，其生产的商品或提供的服务具有共同的特征。

（三）商标权

商标权，又称商标专用权，是指商标注册人依法在法定期限内对商标管理机关核准注册的商标所享有的独占权、排他使用权和处分权。《商标法》第3条规定："经商标局核准注册商标为注册商标，包括商品商标、服务商标和集体商标；商标注册人享有商标专用权，受法律保护。"因此，只有经过商标局核准注册的商标才享有商标专用权并受法律保护，未注册商标则不享有商标专用权，也不受法律保护。

商标专用权主要包括以下权利。

（1）独占使用权。独占使用权是指商标权人依法对核准注册的商标享有的在核定的商品或服务上所独占使用的权利。商标独占使用权的运用，还得满足以下条件：一是必须在法定的时间和法定的范围内使用；二是必须将商标使用于商标管理机关核定的商品或者服务上。

（2）禁用权。禁用权是指商标权人享有的禁止他人实施侵犯其商品专用权的权利。

（3）转让与许可使用权。转让权是指注册商标所有人享有的依照法律规定的程序将自己的商标权转让给第三人的权利；许可使用权是指商标人享有的依法同他人签订使用许可合同，允许他人使用其注册商标的权利。

（四）商标法的概念

商标法是调整在商标的确认、使用、保护和管理过程中发生的各种社会关系的法律规范的总称。《商标法》是社会主义市场经济法律体系的重要组成部分，对于加强商标管理，有力保护商标专用权，促使生产者、经营者保证商品和服务质量，维护商标信誉，以保障消费者和生产者、经营者的利益，促进社会主义市场经济的发展，都有着重要的作用。

二、商标注册

（一）商标注册的概念

商标注册是指商标使用人为取得商标专用权，依照法定条件和程序向国家商标局提出申请，经过审核予以注册，授予商标专用权的行为。经商标局核准注册的商标为注册商标，商标注册人享有商标专用权，受法律保护。

（二）商标注册的原则

1. 自愿注册和强制注册相结合的原则

根据《商标法》的规定，我国的商标注册实行自愿注册和强制注册相结合的原则。目前，我国的大部分商标采取自愿注册原则。

相关链接

《中华人民共和国商标法实施细则》（简称《商标法实施细则》）规定，国家规定并由国家工商行政管理总局公布的人用药品和烟草制品以及由其公布的其他商品，必须使用注册商标。

2. 申请在先的原则

如果两个或者两个以上的商标注册申请人，在同一种商品或者类似商品上，以相同或者近似的商标申请注册的，初步审定并公告申请在先的商标；或者同一天申请的，初步审定并公告使用在先的商标，驳回其他人的申请，不予公告。

3. 优先权原则

商标注册申请人自其商标在外国第一次提出商标注册申请之日起6个月内，又在中国就相同商品以同一商标提出商标注册申请的，依照该外国同中国签订的协议或者共同参加的国际条约，或者按照相互承认优先权的原则，可以享有优先权。

（三）商标注册的条件

1. 商标注册的申请人

我国商标法规定，自然人、法人或者其他组织对其生产、制造、加工、拣选或者经销的商品，需要取得商标专用权的，应当向商标局申请商品商标注册。自然人、法人或者其他组织对其提供的服务项目，需要取得商标专用权的，应当向商标局申请服务商标注册。外国人或者外国企业在中国申请商标注册的，应当按其所属国和中华人民共和国签订的协议或者共同参加的国际条约办理，或者按对等原则办理。外国人或者外国企业是指在中国没有经常居所或者营业所的外国人或者外国企业。外国人或者外国企业在中国申请商标注册和办理其他商标事宜的，应当委托国家认可的具有商标代理资格的组织代理。

2. 商标注册的申请条件

申请商标注册的条件主要有：一件商标一份申请。申请注册的商标应当具有显著特征。申请注册的商标不得违反法律的禁止性规定。

相关链接

《商标法》规定，不得作为商标使用的标志包括：同中华人民共和国的国家名称、国旗、国徽、国歌、军旗、军徽、军歌、勋章等相同或者近似的，以及同中央国家机关的名称、标志、所在地特定地点的名称或者标志性建筑物的名称、图形相同的。

（四）商标注册的程序

1. 商标注册的审查

我国《商标法》对商标注册的审查实行形式审查和实质审查。形式审查是对商标注册申请的书件、手续是否符合法律规定的审查。形式审查的内容主要包括：申请人是否具备申请资格；申请书的填写是否属实、准确、清晰；有关手续是否完备等。通过形式审查，决定商标注册申请能否受理。实质审查是对申请注册的商标是否具备注册商标条件的审查。实质审查主要包括审查申请注册的商标是否违背商标法禁用条款；是否具备法定构成要素；是否具有显著特征；是否与他人在同一种或类似商品上注册的商标相混同等。

2. 初步审定和公告

对申请注册的商标，商标局应当自收到商标注册申请文件之日起 9 个月内审查完毕，符合本法有关规定的，予以初步审定公告。申请注册的商标，凡不符合商标法有关规定，或者同他人在同一种商品或者类似商品上已经注册的，或者同初步审定的商标相同或者近似的，由商标局驳回申请，不予公告。商标局对驳回申请、不予公告的商标，应当书面通知商标注册申请人。商标注册申请人对商标局驳回申请、不予公告的决定不服的，可以自收到通知之日起 15 日内向商标评审委员会申请复审，由商标评审委员会做出决定，并书面通知申请人。当事人对商标评审委员会的决定不服的，可以自收到通知之日起 30 日内向人民法院起诉。

3. 商标异议

商标异议是指对初步审定公告的商标提出反对意见，要求撤销初步审定，不予注册。对初步审定公告的商标，自公告之日起 3 个月内，在先权利人、利害关系人或者任何人认为违反商标法相关规定的，可以向商标局提出异议。对初步审定公告的商标提出异议的，商标局应当听取异议人和被异议人陈述事实和理由，经调查核实后，自公告期满之日起 12 个月内做出是否准予注册的决定，并书面通知异议人和被异议人。商标局做出不予注册决定，被异议人不服的，可以自收到通知之日起 15 日内向商标评审委员会申请复审。商标评审委员会应当自收到申请之日起 12 个月内做出复审决定，并书面通知异议人和被异议人。被异议人对商标评审委员会的决定不服的，可以自收到通知之日起 30 日内向人民法院起诉。人民法院应当通知异议人作为第三人参加诉讼。商标评审委员会在依照《商标法》规定进行复审的过程中，所涉及的在先权利的确定必须以人民法院正在审理或者行政机关正在处理的另一案件的结果为依据的，可以中止审查。中止原因消除后，应当恢复审查程序。

4. 准注册

经过初步审定的商标，自公告之日起 3 个月内没有异议的，或者虽然有异议但经商标局裁定异议不能成立的，予以核准注册，发给商标注册证，并予公告。核准注册标志着商标注册申请人取得商标专用权。

（五）驰名商标的认定与使用

驰名商标应当根据当事人的请求，作为处理涉及商标案件需要认定的事实进行认定。认定驰名商标应当考虑下列因素：相关公众对该商标的知晓程度；该商标使用的持续时间；该商标的任何宣传工作的持续时间、程度和地理范围；该商标作为驰名商标受保护的记录；该商标驰名的其他因素。

生产、经营者不得将“驰名商标”字样用于商品、商品包装或者容器上，或者用于广告宣传、展览以及其他商业活动中。

相关案例

“HONGDA”商标侵权案

无锡市鸿达铝业有限公司自2003年1月1日起，未经商标注册人的许可，擅自在摩托车配件上使用与“HONDA”近似的“HONGDA”商标。至案发时，当事人已经销售价值达43万元的摩托车配件。

经查，使用在商标注册用商品和服务国际分类第12类汽车等商品上的“HONDA”商标，是日本本田技研工业株式会社的注册商标，该商标专用权受法律保护。

无锡市锡山工商行政管理局认为，当事人的行为属于商标侵权行为。根据法律规定，决定对当事人做出如下处罚：①责令立即停止侵权行为；②罚款人民币30万元整。

三、注册商标的有效期和续展

（一）注册商标的有效期

《商标法》第39条规定：“注册商标的有效期为10年，自核准注册之日起计算。”

（二）注册商标的续展

注册商标的续展是指注册商标权人为了确保在法定有效期届满后不丧失对注册商标的专用权，按照法定的程序和时间向商标局申请延长注册商标有效期的法律程序。

我国《商标法》规定，注册商标有效期满，需要继续使用的，商标注册人应当在期满前12个月内按照规定办理续展注册；在此期间未能提出申请的，可以给予6个月的宽展期。宽展期满仍未提出申请的，注销其注册商标。每次续展注册的有效期为10年。续展注册经核准后，予以公告。

四、注册商标的转让和使用许可

（一）注册商标的转让

注册商标的转让，是指商标权人依法将其所有的注册商标转让给他人所有的法律行为。转让注册商标的，转让人和受让人应当签订转让协议，并共同向商标局提出申请。受让人应当保证使用该注册商标的商品质量。转让注册商标的，商标注册人对其在同一种商品上注册的近似的商标，或者在类似商品上注册的相同或者近似的商标，应当一并转让。对容易导致混淆或者有其他不良影响的转让，商标局不予核准，书面通知申请人并说明理由。转让注册商标经核准后，予以公告。受让人自公告之日起享有商标专用权。

（二）注册商标的使用许可

注册商标的使用许可，是指商标注册人将其注册商标以一定的条件，通过签订使用许可合同，许可他人使用的法律行为。商标注册人可以通过签订商标使用许可合同，许可他人使用其注册商标。许可人应当监督被许可人使用其注册商标的商品质量。被许可人应当保证使用该注册商标的商品质量。经许可使用他人注册商标的，必须在使用该注册商标的商品上标明被许可人的名称和商品产地。许可他人使用其注册商标的，许可人应当将其商标使用许可报商标局备案，由商标局公告。商标使用许可未经备案不得对抗善意第三人。

五、商标管理

商标管理，指国家商标管理机关依法对注册商标和未注册商标的使用进行的管理活动。

（一）注册商标的使用管理

注册商标的使用管理是商标管理的重要内容。主要包括以下几个方面。

使用注册商标时，商标注册人自行改变注册商标、注册人名义、地址或者其他注册事项的，由地方工商行政管理部门责令限期改正；期满不改正，由商标局撤销其注册商标。注册商标成为其核定使用的商品的通用名称或者没有正当理由连续三年不使用的，任何单位或者个人可以向商标局申请撤销该注册商标。商标局应当自收到申请之日起 9 个月内做出决定。

注册商标被撤销、被宣告无效或者期满不再续展的，自撤销、宣告无效或者注销之日起 1 年内，商标局对与该商标相同或者近似的商标注册申请，不予核准。

（二）对未注册商标的使用管理

将未注册商标冒充注册商标使用的，或者使用未注册商标违反《商标法》规定的，由地方工商行政管理部门予以制止，限期改正，并可以予以通报，违法经营额 5 万元以上的，可以处违法经营额 20%以下的罚款，没有违法经营额或者违法经营额不足 5 万元的，可以处 1 万元以下的罚款。

对商标局撤销或者不予撤销注册商标的决定，当事人不服的，可以自收到通知之日起 15 日内向商标评审委员会申请复审。商标评审委员会应当自收到申请之日起 9 个月内做出决定，并书面通知当事人。当事人对商标评审委员会的决定不服的，可以自收到通知之日起 30 日内向人民法院起诉。

法定期限届满，当事人对商标局做出的撤销注册商标的决定不申请复审或者对商标评审委员会做出的复审决定不向人民法院起诉的，撤销注册商标的决定、复审决定生效。被撤销的注册商标，由商标局予以公告，该注册商标专用权自公告之日起终止。

六、注册商标专用权的保护

注册商标专用权的保护，是指运用法律手段制裁商标侵权行为，以确保商标权人对其注册商标所享有的商标权得以实现的法律机制。只有建立起完善的注册商标专用权的保护制度，商标权人的权利才能够实现。《商标法》规定了注册商标的专用权保护范围，应当以核准注册的商标和核定使用的商品为限。

（一）侵犯商标专用权的行为

商标侵权行为是指侵犯他人注册商标专用权的行为。《商标法》规定了侵犯注册商标专用权的几种行为：①未经商标注册人的许可，在同一种商品上使用与其注册商标相同的商标的；②未经商标注册人的许可，在同一种商品上使用与其注册商标近似的商标，或者在类似商品上使用与其注册商标相同或者近似的商标，容易导致混淆的；③销售侵犯注册商标专用权的商品的；④伪造、擅自制造他人注册商标标识或者销售伪造、擅自制造的注册商标标识的；⑤未经商标注册人同意，更换其注册商标并将该更换商标的商品又投入市场的；⑥故意为侵犯他人商标专用权行为提供便利条件，帮助他人实施侵犯商标专用权行为的；⑦给他人的注册商标专用权造成其他损害的。

将他人注册商标、未注册的驰名商标作为企业名称中的字号使用，误导公众，构成不正当竞争行为的，依照《反不正当竞争法》处理。

（二）侵犯注册商标专用权的法律责任

1. 民事责任

对侵犯注册商标专用权的行为，引起纠纷的，由当事人协商解决；不愿协商或者协商不成的，商标注册人或者利害关系人可以请求工商行政管理部门处理，也可以直接向人民法院起诉，要求侵权人承担民事责任，主要包括停止侵害、消除影响、赔偿损失等。侵犯商标专用权的赔偿数额，为侵权人在侵权期间因侵权所获得的利益，或者被侵权人在被侵权期间因被侵权所受到的损失，包括被侵权人为制止侵权行为所支付的合理开支。侵犯商标专用权的赔偿数额，为侵权人在侵权期间因侵权所获得的利益，或者被侵权人在被侵权期间因被侵权所受到的损失，包括被侵权人为制止侵权行为所支付的合理开支。对侵犯商标专用权的赔偿数额的争议，当事人可以请求进行处理的工商行政管理部门调解，也可以依照《民事诉讼法》向人民法院起诉。经工商行政管理部门调解，当事人未达成协议或者调解书生效后不履行的，当事人可以依照《民事诉讼法》向人民法院起诉。

2. 行政责任

对侵犯注册商标专用权的行为，工商行政管理部门有权依法查处；涉嫌犯罪的，应当及时移送司法机关依法处理。工商行政管理部门处理时，认定侵权行为成立的，责令立即停止侵权行为，没收、销毁侵权商品和主要用于制造侵权商品、伪造注册商标标识的工具，违法经营额5万元以上的，可以处违法经营额5倍以下的罚款，没有违法经营额或者违法经营额不足5万元的，可以处25万元以下的罚款。对5年内实施两次以上商标侵权行为或者有其他严重情节的，应当从重处罚。销售不知道是侵犯注册商标专用权的商品，能证明该商品是自己合法取得并说明提供者的，由工商行政管理部门责令停止销售。

3. 刑事责任

根据《商标法》的规定，以下行为构成侵犯注册商标专用权的犯罪行为：未经商标注册人许可，在同一种商品上使用与其注册商标相同的商标，构成犯罪的，除赔偿被侵权人的损失外，依法追究刑事责任。伪造、擅自制造他人注册商标标志或者销售伪造、擅自制造的注册商标标志，构成犯罪的，除赔偿被侵权人的损失外，依法追究刑事责任。销售明知是假冒注册商标的商品，构成犯罪的，除赔偿被侵权人的损失外，依法追究刑事责任。

第三节 专 利 法

一、专利法概述

（一）专利与专利权的概念

专利是一项发明创造，即发明、实用新型或外观设计向国家专利局提出专利申请，经依法审查合格后，向专利申请人授予的在规定的时间内对该项发明创造享有的专有权。

专利权是指依照专利法的规定，授予发明人或专利权人在一定期限内对某项发明创造所享有的专有权。专利权是民事法律制度中的一项重要的民事权利，除具备知识产权的共同特征之外，还具有以下法律特征。

(1) 公开性。专利权的内容主要是由专有实施权组成，它是专利权人通过独占其发明创造或者设计专利而行使制造、使用或者销售权的。如果专利权人不具备实施条件，则有权许可他人实施该项专利，以满足其物质利益。实施专利的前提是公开专利成果，以便使公众得以知晓，杜绝重复发明或者设计。

(2) 独占性。同一内容的发明创造或者设计只能授予一次专利，即使有两个发明人或者设计人分别独立完成相同的发明创造或者设计，专利权也仅能授予申请在先者。申请人的发明创造或者设计一旦被专利管理机关依法授予专利权，该专利权人或者其合法受让人在法定期限内便享有垄断的权利。除法律另有规定外。其他任何人未经专利权人或者其合法受让人许可，都不得以营利为目的实施该专利，否则就构成侵权。

(3) 法定性。专利权并非因发明创造或者设计而取得。有所发明创造或者设计的个人或团体，需按照法定程序向国务院专利行政部门或类似机构提出申请，经审查确认合格后，才能依法授予其专利权。

（二）专利法和专利制度

专利法，是指调整因发明创造而产生的各种社会关系的法律规范的总称。我国现行的专利法是 1984 年 3 月 12 日由第六届全国人民代表大会常务委员会第四次会议通过的《专利法》，同时还包括一些该法的实施细则等法规。1992 年 4 月、2000 年 8 月和 2008 年 12 月，该法分别做过三次修订。专利法的宗旨是为了鼓励发明创造，促进我国科学技术的发展，为社会主义现代化建设服务。因此，专利法是保护发明创造专利权，推动科学技术进步，促进社会生产力发展的重要法律。专利法的实施有赖于专利制度的健全和完善。

二、专利权的主体和客体

（一）专利权的主体

专利权的主体，也称为专利权人，是指为取得专利权而向国务院专利行政管理部门提出专利申请的单位和个人。专利权的主体主要包括以下内容。

1. 职务发明人

职务发明人是指对执行本单位的任务或者主要是利用本单位的物质技术条件完成发明创造做出创造性贡献的人。执行本单位的任务所完成的职务发明，包括在本职工作中做出的发明创造；履行本单位交付的本职工作之外的任务所做出的发明创造；退职、退休或者调动工作后 1 年内做出的，与其在原单位承担的本职工作或者原单位分配的任务有关的发明创造。本单位的物质技术条件是指本单位的资金、设备、零部件、原材料或者不对外公开的技术资料等。

职务发明申请专利的权利属于该单位；申请被批准后，该单位为专利权人。利用本单位的物质技术条件所完成的发明创造，单位与发明人或者设计人订有合同，对申请专利的权利和专利权的归属做出约定的，从其约定。

2. 非职务发明人

非职务发明人是指不是为执行本单位的任务或者没有利用本单位的物质技术条件完成发明创造的人。在完成发明创造过程中，只负责组织工作的人、为物质技术条件的利用提供方便的人或者从事其他辅助工作的人，不是发明人或者设计人。申请被批准后，该发明人或者设计人为专利权人。

3. 共同发明人

共同发明人是指两个以上单位或者个人合作，对完成的发明创造共同做出创造性贡献的人。共同发明除另有协议的以外，申请专利的权利属于完成或者共同完成的单位或者个人；申请被批准后，申请的单位或者个人为专利权人。

4. 外国人、外国企业和外国组织

外国人、外国企业和外国组织做出的发明创造在中国申请专利，在中国有经常居所和营业所的，可以享受国民待遇；在中国没有经常居所和营业所的，则依照所属国与中国签订的协议或者共同参加的国家条约，或者依照互惠的原则，给予国民待遇。

（二）专利权的客体

专利权的客体，是指依法可以取得专利权的发明创造。我国专利法规定，发明创造主要包括发明、实用新型和外观设计。

1. 发明

发明是指对产品、方法或者其改进所提出的新的技术方案。

相关链接

发明分为产品发明、方法发明和改进发明。产品发明是指人们通过智力劳动创造出来的各种成品或者产品的发明。方法发明是指把一种物品改造成另一种物品所用的手段的发明。改进发明是指在现有产品或者方法的基础之上，在保持其原有性质的条件下，又改善了其性能，使之具有新的功效的改进技术方案。但是，它仅带来部分质变，并没有从根本上突破原有的技术。

2. 实用新型

实用新型是指对产品的形状、构造或者其结合所提出的适用于实用的新的技术方案。实用新型只保护产品，该产品应当是经过工业方法制造的占据一定空间的实体。

3. 外观设计

外观设计是指对产品的形状、图案、色彩或者其结合所做出的富有美感并适用于工业应用的新设计。外观设计的载体必须是产品。外观设计只涉及产品外表的形状、图案、色彩或者其结合，而不涉及设计技术与制造技术。为外观设计所授予的专利权，称之为外观设计专利权。

三、授予专利权的条件

（一）授予发明和实用新型专利的条件

授予专利权的发明和实用新型，应当具备新颖性、创造性和实用性。

（1）新颖性。新颖性是指在申请日以前没有同样的发明或者实用新型在国内外出版物上公开发表过、在国内公开使用过或者以其他方式为公众所知，也没有同样的发明或者实用新型由他人向国务院专利行政部门提出过申请并且记载在申请日以后公布的专利申请文件中。

（2）创造性。创造性是指同申请日以前已有的技术相比，该发明有突出的实质性特点和显著的进步，该实用新型有实质性特点和进步。已有的技术是指申请日前在国内外出版物上公开发表、在国内公开使用或者以其他方式为公众所知的技术，即现有技术。实质性特点是指申请专利的发明或者实用新型与原来的技术相比有本质性突破，它不是原来技术的类似或推导，而是创造性构思的结果。

（3）实用性。实用性是指该发明或者实用新型能够制造或者使用，并且能够产生积极效果。它有双重含义：第一，该技术能够在产业中制造或者使用；第二，必须能够产生积极的效果，即同现有的技术相比，申请专利的发明或实用新型能够产生更好的经济效益或社会效益。

（二）授予外观设计专利的条件

授予专利权的外观设计，应当同申请日以前在国内外出版物上公开发表过或者国内公开使用过的外观设计不相同和不相近似，并不得与他人在先取得的合法权利相冲突。也就是说，对于授予外观设计专利权的条件主要是其新颖性，而对于创造性和实用性的标准相比之下要低一些。另外，授予专利权的外观设计必须富有美感。如果被应用于工业产品上的，还必须具有实用性。

不能授予专利权的范围，具体包括以下内容。

（1）对违反国家法律、法规和社会公德或者妨害公共利益的发明创造，不能授予专利权。

（2）有以下情形之一的，也不能授予专利权：①科学发现；②智力活动的规则方法；③疾病的诊断和治疗方法；④动物和植物品种；⑤用原子核变换方法获得的物质。但是，动物和植物品种的生产方法，可以依法授予专利权。

相关案例

受孕方法不得授予专利

小A于2017年8月向国家知识产权局提出了“科学计划生育”的发明专利申请，该项专利申请内容为向有生育能力的夫妇传授选择生男孩还是生女孩的方法，以控制人口的无限增长和人口性别比例的平衡。国家知识产权局以该项专利申请属于《专利法》不授予专利权的情形为由，驳回了小A的申请。小A对此不服，向专利复审委员会提出复审请求，专利复审委员会认为该申请为一种受孕方法，为不授予专利权的治疗方法，维持原驳回决定。小A遂向法院起诉，声称该专利申请主题是科学计划生育，不应该将其列为人类的受孕方法。专利复审委员会辩称，原告的申请是计划生育、控制人口、平衡人口性别比例等，归根到底属于人类的受孕方法问题，属于治疗方法。法院经审查，裁定专利复审委员会驳回小A的专利申请是正确的。

四、专利的申请

（一）专利申请的原则

（1）先申请原则。先申请原则是指两个以上的申请人分别就同样的发明创造申请专利的，专利权授予最先申请的人。两个以上的申请人在同一日分别就同样的发明创造申请专利的，应当在收到国务院专利行政部门的通知后自行协商确定申请人。判断申请在先的标准是专利的申请日。申请日是指国务院专利行政部门收到专利申请文件之日。如果该申请文件是邮寄的，以寄出的邮戳日为申请日。如果两个以上申请人在同一日分别就同样的发明创造申请专利，应当在收到国务院专利行政部门的通知后自行协商确定申请日。

(2) 单一性原则。单一性原则是指一件发明或者实用新型专利申请应当限于一项发明或者实用新型。属于一个总的发明构思的两个以上的发明或者实用新型，可以作为一件申请。

(3) 优先权原则。优先权原则是指申请人在某一公约成员国首次提出专利申请后，在一定期限内就相同主题的发明创造又向其他缔约国提出申请时，申请人有权要求以第一次申请的日期作为以后申请的日期。

(二) 专利申请文件

申请发明或者实用新型专利的，应当提交请求书、说明书及其摘要和权利要求书等文件；申请外观设计专利的，应当提交请求书以及该外观设计的图片或者照片等文件，并写明使用该外观设计的产品及其所属的文件。请求书应当写明发明或者实用新型的名称、发明人或者设计人的姓名、申请人的姓名或者名称、地址以及其他事项。说明书应当对发明或者实用新型做出清楚、完整的说明，以所属技术领域的技术人员能够实现为主，必要的时候应当有附图。摘要应当简要说明发明或者实用新型的技术要点。申请人在专利权被授予之前可以随时撤回其专利申请。如果申请人要撤回专利申请的，应当向国务院专利行政部门提出声明，写明发明创造的名称、申请号和申请日。申请人也可以对其专利申请文件进行修改，但是，对发明和实用新型专利申请文件的修改不得超出原说明书和权利要求书记载的范围，对外观设计专利申请文件的修改不得超出原图片或者照片表示的范围。

五、专利申请的审批

(一) 发明专利的审批

(1) 初步审查与早期公开。国务院专利行政部门收到发明专利申请后，经初步审查认为符合专利法要求的，自申请日起满 18 个月，即行公布。国务院专利行政部门可以根据申请人的请求早日公布其申请。

(2) 实质审查。发明专利申请自申请日起 3 年内，国务院专利行政部门可以根据申请人随时提出的请求，对其申请进行实质审查。申请人无正当理由逾期不请求实质审查的，该申请即被视为撤回。国务院专利行政部门认为必要的时候，可以自行对发明专利申请进行实质审查。

(3) 授权登记公告。发明专利申请经实质审查没有发现驳回理由的，由国务院专利行政部门做出授予发明专利权的决定，发给发明专利证书，同时予以登记和公告。发明专利权自公告之日起生效。

(4) 专利申请的驳回。国务院专利行政部门对发明专利申请进行实质审查后，认为不符合本法规定的，应当通知申请人，要求其在指定的期限内陈述意见，或者对其申请进行修改。发明专利申请经申请人陈述意见或者进行修改后，国务院专利行政部门仍然认为不符合专利法规定的，应当予以驳回。

发明专利申请经实质审查应当予以驳回的情形主要包括：发明专利申请不是对产品、方法或者其改进所提出的新的技术方案；属于违反国家法律、社会公德或者妨害公共利益的发明创造；符合《专利法》第25条规定的不授予专利权的事项；不具备新颖性、创造性和实用性的发明创造；违反了申请单一性原则；两个以上的申请人在同一日分别就同样的发明创造申请专利经自行协商未确定申请人等。

（二）实用新型和外观设计专利申请的审批

实用新型和外观设计专利的审查实行初步审查制度。经初步审查，实用新型和外观设计专利申请没有发现驳回理由的，由国务院专利行政部门做出授予实用新型专利权或者外观设计专利权的决定，发给相应的专利证书，同时予以登记和公告。实用新型专利权和外观设计专利权自公告之日起生效。

（三）专利申请的复审

国务院专利行政部门设立专利复审委员会。专利申请人对国务院专利行政部门驳回申请的决定不服的，可以自收到通知之日起3个月内，向专利复审委员会请求复审。专利复审委员会复审后，做出决定，并通知专利申请人。专利申请人对专利复审委员会的复审决定不服的，可以自收到通知之日起3个月内向人民法院起诉。

六、专利权的内容和限制

（一）专利权人的权利

专利权人可以依自己的意志独立行使其专利权。

(1) 独占权实施权。专利法规定，发明和实用新型专利权被授予后，除法律另有规定之外，任何单位或者个人未经专利权人许可，都不得实施其专利。外观设计专利权被授予后，任何单位或者个人未经专利权人许可，都不得以生产经营为目的制造、销售、进口其外观设计专利产品。

(2) 实施许可权。专利法规定，任何单位或者个人实施他人专利的，应当与专利权人订立书面实施许可合同，向专利权人支付专利使用费。被许可人无权允许合同规定以外的任何单位或者个人实施该专利。

(3) 转让权。专利法规定，转让专利权的，当事人应当订立书面合同，并向国务院专利行政部门登记，由国务院专利行政部门予以公告。如果中国单位或者个人向外国人转让专利权的，必须经国务院有关主管部门批准。专利权的转让自登记之日起生效。

(4) 标示权。专利权人有权在其专利产品或者该产品的包装上标明专利标记和专利号。

（二）专利权人的义务

专利权人的义务主要是交纳专利年费。年费是专利权人付给国务院专利行政部门的管理费用。不按规定缴纳年费的，专利权应予终止。

此外，职务发明创造取得专利后，被授予专利权的单位应当对职务发明创造的发明人或者设计人给予奖励；发明创造专利实施后，根据其推广应用的范围和取得的经济效益，对发明人或者设计人给予合理的报酬。

（三）专利权的期限和终止

法律对专利权人的专利权的保护是有一定的时间限制的。我国《专利法》规定，发明专利权的期限为20年，实用新型专利权和外观设计专利权的期限为10年，均自申请日起计算。

专利权的终止，是指专利权人丧失对发明创造的专利权。我国《专利法》规定了专利权终止的两种情况：①期限届满自然终止；②期限届满前终止，具体包括以下两种情形，即没有按照规定缴纳年费，专利权人以书面声明放弃其专利权。

（四）专利权限制

1. 专利权的宣告无效

自国务院专利行政部门公告授予专利权之日起，任何单位或者个人认为该专利权的授予不符合专利法有关规定的，可以请求专利复审委员会宣告该专利权无效。专利复审委员会对宣告专利权无效的请求应当及时审查并做出决定，通知请求人和专利权人。宣告专利权无效的决定，由国务院专利行政部门登记和公告。宣告无效的专利权视为自始即不存在。

2. 专利实施的强制许可

专利实施的强制许可，又称非自愿许可，是指国务院专利行政部门在一定的条件下，为了国家利益和社会公共利益，无专利权人的同意而强制专利权人许可他人实施其专利的一种强制性法律措施。

专利实施的强制许可主要适用于以下几种情况：①具备实施条件的单位以合理的条件请求发明或者实用新型专利权人许可实施其专利，而未能在合理长的时间内获得这种许可时，国务院专利行政部门根据该单位的申请，可以给予实施该发明专利或者实用新型专利的强制许可；②在国家出现紧急状态或者非常情况时，或者为了公共利益的目的，国务院专利行政部门可以给予实施发明专利或者实用新型专利的强制许可；③一项取得专利权的发明或者实用新型比以前已经取得专利权的发明或者实用新型具有显著经济意义的重大技术进步，其实施又有赖于前一发明或者实用新型的实施的，国务院专利行政部门根据后一专利权人的申请，可以给予实施前一发明或者实用新型的强制许可。在实施强制许可的情形下，国务院专利行政部门也可以根据前一专利权人的申请，给予实施后一发明或者实用新型的强制许可。

七、专利侵权行为

（一）专利权的保护范围

我国《专利法》规定，发明或者实用新型专利权的保护范围以其权利要求的内容为准，说明书及附图可以用于解释权利要求。外观设计专利权的保护范围以表示在图片或者照片中的该外观设计专利产品为准。

（二）侵犯专利权行为

侵犯专利权的行为，是指他人未经专利权人的同意，以盈利为目的实施其专利的行为。主要包括以下内容。

（1）未经专利权人许可实施其专利的行为。主要有：①为生产经营目的制造、使用、许诺销售、销售、进口其专利产品；②使用专利方法以及使用、许诺销售、销售、进口依照该专利方法直接获得的产品；③外观设计专利权被授予后，未经专利权人许可，为生产经营目的制造、销售、进口其外观设计专利产品。

（2）假冒他人专利的行为。主要有：①未经许可，在其制造或者销售的产品、产品的包装上标注他人的专利号；②未经许可，在广告或者其他宣传材料中使用他人的专利号，使人将所涉及的技术误认为是他人的专利技术；③未经许可，在合同中使用他人的专利号，使人将合同涉及的技术误认为是他人的专利技术；④伪造或者变造他人的专利证书、专利文件或者专利申请文件。

（3）冒充专利产品、专利方法的行为。主要有：①制造或者销售标有专利标记的非专利产品；②专利权被宣告无效后，继续在制造或者销售的产品上标注专利标记；③在广告或者其他宣传材料中将非专利技术称为专利技术；④在合同中将非专利技术称为专利技术；⑤伪造或者变造专利证书、专利文件或者专利申请文件。

相关链接

侵权行为的构成必须具备下列条件：①侵害的对象为有效的专利；②必须有侵害行为的发生；③侵权行为人是以生产经营为目的实施侵权行为；④侵权行为人主观上无须有过错。

（三）专利侵权的例外

根据我国《专利法》的规定，有下列情形之一的，不视为侵犯专利权：①专利权人制造、进口或者经专利权人许可而制造、进口的专利产品或者依照专利方法直接获得的产品售出后，使用、许诺销售或者销售该产品的；②在专利申请日前已经制造相同产品、使用相同方法或者已经做好制造、使用的必要准备，并且仅在原有范围内继续制造、使用的；③临时通过中国领陆、领水、领空的外国运输工具，依照其所属国同中国签订的协议或者共同参加的国际条约，或者依照互惠原则，为运输工具自身需要而在其装置和设备中使用有关专利的；④专为科学研究和实验而使用有关专利的。

（四）侵犯专利权的法律责任

（1）民事责任。在专利侵权行为发生后，专利权人或者利害关系人可以请求行政机关或者人民法院追究行为人的民事责任。主要有停止侵权、赔偿损失、消除影响等。

（2）行政责任。国家专利管理机关处理专利侵权纠纷时，有权责令侵权人停止侵权行为并赔偿损失。假冒他人专利的，除依法承担民事责任外，由管理专利工作的部门责令改正并予公告，没收违法所得，可以并处违法所得 3 倍以下的罚款，没有违法所得的，可以处 5 万元以下的罚款；构成犯罪的，依法追究刑事责任。以非专利产品冒充专利产品和以非专利方法冒充专利方法的，由管理专利工作的部门责令改正并予公告，可以处 5 万元以下的罚款。

（3）刑事责任。侵犯他人专利情节严重的，对直接责任人依照《刑法》追究刑事责任。从事专利管理工作的国家机关工作人员以及其他有关国家机关工作人员玩忽职守、滥用职权、徇私舞弊，构成犯罪的，依法追究刑事责任；尚不构成犯罪的，依法给予行政处分。

【本章学习反馈】

一、单项选择题

1. 根据专利法律制度的规定，某汽车制造厂完成的下列新技术成果中，可能获得实用新型专利的是（　　）。

A. 汽车新燃料　　B. 汽车防冻液　　C. 汽车发动机　　D. 汽车节能方法

2. 依据我国《商标法》，下列选项中不可以作为商标申请注册的标志是（　　）。

A. 文字、图形组合标志　　B. 三维标志

C. 声音标志　　D. 字母、数字组合标志

3. 根据《商标法》，注册商标有效期满后可以续展注册，每次续展注册的有效期为（　　）。

A. 6 个月　　B. 5 年　　C. 10 年　　D. 20 年

4. 以下（　　）项发明可授予专利权。

A. 科学发现　　B. 药品　　C. 疾病治疗方法　　D. 食品生产方法

5. 根据《专利法》的规定，发明专利权的期限为（　　）。

A. 10 年　　B. 20 年　　C. 30 年　　D. 40 年

二、案例分析题

2013 年 3 月，北京工人甲在业余时间独立完成了一项实用新型产品。4 月 15 日甲将该实用新型产品在我国主办的北京国际发明展览会上展出（系首次）。5 月 4 日，甲向国家知识产权局提交了专利申请文件。

在昆明，丙厂技术员乙于 2013 年 4 月 2 日独立完成了工厂交给的开发同一实用新型产品的任务，并于 5 月 2 日向国家知识产权局邮寄了专利申请文件，丙厂认为该专利申请权应属厂方，故于 5 月 3 日向国家知识产权局邮寄了专利申请文件。国家知识产权局分别于 5 月 9 日、5 月 10 日收到乙、丙的申请文件。

问题：

（1）甲、乙、丙中哪些人有专利申请权？为什么？

（2）国家知识产权局对这些申请该如何处理？为什么？

第八章　金融法与保险法

☞ 学习目标

通过本章的学习，应达到以下目标：了解中国人民银行的法律地位；熟悉违反中国人民银行法的法律责任；理解票据的概念、特征、种类，汇票的概念及其与本票、支票的异同；掌握证券的概念和种类，了解证券发行与承销；熟悉证券上市与交易制度；掌握保险法的基础概念，保险合同的类型，保险合同的效力，财产保险合同与人身保险合同等基本内容。

☞ 导入案例

2013 年 1 月 15 日，红花公司和月华公司签订买卖合同，合同约定：红花公司向月华公司开出 30 万元的银行承兑汇票作为预付款，其余货款待货物交付验收后结算；票据不得转让；承兑银行为 A 银行，到期日为 2013 年 4 月 1 日。2013 年 1 月 20 日，红花公司开出汇票，A 银行做了承兑。同年 2 月 1 日蓝天公司向月华公司催要欠款，月华公司将该汇票背书转让给蓝天公司，蓝天公司随后将汇票向 B 银行贴现。后红花公司发现月华公司产品存在质量问题而拒绝提货，至 2013 年 3 月 29 日双方协商未果，红花公司行使单方解除权解除合同，并通知 A 银行不得支付该汇票金额。2013 年 4 月 1 日汇票到期，B 银行向 A 银行提示付款，A 银行以红花公司通知银行止付为由拒绝支付。

问题：①月华背书转让汇票给蓝天公司的行为是否有效？②A 银行的拒付理由是否成立？A 银行是否存在抗辩事由？③A 银行在拒付的情况下，B 银行如何利用《中华人民共和国票据法》（简称《票据法》）中的制度维护自己的利益？

金融法，是调整金融关系的法律规范的总和。所谓金融关系，是指金融领域内有关经济主体之间发生的社会关系。金融领域的社会关系错综复杂，包括了社会货币资金的筹集、分配、融通、使用、管理及调控活动，甚至还包括货币金属开采、买卖、管理等，但根据这些关系的性质，大致可分为资金交易关系、金融中介服务关系、金融监管关系和金融调控关系。

金融法的调整对象是金融业务和金融管理活动中形成的各种经济关系，包括：①国家对金融活动的宏观调控关系，如再贴现、存款准备金及公开市场业务；②中央银行与各金融机构的关系，如再贴现、再贷款及监督管理；③银行与财政的关系，如代理国库、代发行及买卖政府债券；④金融机构与客户之间的关系，如存款、贷款；⑤金融机构之间的关系，如同业拆借、分业经营、公平竞争。

我国金融法的体系结构主要包括：金融组织法、银行法、外汇管理法、票据法、证券法、金融信托法、保险法等。本章主要讲述中国人民银行法、票据法和证券法与保险法。

第一节　中国人民银行法

一、中国人民银行法律地位

《中国人民银行法》第 2 条规定："中国人民银行是中华人民共和国的中央银行。中国人民银行在国务院领导下，制定和执行货币政策，防范和化解金融风险，维护金融稳定。"中国人民银行是代表国家进行金融管理和金融调控的特殊的金融机构，是我国金融活动的中心，处于金融组织体系的最高地位。

中国人民银行是我国的中央银行，其在国务院的领导下，制定和执行货币政策，防范和化解金融风险，维护金融稳定。中国人民银行代表国家进行金融调控与管理，是具有国家机关性质的特殊金融机构。

中国人民银行行长的人员，根据国务院总理的提名，由全国人民代表大会决定。中国人民银行实行行长负责制。中国人民银行根据履行职责的需要设立分支机构，作为中国人民银行的派出机构。

二、中国人民银行的职能

（一）主要职能

中央银行一般具有三个主要职能，即发行的银行、政府的银行和银行的银行。中国人民银行三个主要职能体现在以下几个方面。

1. 发行的银行

发行的银行是指世界各国的中央银行都享有货币的独占发行权，且法律规定该货币为国内唯一的法定货币，即以立法形式明确授予中央银行发行和管理货币的权力，拥有货币发行的垄断权。在我国，中国人民银行享有货币发行权，人民币是唯一合法货币。

2. 政府的银行

政府的银行，即国家的银行，是指各国的中央银行都由国家掌握，中国人民银行就是由我国中央政府即国务院领导的银行。这是因为中央银行发行的货币是以国家信用作保证的，且中央银行代表国家制定和执行货币政策并通过货币政策的制定和执行来调控国民经济，即中国人民银行作为政府的银行，它服务于政府，并代表政府处理有关的金融事务。具体表现在：①经理国库；②持有、管理、经营国家外汇储备、黄金储备；③代理国务院财政部门向各金融机构组织发行、兑付国债和其他政府债券；④代表国家，从事有关的国际金融活动；⑤以法律规定的条件、额度和方式对政府融资等。

3. 银行的银行

银行的银行主要是指中央银行作为最后贷款人，以商业银行为业务对象，对商业银行的支付能力和风险负有监护责任。

中国人民银行为商业银行等金融机构提供并办理如下业务：①要求金融机构按照规定的比例交存存款准备金；②确定中央银行的基准利率；③为在中国人民银行开立账户的金融机构办理再贴现；④向商业银行提供贷款；⑤向金融机构提供清算服务。

（二）职责范围

按照《中国人民银行法》第 4 条的规定，中国人民银行依法履行下列 13 项职责：①发布与履行其职责有关的命令和规章；②依法制定和执行货币政策；③发行人民币，管理人民币流通；④监督管理银行间同业拆借市场和银行间债券市场；⑤实施外汇管理，监督管理银行间外汇市场；⑥监督管理黄金市场；⑦持有、管理、经营国家外汇储备、黄金储备；⑧经理国库；⑨维护支付、清算系统的正常运行；⑩指导、部署金融业及反洗钱工作，负责反洗钱的资金监测；⑪负责金融业的统计、调查、分析和预测；⑫作为国家的中央银行，从事有关的国际金融活动；⑬国务院规定的其他职责。

中国人民银行依法监测金融市场的运行情况，对金融市场实行宏观调控，促进金融业的稳定、协调与健康发展。

（三）人民币的发行和管理

《中国人民银行法》第 16 条规定："中华人民共和国的法定货币是人民币。"

《中国人民银行法》第 18 条明确规定："人民币由中国人民银行统一印制、发行。"

相关案例

卓某与蔡某合谋加工伪造的人民币。随后，卓某选定陆丰市东海镇龙潭村卓甲的棚寮作为假币的加工窝点，并纠集卓乙、卓丙、余某等共 16 人，由卓某统一指挥加工假币。在此过程中，卓某除参与加工假币外，还负责安排加工假币人员的伙食。当年 1 月 20 日，公安人员在加工假币现场将卓某等 16 人抓获，缴获假币 2 箱（金额为 2 540 400 元，其中 100 元券 1154 张，50 元券 48 500 张）、银线 4 捆、颜料 3 罐等作案工具。以上事实，有当场缴获的假币及原材料、陆丰市公安局的"扣押物品清单"、中国人民银行陆丰市支行出具的"假币没收证"和"鉴定书"、加工假币现场照片和上述犯罪嫌疑人的供述证实。

《中国人民银行法》对人民币管理的规定主要有：①禁止伪造、变造人民币；②禁止出售、购买伪造、变造的人民币；③禁止运输、持有、使用伪造、变造的人民币；④禁止故意毁损人民币；⑤禁止在宣传品、出版物或者其他商品上非法使用人民币图样；⑥任何单位和个人不得印制、发售代币票券，以代替人民币在市场上流通；⑦残缺、污损的人民币，按照中国人民银行的规定兑换，并由中国人民银行负责收回、销毁。

相关链接

1999 年 12 月，国务院专门制定《中华人民共和国人民币管理条例》。

三、违反中国人民银行法的法律责任

（一）违反《中国人民银行法》的行为

根据《中国人民银行法》的相关规定，违反《中国人民银行法》的行为主要有以下几种：①伪造、变造人民币，出售伪造、变造的人民币的，或者明知是伪造、变造的人民币而运输的；②买卖伪造、变造的人民币或者明知是伪造、变造的人民币而持有、使用的；③在宣传品、出版物或者其他商品上非法使用人民币图样的；④印刷、发售代币券，以代替人民币在市场上流通的；⑤违反法律、行政法规有关金融监管规定的；⑥中国人民银行有违反有关业务规定行为的；⑦地方政府、各级政府部门、社会团体和个人强令中国人民银行及其工作人员违反有关规定提供贷款或者担保的；⑧中国人民银行的工作人员泄露国家秘密或者所知悉的商业秘密的；⑨中国人民银行的工作人员贪污受贿、徇私舞弊、滥用职权、玩忽职守的。

（二）违反《中国人民银行法》的法律责任

对于违反《中国人民银行法》的有关规定的单位，中国人民银行应当责令停业、改正违反行为，区别不同情形给予警告、没收违法所得、罚款等行政处罚。对负有直接责任的人员，情节轻微的，依法给予行政处分；构成犯罪的，依法追究刑事责任。当事人对行政处罚不服的，可以依照《中华人民共和国行政诉讼法》的规定提起行政诉讼。

《中国人民银行法》对于相关的民事赔偿责任做了明确规定，主要包括以下内容。

（1）中国人民银行有下列行为之一并造成损失的，负有直接责任的主管人员和其他直接责任人员应当承担部分或者全部赔偿责任：①违反规定提供贷款的；②对单位和个人提供担保的；③擅自动用发行基金的。

（2）地方政府、各级政府部门、社会团体和个人强令中国人民银行及其工作人员违反《中国人民银行法》的规定提供贷款或者担保，造成损失的，应当承担部分或者全部责任。

第二节　票　据　法

一、票据法

（一）票据法概述

1. 票据

1）票据的概念及特点

关于票据，有广义和狭义之分。广义上的票据包括各种有价证券和凭证，如股票、国库券、企业债券、发票、提单、仓单等；狭义上的票据则是指票据法中规定的票据。我国票据法中规定的票据具有以下特点：①票据是出票人依法签发的有价证券；②票据以支付一定金额为目的；③票据所表示的权利与票据不可分离；④票据所记载的金额由出票人自行支付或委托他人支付；⑤票据的持票人只要向付款人提示票据，付款人即应无条件向持票人或收款人支付票据金额；⑥票据是一种可转让的证券。

2）票据的功能

（1）支付功能。在交易中以票据代替货币，不但可用于同城或异地贸易，在国际贸易中，更是普遍使用。这样，减少甚至杜绝了大量使用货币带来的不方便和不安全因素。

（2）汇兑功能。使用票据，能够在异地凭借汇票在付款人处兑取货币，或者向他人进行各种支付，解决了在异地贸易中使用货币支付费用时费力且不安全的不足。票据成为极佳的汇兑工具。

（3）信用功能。票据法上的信用，是指当事人签发票据，约定期限，另为付款或由他人代为付款，把将来可以取得的货币，作为现在的货币使用，实现了人的资金信用票据化，票据即成为信用工具。

（4）结算功能。债权人可以签发票据，指定自己的债务人向自己的债权人无条件支付一定金额，由此消灭相互之间的债权债务，此为票据结算。现代各国广泛实行了票据交换制度，设立票据交换中心或票据交换场所，以利于票据结算。

（5）融资功能。票据可以有偿转让，实现资金周转。持票人急需现金时，可持票向银行请求贴现，也可以背书方式将票据卖给他人，满足需要。

2. 票据法的概念

票据法是指规定票据的种类、形式、内容以及各当事人之间权利义务关系的法律规范的总称。票据法亦有广义和狭义之分。广义上的票据法是指各种法律中有关票据规定的总称，包括以“票据法”名称颁布的法律以及其他法律中有关票据的规定。例如，《民法》中有关法律行为、代理、票据设置的规定；《刑法》中有关伪造有价证券罪的规定；《民事诉讼法》中有关票据诉讼、公示催告等的规定等。狭义上的票据法则仅指票据的专门立法，即可称为“票据法”的法律及其有关实施性规定。

为适应市场经济的发展和金融体制改革深化的要求，1995 年 5 月 10 日，第八届全国人民代表大会常务委员会第十三次会议通过了《票据法》，该法共 7 章 111 条，自 1996 年 1 月 1 日起施行。此后，中国人民银行先后发布了《商业银行汇票承兑、贴现与再贴现管理暂行办法》《票据管理实施办法》《支付结算办法》，2004 年 8 月 28 日第十届全国人民代表大会常务委员会第十一次会议通过了《关于修改〈中华人民共和国票据法〉的决定》，从而进一步完善了我国的票据法制度。

（二）票据行为

1. 票据行为的概念

票据行为是指票据关系的当事人之间以发生、变更或终止票据关系为目的而进行的法律行为。狭义的票据行为是指能产生票据债权债务关系的法律行为，有出票、背书、承兑、保证、参加承兑、保付六种。广义的票据行为是指以发生、变更或消灭票据的权利义务关系为目的法律行为，包括出票、背书、涂改、禁止背书、付款、保证、承兑、参加承兑、划线、保付等。本书采用狭义票据行为的概念。

2. 票据行为的种类

票据可以分为主票据行为和从票据行为两大类。

1）主票据行为

主票据行为，又称基本票据行为，是指能够引起票据法律关系发生的行为。主票据行为仅指出票行为，它是指出票人签发票据并将其交付给收款人的票据行为。出票是制作票据的原始行为，是汇票、本票、支票所共有的行为，包括签发票据和支付票据两个行为。出票是创设票据权利的行为，是从票据行为有效成立的前提。只有主票据行为依法成立，票据才能有效。

2）从票据行为

从票据行为，是指能够引起票据法律关系变更或消灭的行为。包括背书、承兑、参加承兑、保证和保付等，由于这些行为要以票据已经出票为前提，要附属于主票据行为（即出票）而存在，故又称附属票据行为。

（1）背书，是指在票据背面或者粘单上记载有关事项并签章的票据行为。在票据背面签章的转让票据权利的人为背书人，接受背书的票据人为被背书人。持票人通过背书可以将票据权利转让给他人或者将一定的票据权利授予他人行使。票据出票的转让流通主要是通过背书进行的，汇票、本票、支票都可以有背书行为。

（2）承兑，是指汇票的付款人承诺在汇票到期日支付汇票金额的票据行为。承兑仅存在于汇票关系中，本票、支票关系中不存在承兑行为。承兑行为，由汇票的付款人进行，付款人一经承兑就成为承兑人，即票据主债务人。承兑必须以书面在汇票上记载“承兑”字样、承兑日期，并由付款人签章。

（3）参加承兑，是指参加承兑人承诺在汇票不获承兑时负担票据债务的行为。参加承兑是汇票独有的附属票据行为，参加承兑的目的是为在汇票不获承兑时阻止持票人于票据到期日前行使追索权。参加承兑人由预备付款人或者第三人充当，他是票据的从债务人，仅在付款人不能付款或者拒绝付款时，才负有支付义务。参加承兑须由承兑人在汇票上注明“参加承兑”“加入承兑”字样，并签章。

（4）保证，是指票据债务人以外的他人充当保证人，担保票据债务履行的票据行为。保证是适用于汇票、本票的附属行为，它须由保证人在票据上或者粘单上记载“保证”字样、保证人名称和住所、被保证人名称、保证日期并签章。保证不得附有条件，附有条件的，不影响保证人的保证责任。

（5）保付，是指银行等金融机构对出票人签发的支票所做的保证付款的行为。它是指支票独有的一种附属行为，保付人是银行等金融机构，被保付人一般是出票人，有时也可以是持票人。保付人是支票的主债务人，负有绝对付款责任。其进行保付时，应就全部金额予以保付，而且不得附记任何条件。保付须是书面行为，由保付人在支票正面注明“保付”“保证付款”“照付”字样，并签章，保付类似于汇票的承兑，但其目的仅是为了增强票据的信用，而不是为了确定付款人的付款责任。

3. 票据行为的代理

票据行为的代理，又称票据代理，是指代理人基于被代理人（本人）的授权，在票据上明示本人的名义，表明为本人代理的意思并签名的行为。

(1) 越权代理。越权代理指票据代理人超越代理权限而为的票据行为。越权部分由越权代理人自己承担责任。我国《票据法》第 5 条第 2 款规定：代理人超越代理权限的，应当就其超越权限的部分承担票据责任。

(2) 无权代理。无权代理是指代理人没有代理权而以代理人的名义在票据上签名的行为。我国《票据法》规定：没有代理权而以代理人名义在票据上签章的，应当由签章人承担票据责任。

(3) 自己代理。自己代理是指代理人以本人名义同自己发生法律关系；双方代理则是指在同一法律关系中代理人同时代理双方当事人的法律行为。票据法和民法一样，规定自己代理和双方代理为无效。

(4) 表见代理。表见代理是指代理人虽然没有代理权，但是客观上有足以使第三人相信其有代理权的理由而为的票据代理行为。表见代理成立时，持票人既可以向本人主张权利，也可以向无权代理人主张权利。

4. 票据权利

(1) 票据权利的概念。票据权利是指持票人享有的能够请求票据债务人支付票据金额的权利，包括付款请求权和追索权。

(2) 票据权利的取得。票据权利是证券化权利，是以持有票据为依据的，因此，行为人合法、有效地取得了票据，即取得了票据权利。当事人取得票据主要有以下几种情况。从出票人处取得；从持有票据的人（持票人）处受让取得；依照法定方式（如税收、继承、企业合并等方式取得票据）。

相关链接

因税收、继承、赠与可以依法无偿取得票据的，不受给付对价的限制。但是，所享有的票据权利不得优于其前手的权利。这里的前手是指在票据签章人或者持票人之前签章的其他票据债务人。

5. 票据抗辩权

票据抗辩权，是指票据债务人依照票据法享有的、因法定事由的存在而得对抗持票人，拒绝履行票据债务的权利。根据抗辩的事由及其效力的不同，票据抗辩可以分为物的抗辩和人的抗辩两类。物的抗辩权又称绝对抗辩或者客观抗辩，是指基于票据本身所存在的事由而发生的抗辩。因抗辩事由是基于票据这个客观物体而发生，故称物的抗辩；又因该抗辩事由可以对一切持票人提出，所以又称绝对抗辩。

《票据法》第 13 条规定，票据债务人不得以自己与出票人或者与持票人的前手之间的抗辩事由，对抗持票人。但是，持票人明知存在抗辩事由而取得票据的除外。此即抗辩限制的规定。

二、汇票

（一）汇票的概念和种类

汇票是出票人签发的、委托付款人在见票时或者在指定日期无条件支付确定的金额给收款人或者持票人的票据。由此可见，汇票是这样一种票据：第一，汇票有三个基本当事人，即出票人、付款人和收款人。第二，汇票是在指定到期日付款的票据。指定到期日是指见票即付、定日付款、出票后定期付款、见票后定期付款四种形式。第三，汇票是付款人无条件支付票据金额给持票人的票据。此处的持票人包括收款人、被背书人或受让人。

我国《票据法》将汇票分为银行汇票和商业汇票，前者是指银行签发的汇票，后者则是指银行之外的企事业单位、机关、团体等签发的汇票。

在实践中，银行汇票一般由汇款人将款项交存当地银行，由银行签发给汇款人持往异地办理转账结算或支取现金。单位、个体经济户和个人需要使用各种款项，均可使用银行汇票。

相关链接

银行汇票的当事人是：①出票人。这是指“签发行”。根据我国现行做法，只有参加“全国联行往来”的银行才能签发汇票，即充当出票人。②受款人。这是指收款人，收款人可以是“汇款人”，也可以是其他人。③付款人。银行汇票的出票银行为银行汇票的付款人。“汇款人”不是汇票上的当事人，而是与出票人有资金关系的人。“汇款人”可以是单位、个体经济户和个人。汇款人与签发行的关系是委托关系。银行汇票的提示付款期限自出票日起 1 个月。

商业汇票是指收款人或付款人（或承兑申请人）签发，由承兑人承兑，并于到期日向收款人或被背书人支付款项的票据。商业汇票按承兑人的不同，分为商业承兑汇票和银行承兑汇票，前者指由收款人签发，经付款人承兑，或由付款人签发并承兑的票据，后者指由收款人或承兑申请人签发，并由承兑申请人向开户银行申请，经银行审查同意承兑的票据。商业汇票的收款人、付款人或承兑申请人一般指供货和购货单位。在商业承兑汇票中，汇票上的当事人是：①出票人是交易中的收款人，即卖方，或者交易中的付款人，即买方；②承兑人，出票人如是卖方，承兑人为买方，出票人如是买方，本人为承兑人；③付款人，是买方的开户银行；④受款人，是交易中的收款人，即卖方。

在银行承兑汇票中，汇票上的当事人是：①出票人是承兑申请人；②付款人和承兑人是承兑行，即承兑申请人的开户银行；③受款人是与出票人签订购销合同的收款人，即卖方。

根据有关规定，商业汇票的付款期限，最长不得超过 6 个月；商业汇票的提示付款期限，自汇票到期日起 10 日。

（二）出票

1. 汇票出票行为的概念

出票是指出票人依照票据法的要求记载汇票所必须记载的事项，签署自己的姓名，加盖单位公章（或者与银行约定的财务章），然后交付给收款人的票据行为。由于票据的背书、保证、承兑、付款和追索等行为都产生在出票行为之后，所以人们将出票行为称为基础票据行为，由出票行为陆续产生之后的各种票据权利义务。

2. 汇票出票的记载事项

根据我国《票据法》第 22 条第 1 款规定，汇票必须记载以下事项：表明“汇票”的字样、无条件支付的委托、确定的金额、付款人名称、收款人名称、出票日期、出票人签章等。相对必要记载事项，是指在出票时应当予以记载，但如果未作记载，票据法另有补充规定，汇票并不因此失效。它主要包括以下事项：付款日期、付款地、出票地。任意记载事项，是指出票人可以自由选择是否记载的事项，但是一经记载即发生票据法上的效力。我国《票据法》第 27 条第 2 款规定：“出票人在汇票上记载‘不得转让’字样的，汇票不得转让。”可见，出票人可以自由决定是否在汇票上记载“不得转让”。如果不作记载，汇票效力不因此受到影响。不得记载的事项，有些事项，出票人在出票时是不得记载的，否则此项记载无效。例如，我国《票据法》第 33 条规定：“背书不得附有条件，背书时附有条件的，所附条件不具有汇票上的效力。将汇票的一部分转让的背书或者将汇票金额分别转让给二人以上的背书无效。”此规定即不得记载事项。

相关链接

《票据法》第 23 条规定：汇票上记载付款日期、付款地、出票事项的，应当清楚明确；汇票上未记载付款日期的，为见票即付；汇票上未记载付款地的，付款人的营业场所、住所或者经常居住地为付款地；汇票上未记载出票地的，出票人的营业场所、住所或者经常居住地为出票地。

（三）背书转让

1. 背书交付

（1）背书交付的内容，是指收款人（持票人）以转让票据权利为目的在汇票上签章并进行必要的记载的一种附属票据行为。

（2）背书交付的要求。汇票以背书转让或者以背书将一定的汇票权利授予他人行使时，必须记载被背书人的名称，个人须记本名，单位须记载注册登记的全称，交付票据是背书转让票据行为的结果。

（3）背书的例外。根据《最高人民法院关于审理票据纠纷若干问题的规定》第 58 条的规定及《票据法》第 36 条的规定，汇票被拒绝承兑、被拒绝付款或者超过付款提示期限的，不得背书转让；背书转让的，背书人应当承担汇票责任。因为此时背书人转让的票据已经不能正常得到付款，背书人的转让行为便包含欺诈成分，当被背书人不能得到付款时，背书人须承担付款责任，以及承担持票人受到的其他损失责任。

2. 背书的法律后果

(1) 权利的取得。被背书人不是收款人，因此在其取得汇票并行使汇票权利时，须按《票据法》第 31 条的规定证实自己的身份，即以背书转让的汇票，背书应当连续。

(2) 背书须连续。票据法规定的背书连续是指在票据转让中，转让汇票的背书人与受让汇票的被背书人在汇票上的签章依前后次序衔接。如果中间缺少相连的环节，即构成空白背书，而我国的《票据法》是不承认空白背书的，结果将是不能行使汇票权利。

(3) 被背书人的责任。以背书转让的汇票，后手应当对其直接前手背书的真实性负责。后手是指受让票据人，其直接前手是指转让票据人。《票据法》作此规定是为了使被背书人证实自己的票据权利是从前手中受让而来，来路清晰，不存在背书不连续的瑕疵。

(4) 背书人的连带责任。背书人背书转让汇票后，即承担保证其后手所持汇票承兑和付款的责任，背书人在汇票得不到承兑或者付款时，应当向持票人清偿《票据法》第 70 条和第 71 条规定的金额和费用。此规定是为了保证汇票流通信用的可靠性，保障持票人的利益的连带责任措施。

3. 汇票背书转让的限制

付款人或其他债务人为了保证汇票的安全性，可以对持票人的范围和资格做出限制。

(1) 依法不得背书转让，出票人在汇票上记载“不得转让”字样的，汇票不得转让；否则出票人及付款人将有权对非收款人的持票人拒绝承兑或拒绝付款。《最高人民法院关于审理票据纠纷案件若干问题的规定》第 48 条规定：“依照《票据法》第 27 条的规定，票据的出票人在票据上记载‘不得转让’字样，票据持有人背书转让的，背书行为无效。背书转让后的受让人不得享有票据权利，票据的出票人、承兑人对受让人不承担票据责任。”

(2) 票据权利不得分割汇票须完整转让，将汇票金额的一部分转让的背书，或将同一张汇票金额分别转让给二人以上的背书无效。

(3) 背书不得附有条件，票据法规定，背书附有条件的，所附条件不具有汇票上的效力。背书人所记载的任何条件都将被视为无记载，持票人不得请求付款人按此条件承兑或付款，也不得将此条件作为再背书转让的优惠吸引他人接受让与。

(4) 背书授权，背书记载“委托收款”字样的，被背书人有权代背书人行使被委托的汇票权利。

(5) 不得转让的情形，汇票被拒绝承兑、被拒绝付款或者超过付款提示期限的，不得背书转让；背书转让的，背书人应当承担汇票责任。《票据法》第 36 条作此规定，是为了促使受到拒绝承兑（付款）者尽快向有关责任者提出追索，而不是转嫁损失，将汇票转让他人。

（四）承兑

1. 承兑的概念

承兑是指汇票付款人承诺在汇票到期日支付汇票金额的票据行为。承兑是汇票特有的制度。承兑行为是针对汇票而言的，并且只是远期汇票才可能承兑。本票、支票和即期汇票都不可能发生承兑。

2. 承兑的程序

承兑的程序主要包括以下内容。

（1）提示承兑。提示承兑是指持票人向付款人出示汇票，并要求付款人承诺付款的行为。提示承兑的前提和条件，是行使和保全票据权利的手段。我国《票据法》规定，定日付款或者出票后定期付款的汇票，持票人应当在汇票到期日前向付款人提示承兑。见票后定期付款的汇票，持票人应当自出票日起 1 个月内向付款人提示承兑。

（2）承兑及承兑期间。付款人对向其提示承兑的汇票，应当自收到提示承兑的汇票之日起 3 日内承兑或者拒绝承兑。付款人收到持票人提示承兑的汇票时，应当向持票人签发收到汇票的回单。回单上应当记明汇票提示承兑的日期并签章。

（3）承兑格式。关于承兑的格式，我国《票据法》第 42 条规定：付款人承兑汇票的，应当在汇票正面记载“承兑”字样和承兑日期并签章；见票后定期付款的汇票，应当在承兑时记载付款日期。另外，汇票上未记载承兑日期的，以付款人收到提示承兑的汇票之日起 3 日内为承兑日期。付款人决定承兑，并依法记载承兑事项后，应将汇票交还给持票人。

3. 承兑的效力

承兑生效后，即对付款人产生相应的效力。《票据法》第 44 条规定：“付款人承兑汇票后，应当承担到期付款的责任。”这就是有关承兑效力的规定。该等到期付款的责任是一种绝对责任。其表现在：①承兑人于汇票到期日必须向持票人无条件地支付汇票上的金额，否则其必须承担迟延付款责任；②承兑人必须对汇票上的一切权利人承担责任，该等权利人包括付款请求权人和追索权人；③承兑人不得以其与出票人之间资金关系来对抗持票人，拒绝支付汇票金额；④承兑人的票据责任不因持票人未在法定期限提示付款而解除。

（五）汇票的保证

1. 汇票保证概念

汇票保证，是指汇票除主债务人及连带债务人以外的第三人以承担无条件付款为目的，在汇票上签章及记载必要事项的票据行为。其中担保汇票付款者称为保证人，被担保的汇票债务人称为被保证人。汇票保证以担保汇票付款增强信用为目的，有利于保障交易安全。

2. 汇票保证主体的限制

国家机关、以公益为目的的事业单位、社会团体、企业法人的分支机构和职能部门作为票据保证人的，票据保证无效；但经国务院批准为使用外国政府或者国际经济组织贷款进行转贷，国家机关提供票据保证的，以及企业法人的分支机构在法人书面授权范围内提供票据保证的具有法律效力。

相关链接

《票据法》第45条规定，汇票的保证人只能由“汇票债务人以外的他人担当”。

3. 汇票保证的效力

保证人在汇票上签章即构成保证责任，保证人应当与被保证人对持票人承担连带责任，汇票到期后，被保证人为主债务人的不能付款时，持票人有权向保证人请求付款，保证人应当无条件付款；当汇票被付款人拒付，持票人向连带债务人追索，为被追索的连带债务人担保的保证人承担连带无条件付款责任。保证人清偿汇票债务后，代替被追索的债务人取得汇票权利，可以行使持票人对被保证人及其前手的追索权。

相关案例

李四从王五处购买价值10万元的货物，为付货款，李四开具了一张票面金额为10万元的汇票交付王五。汇票承兑后，王五将汇票背书转让给赵六，在赵六将汇票背书转让给孙三时，孙三要求赵六提供保证，赵六请王五（前背书人）在票据上保证后，将汇票背书转让给黄二，黄二请求付款时，发现付款人逃匿。本案中保证无效，票据的保证人应由票据债务人之外的人担任。黄二可以向李四、王五、赵六行使追索权，向赵六要求承担保证责任。

（六）付款

1. 付款的概念

付款是指付款人依据票据文义支付票据金额，以消灭票据关系的行为。付款是付款人的行为，这与出票人、背书人等偿还义务的行为不同。前者是支付票据金额的行为，并以消灭票据关系为目的；后者则并不以票据金额为依据而支付，不能引起票据关系的消灭。

2. 付款的程序

（1）付款提示是指持票人向付款人或代理人出示汇票，以请求其付款的行为。付款提示的当事人，一方为提示人，另一方为被提示人。提示人通常是持票人，但也可以是受持票人委托的收款银行和票据交换中心。被提示人包括付款人、付款人委托的付款银行以及票据交换中心。

（2）实际付款。持票人依照前条规定提示付款的，付款人必须在当日足额付款。可见，我国《票据法》采用付款人即时足额付款原则，不允许付款人延期付款、部分付款。付款的标的物在通常情况下是人民币。

（3）交回汇票，汇票是交回证券，付款人付款后，持票人应将汇票交给付款人。

相关链接

《票据法》第53条规定，持票人应当按照下列期限提示付款：①见票即付的汇票，自出票日起1个月内向付款人提示付款；②定日付款、出票后定期付款或者见票后定期付款的汇票，自到期日起10日内向承兑人提示付款。

持票人未按照前款规定期限提示付款的，在做出说明后，承兑人或者付款人仍应当继续对持票人承担付款责任。

通过委托收款银行或者通过票据交换系统向付款人提示付款的，视同持票人提示付款。

（七）追索权

1. 汇票票据追索权的法律性质

汇票到期被拒绝承兑或拒绝付款的，持票人可以对背书人、出票人、保证人以及汇票的其他债务人行使追索权。追索权是持票人在第一次请求付款受到拒绝后，按顺序行使的第二次请求权，第一次请求权是请求主债务人付款，这是持票人的基本票据权利，在主债务人拒绝付款或无力付款时，持票人可行使第二次请求权，要求所有在汇票上签名的人中的一人、数人或全体人员，偿付汇票金额。

2. 追索权的行使

(1) 追索的条件。《票据法》第62条规定："持票人行使追索权时，应当提供被拒绝承兑或者被拒绝付款的有关证明。"付款请求权是持票人享有的第一顺序权利，追索权是持票人享有的第二顺序权利，这种权利的行使必须具备汇票原件以及下列任意一个证明文件：承兑人出具的拒绝承兑证明、承兑人或付款人出具的退票理由书、医疗机构出具的死亡证书、司法机关出具的通缉令或法院做出的破产裁定书。只有票据原件和拒绝证明同时具备才能行使追索权。

(2) 拒绝证明的效力。拒绝证明是持票人行使追索权的法律根据之一，没有拒绝证明就不能向除承兑人或付款人以外的连带债务人请求偿还汇票金额。因此持票人在承兑或付款受到拒绝时，应当注意以下两点：其一，要求承兑人或付款人出具拒绝证明或者退票理由书；其二，承兑人或者付款人不出具拒绝证明或者退票理由书的，应当承担由此产生的民事责任，包括无条件付款的责任。

(3) 通知前手。《票据法》第66条规定："持票人应当自收到被拒绝承兑或者被拒绝付款的有关证明之日起3日内，将被拒绝事由书面通知其前手；其前手应当自收到通知之日起3日内书面通知其再前手。持票人也可以同时向各汇票债务人发出书面通知。以使汇票连带债务人及时掌握情况，并准备应变措施。未按上述期限通知的，持票人仍可行使追索权。但是，因延期通知给其前手造成损失的，如由债务人逃亡、隐匿等情况导致无法追索的，由没有按照规定期限通知的汇票当事人承担对该损失的赔偿责任。"

3. 追索的例外

(1) 持票人为出票人的，对其前手无追索权。在此汇票的出票人就是主债务人，银行汇票的主债务人是出票行，商业汇票的主债务人是买卖合同中的买方，根据票据的基础关系，出票人应当承担付款的责任，在他将汇票交付给收款人时即意味着届期要无条件付款，如果收款人背书转让，被背书人也进行了背书转让后，又转让给出票人时，出票人只有第一次票据权利请求付款权，没有向其后手追索的第二次票据权利。

(2) 持票人为背书人的，对其后手无追索权。这是因为背书人的后手是被背书人，其汇票权利自背书人手中取得，该汇票对背书人来说应当具有充分的汇票权利，当汇票经过若干次转让，又转回背书人手中时，他仍然不能否认自己曾经对该汇票做过的真实性的保证。所以，在行使追索权时应当以其在票据上第一次签章记载确定其前后手位置，不得以最后一次记载的位置行使追索权。

三、本票

（一）本票概述

1. 本票的概念

本票是出票人签发的，承诺自己在见票时无条件支付确定的金额给收款人或者持票人的票据。本票是由出票人约定自己付款的一种自付证券，其基本当事人有两个，即出票人和收款人，在出票人之外不存在独立的付款人。在出票人完成出票行为之后，即承担了到期日无条件支付票据金额的责任，不需要在到期日前进行承兑。因此，本票与汇票是不同的。

2. 本票的种类

按照不同的标准，本票可分为以下几种。

(1) 记名式本票、指示式本票和无记名式本票。以本票上是否记载本票权利人的方式为标准，可将本票分为记名式本票、指示式本票和无记名式本票。这一分类的各种本票，意义与汇票中同一分类相同，仅是票种票名不同，如记名式本票与记名式汇票的相同处在于均为记名式票据。

(2) 到期本票和远期本票。以本票上制定的到期日方式为标准，可将本票分为到期本票和远期本票。

(3) 银行本票和商业本票。以本票的出票人为标准，本票可分为银行本票和商业本票。银行签发的本票为银行本票，其他企事业单位和个人签发的本票为商业本票。

（二）本票的出票

1. 本票出票的效力

(1) 持票人取得本票权利，对出票人有付款请求权和追索权。本票权利是票据权利，自然包括付款请求权和追索权。

(2) 出票人负有直接无条件付款的责任。出票人因出票行为，对持票人负担了直接付款、无条件付款的票据责任。

2. 本票出票的记载事项

本票是一种要式证券，因此，我国《票据法》对本票上记载事项做了明文规定。本票必须记载以下事项：表明“本票”的字样；无条件的支付承诺；确定的金额；收款人名称；出票日期出票人签章。

本票上未记载上述事项之一的，本票无效。同时，《票据法》要求本票上记载付款地、出票地等事项的，应当清楚、明确，本票上未记载付款地的以出票人的营业场所为付款地；本票上未记载出票地的，以出票人的营业场所为出票地。

（三）本票行为的法律规范

本票行为包括出票、背书、保证、付款及追索权的行使等，其基本法律规定同汇票。另外，《票据法》及有关法规还规定：本票的出票人必须具有支付本票金额的可靠资金来源，并保证支付；本票的出票人限于经人民银行批准办理本票业务银行机构；本票出票人在持票人提示见票时，必须承担付款责任；本票的付款期限自出票日起最长不得超过 2 个月；本票的持票人为按照规定提示见票的，丧失对出票人以外的前手的追索权。

四、支票

（一）支票概述

1. 支票的概念

支票是出票人委托银行或者其他金融机构见票时无条件支付一定金额给收款人或者持票人的票据。支票的基本当事人有三个：出票人、付款人和收款人。支票是一种委付证券，与汇票相同，与本票不同。

支票与汇票和本票相比，有两个显著的特点：以银行或者其他金融机构作为付款人；见票即付。

2. 支票的种类

依不同的分类标准，可以对支票进行不同的分类，如记名支票、无记名支票、指示支票；对己支票、指己支票、受付支票、普通支票、特殊支票等。我国《票据法》按照支付票款方式，将支票分为普通支票、现金支票和转账支票。

（1）普通支票。该种支票未印有“现金”或“转账”字样，其既可以用来支取现金，亦可用来转账。根据《票据法》第 83 条第 1 款的规定，普通支票用于转账时，应当在支票正面注明，即在普通支票左上角画两条平行线。有该划线标志的支票，亦称为划线支票，划线支票只能用于转账，不得支取现金。

（2）现金支票。《票据法》第 83 条第 2 款规定，支票中专门用于支取现金的，可以另行制作现金支票，现金支票只能用于支取现金。

（3）转账支票。《票据法》第 83 条第 3 款规定，支票中专门用于转账的，可以另行制作转账支票，转账支票只能用于转账，不得支取现金。

相关链接

在实践中，我国一直采用的是现金支票和转账支票，没有普通支票，但为了方便当事人，并借鉴国外的方法经验，《票据法》便规定了普通支票的形式。

（二）支票的出票

1. 支票出票的条件

支票的出票除应遵循《票据法》总则及对汇票相关行为的有关规定外，还必须遵守以下规定。

（1）开立支票存款账户，申请人必须使用其本名，并提交证明其身份的合法证件。账户开立和支票领用，应当有可靠的资信，并存入一定的资金。开立支票存款账户，申请人应当预留其本名的签名式样和印鉴。

（2）支票的出票人所签发的支票金额不得超过其付款时在付款人处实有的存款金额。出票人签发的支票金额超过其付款时在付款人处实有的存款金额的，为空头支票。禁止签发空头支票。支票的出票人不得签发与其预留本名的签名式样或者印鉴不符的支票。

2. 支票的记载事项

支票具有要式性，它必须具有《票据法》规定的要件才能生效。根据《票据法》规定，支票必须记载下列事项：表明“支票”的字样；无条件支付的委托；确定的金额；付款人名称；出票日期；持票人签章。

另外，《票据法》还规定，支票上的金额可以由出票人授权补记，未补记前的支票，不得使用；支票上未记载收款人名称的，经出票人授权可以补记；支票上未记载付款地的，出款人的营业场所为付款地；支票上未记载出票地的，出票人的营业产所、住所或者经常居住地为出票地；出票人可以在支票上记载自己为收款人；支票付款人为支票上记载的出票人开户银行。

（三）支票的付款

1. 提示时间

支票的持票人应当自出票日起10日内提示付款；异地使用的支票，其提示付款的期限由人民银行另行规定。超过提示付款期限提示付款的，付款人可以不予付款；付款人不予付款的，出票人仍应对持票人承担票据责任。

2. 支付

支票限于见票即付，不得另行记载付款日期。另行记载付款日期的，该记载无效。出票人必须按照签发的支票金额承担保证向该持票人付款的责任。出票人在付款人处的存款足以支付支票金额时，付款人应当在当日足额付款。

3. 付款责任的解除

付款人依法支付支票金额的，对出票人不再承担委托付款责任，对持票人不再承担付款的责任。但是，付款人以恶意或者有重大过失付款的除外。

五、违反票据法的法律责任

（一）票据欺诈行为的法律责任

票据欺诈属于金融欺诈的一种，是利用票据进行欺诈活动的行为。

有下列票据欺诈行为之一的，依法追究刑事责任：①伪造、变造票据的；②故意使用伪造、变造的票据的；③签发空头支票或者故意签发与其预留的本名签名式样或者印鉴不符的支票，骗取财物的；④签发无可靠资金来源的汇票、本票，骗取资金的；⑤汇票、本票的出票人在出票时作虚假记载，骗取财物的；⑥冒用他人的票据，或者故意使用过期或者作废的票据，骗取财物的；⑦付款人同出票人、持票人恶意串通，实施前六项所列行为之一的。有上述行为之一，情节轻微，不构成犯罪的，依照国家有关规定给予行政处罚。

（二）金融机构工作人员违法行为的法律责任

金融机构工作人员在票据业务中玩忽职守，对违反《票据法》有关规定的票据予以承兑、付款或者保证的，给予处分；造成重大损失，构成犯罪的，依法追究刑事责任。由金融机构工作人员上述行为给当事人造成损失的，由该金融机构和直接责任人员依法承担赔偿责任。

（三）票据付款人违法行为的法律责任

票据的付款人对见票即付或者到期的票据故意压票，拖延支付的，由金融机构的行政管理部门予以罚款，对直接责任人员予以处分。付款人的上述行为给持票人或者他人造成损失的，依法承担赔偿责任。

第三节　证　券　法

一、证券和证券法概述

（一）证券的概念和种类

1. 证券的概念

证券是指载有一定金额的、代表财产所有权或债权的一种证书。它既是现代社会的一种金融商品，又是一种融资工具，体现着金融资产。

证券有广义和狭义之分。广义的包括有价证券与证据证券。有价证券根据其所代表的财产所有权的经济性质的不同，可分为货币证券、财物证券和资本证券。其中货币证券主要是汇票、支票和本票；财物证券主要是栈单、提货单和货运单；资本证券主要是股票、债券、投资基金等。证据证券根据证明的内容不同，可分为借据、收据和保险单等。狭义的证券仅指资本证券，如股票、债券和投资基金，它是指资金需求者通过直接融资方式向资金供应者直接或间接获得资金后，向资金提供者签发的证券。

2. 证券的种类

我国现行《证券法》中规定的证券包括股票、债券、证券投资基金和国务院依法认定的其他证券。

（1）股票。股票是股份公司发行的，用以证明投资者的股东身份和权益，并据以获得股息和红利的凭证。简言之，股票是股份有限公司发行的，证明股东按其所持股份享有权利和承担义务的凭证。以电子和通信技术为载体的无纸化股票成为现今股票的主要形式。股票具有收益性、流通性、非返还性和风险性等特点，并可按不同标准分为：普通股和优先股；国有股、法人股、社会公众股；人民币普通股（A股）、境内上市外资股（B股）和境外上市外资股（H股、N股、S股）。

（2）债券。债券包括公司债券、政府债券和金融债券。

（3）证券投资基金。证券投资基金是基金投资人持有基金单位的凭证。证券投资基金是一种利益共享、风险共担的集合证券投资方式，即通过发行基金单位，集中投资者的资金，由基金托管人托管，由基金管理人管理和运用资金，从事股票、债券等金融工具投资。根据基金单位是否可以增加或赎回，可分为开放式基金和封闭式基金。

（二）证券法概述

证券法是规定证券的种类及其在一级市场的发行和二级市场的交易中所产生的社会关系的法律规范的总称。证券法的概念有广义和狭义之分。广义的证券法是指包括票据法和投资证券法在内的现代证券法。狭义的证券法是指某一特定的证券法律规范，即以特定范围内的有价证券为调整对象的证券法律规范。本书所述的证券法仅指狭义上的证券法。

二、证券发行与承销

（一）证券发行概述

所谓证券发行是指证券发行人依照法定程序将自己的证券出售或交付给投资者的行为。按不同的标准，证券发行主要可以划分为以下几类：依证券发行对象是否特定可分为公募发行和私募发行；依证券种类可分为股票发行和债券发行；依证券发行是否通过证券承销机构可分为直接发行和间接发行；依证券发行目的可分为设立发行和增资发行；依证券发行价格与证券票面金额或贴现金额的关系可分为平价发行、溢价发行和折价发行。

（二）证券承销制度

证券承销是指证券公司等证券经营机构依照承销协议包销或者代销发行人所发行的股票和债券或其他投资证券的行为。证券承销方式有两种：代销和包销。证券代销是指证券公司代发行人发售证券，在承销期结束时，将未售出的证券全部退还给发行人的承销方式。证券包销是指证券经营机构将发行人的证券按照协议全部购入或者在承销期结束后将售后剩余证券全部自行购入的承销方式。证券包销的发行风险归属于证券经营机构，它是我国目前证券承销所采用的主要承销方式，不仅适用于股票发行，也适用于公司债券的发行。证券包销分为全额包销和余额包销两种形式。全额包销是指证券经营机构以自己拥有的资产一次性全部买进证券发行人发行的证券，再以唯一的销售者身份，以市场价格向公众发售的销售方式。余额包销是指证券经营机构在承销期结束时将售后剩余证券全部自行购入的承销方式。

三、证券上市与交易制度

（一）证券上市

证券上市是发行人发行的有价证券，依据法定的条件和程序，在证券交易所集中竞价交易的行为。

1. 证券上市的条件

股票上市的条件。发行的股份达到公司股份总数的25%以上；公司股本总额超过人民币4亿元的，公开发行证券，必须符合法律、行政法规规定的条件，并依法报经国务院证券监督管理机构或者国务院授权的部门注册。未经依法注册，任何单位和个人不得公开发行证券。证券发行注册制的具体范围、实施步骤，由国务院规定。有下列情形之一的，为公开发行：（一）向不特定对象发行证券；（二）向特定对象发行证券累计超过二百人，但依法实施员工持股计划的员工人数不计算在内；（三）法律、行政法规规定的其他发行行为。非公开发行证券，不得采用广告、公开劝诱和变相公开方式。

（2）公司债券上市的条件。公司申请公司债券上市交易，应当符合下列条件：公司债券的期限为1年以上；公司债券实际发行额不少于人民币5000万元；公司申请债券上市时仍符合法定的公司债券发行条件。

2. 证券的暂停、终止上市

（1）股票的暂停、终止上市。上市公司有下列情形之一的，由证券交易所决定暂停其股票上市交易：公司股本总额、股权分布等发生变化不再具备上市条件；公司不按照规定公开其财务状况，或者对财务会计报告作虚假记载，可能误导投资者；公司有重大违法行为；公司最近3年连续亏损；证券交易所上市规则规定的其他情形。上市公司有下列情形之一的，由证券交易所决定终止其股票上市交易：公司股本总额、股权分布等发生变化不再具备上市条件，在证券交易所规定的期限内仍不能达到上市条件；公司不按照规定公开其财务状况，或者对财务会计报告作虚假记载，且拒绝纠正；公司最近3年连续亏损，在其后一个年度内未能恢复盈利；公司解散或者被宣告破产；证券交易所上市规则规定的其他情形。

（2）公司债券的暂停、终止上市。公司债券上市交易后，公司有下列情形之一的，由证券交易所决定暂停其公司债券上市交易：公司有重大违法行为；公司情况发生重大变化不符合公司债券上市条件；发行公司债券所募集的资金不按照核准的用途使用；未按照公司债券募集办法履行义务；公司最近2年连续亏损。

（二）证券交易条件

证券交易条件是指在证券市场上公开进行交易的证券必须符合法律规定的相关条件才能买卖。证券交易的条件主要包括以下内容：①证券交易当事人依法买卖的证券，必须是依法发行并交付的证券。非经法定程序发行证券，不得买卖。②依法发行的股票、公司证券及其他证券法律对其转让期限有限制性规定的，在限定期限内，不得买卖；经依法核准的上市交易的股票、公司证券及其他证券，应当在证券交易所挂牌交易。

（三）信息公开制度

信息公开制度是指上市公司在证券发行和交易过程中，必须真实、准确、完整、及时地按照法律规定的形式向公众投资者公开一切有关公司重要信息的制度。从而使上市公司的证券能够在有效、公开、知情的市场中进行交易。

发行股票、公司债券的公司，必须按照公司法的规定，经中国证监会批准后，公开必须具备的文件，发行人必须根据真实、完整的原则公告招股说明书、公司债券募集办法，依法发行新股票或者公司债券的，还应当公告财务会计报告。发行人在此过程中，不得在文件上有虚假记载、误导性陈述或者重大遗漏。

第四节 保 险 法

保险是金融体系和社会保障体系的重要组成部分，在构建社会主义和谐社会中具有重要的作用。

一、保险与保险法概述

（一）保险的概念

根据我国《中华人民共和国保险法》（简称《保险法》）第 2 条规定："本法所称保险，是指投保人根据合同约定，向保险人支付保险费保险人对于合同约定的可能发生的事故因其发生所造成的财产损失承担赔偿保险金责任，或者当被保险人死亡、伤残、疾病或者达到合同约定的年龄、期限时承担给付保险金责任的商业保险行为。"

（二）保险的特征

总体来说，保险由三大要素构成：危险的存在、多数人参加保险、损失的填补。同时，保险又体现出如下特点：①保险以约定的危险作为对象；②保险以危险的集中和危险的转移作为运行机制；③保险以科学的数理计算为依据；④保险以社会成员之间的互助共济为基础；⑤保险以经济补偿为目的。

（三）保险法

广义的保险法是指以保险为规范对象的一切法律规范的总称，既包括商业保险法，也包括社会保险法，狭义的保险法是指以保险合同形成的商事保险关系为调整对象的法律规范的总称，仅指商事保险法。我国现行《保险法》采用狭义的保险法概念。

在我国，既有专门的保险立法，如《保险法》《保险公司管理规定（试行）》《保险代理人管理规定（试行）》《保险经纪人管理规定（试行）》等。同时，又有在其他法律当中进行规定的保险特别法，如《中华人民共和国海商法》等。因此，我国的保险法律体系包括两类，即保险法和保险特别法。同时，我国采用的保险立法方式是将保险业法与保险合同法合二为一。例如，《保险法》既调整国家与保险业的关系，又调整保险当事人之间的关系。

二、保险合同

根据我国《保险法》第10条规定："保险合同是投保人与保险人约定保险权利义务关系的协议。"

（一）保险合同的分类

（1）财产保险合同与人身保险合同。根据保险标的的性质不同，保险合同可以分为财产保险合同与人身保险合同。在我国《保险法》中，财产保险合同与人身保险合同是保险合同的最基本的分类。财产保险合同是以财产及其有关利益为保险标的的保险合同，包括有形财产和无形财产。人身保险合同是以人的寿命和身体作为保险标的的保险合同，包括人寿保险合同、伤害保险合同和疾病保险合同。

（2）损失补偿性保险合同与定额给付性保险合同。根据保险金给付的性质不同，保险合同可以分为损失补偿性保险合同与定额给付性保险合同。损失补偿性保险合同是指以补偿被保险人的经济损失为目的的保险合同；定额给付性保险合同都是人身保险合同，但并非所有人身保险合同都是定额给付性保险合同，凡是损失补偿性的人身保险合同，都不是定额给付性保险合同。

（3）原保险合同与再保险合同。根据保险责任的次序不同，保险合同可以分为原保险合同与再保险合同。原保险又称第一次保险，是指保险人在保险责任范围内直接由自己对被保险人负赔偿责任的保险。根据《保险法》第28条的规定，保险人将其承保的保险业务，以承保形式，部分转移给其他保险人的，为再保险。

（4）单保险和复保险。根据保险人的人数划分，保险可分为单保险和复保险。单保险是指投保人对于同一保险标的，就同一保险利益、同一保险事故与一个保险人订立保险合同的保险。复保险或称重复保险，是投保人对于同一保险标的、同一保险利益、同一保险事故分别与两个以上的保险人订立保险合同，且保险金额超过保险价值的保险。

（二）保险合同的主体

广义上的保险合同主体包括保险合同的当事人，即投保人和保险人，而且包括保险合同的关系人，即被保险人和受益人。狭义上的保险合同主体则仅指保险合同的当事人。

1. 保险合同的当事人

（1）投保人。投保人是指与保险人订立保险合同，并按照合同约定负有支付保险费义务的人。

（2）保险人。保险人是指与投保人订立保险合同，并按照合同约定承担赔偿或者给付保险金责任的保险公司。保险人是依法成立的并允许经营保险业务的法人。

2. 保险合同的关系人

（1）被保险人。根据《保险法》的规定，被保险人是指其财产或人身受保险合同保障，享有保险金请求权的人。被保险人必须是保险事故发生时遭受损失的人。

(2) 受益人。受益人是指人身保险合同中由被保险人或者投保人指定的享有保险金请求权的人，投保人、被保险人可以为受益人。

（三）保险合同的订立

1. 保险合同订立的程序

保险合同的订立一般要经过保险人或保险代理人的劝诱、投保人的投保和保险人的核保、承保四个阶段。保险承诺也叫承保，即接受投保人在投保单中提出的全部条件。承诺既可以由保险人也可以由保险人的代理人做出。所做出的承诺，必须是无条件的有的国家规定了承诺的期限。

保险公司通过业务员或者代理人向客户发放宣传材料等，不属于要约，属于要约邀请。保险人一旦承保，保险合同即告成立。

2. 保险合同订立的形式

保险合同订立的形式，即保险合同订立的凭证，在保险实务上，主要表现为投保单、暂保单、保险单和保险凭证等。但保险合同并非只能采取书面形式，根据我国《保险法》第 13 条的规定，在保险人同意承保到保险人签发保险单或其他保险凭证之前的这段时间，当事人之间实际上已经存在保险合同关系。

投保单，是投保人的书面要约。投保单经投保人据实填写交付给保险人就成为投保人表示愿意与保险人订立保险合同的书面要约。

暂保单，又称“临时保单”，指保险人或其代理人在同意承保风险而又不能立即出具保险单或保险单证时，向投保人签发的临时保险凭证。暂保单不同于保险单，但在有效期限内在保险单做成并交付之前，具有与保险单相同的效力。

保险单，简称“保单”，是《保险法》中列举的投保人与保险人之间订立的正式书面保险合同的一种。保险单由保险人根据国家保险监督管理机关制定的基本条款和保险费率制定，它由保险人签发给投保人。

保险凭证，也称“小保单”，是保险人向投保人签发的证明保险合同已经成立的书面凭证，是一种简化了的保险单。其法律效力与保险单相同，只是内容较为简单。在保险凭证上不附印保险合同的条款，仅记载投保人或被保险人的姓名或名称、保险凭证号、保险险种、保险金额、有效期限等主要内容。

其他书面协议，是指投保人和保险人不采用上述形式订立的书面保险合同，是订立保险合同的辅助形式。投保人和保险人或其代理人应当在协议上签字或盖章，并注明签字或盖章的日期和地点。

（四）保险合同的内容

保险合同的内容，就是保险合同所约定的当事人的权利与义务，并主要体现在保险合同的具体条款上。

根据保险合同条款的性质不同，可将其分为基本条款和特约条款。

保险合同的基本条款，又称为普通条款，是指保险人在事先准备或印就的保险单上，根据不同险种对保险合同当事人权利和义务等基本事项的规定，构成了保险合同的基本内容。

根据我国《保险法》第18条的规定，保险合同应当包括下列基本条款：保险人名称和住所、保险标的、保险价值、保险责任和责任免除。

保险合同的特约条款，又称为附加条款，是指保险合同当事人双方在基本条款的基础上所附加的，用以扩大或限制基本条款的特别约定，构成了保险合同的补充内容。但无论基本条款还是附加条款，一旦订入保险合同，就对当事人具有同等的法律约束力。

相关案例

2013年，绿色食品有限责任公司委托铁路部门承运500吨水蜜桃，又向保险公司投保了货物运输保险。保险合同中规定，对保险标的如下情况，保险公司不承担赔偿责任：被保险货物自有的缺陷，被保险人的故意或过失行为，运输过程中发生的盗窃损失，其他不属于保险责任范围的损失。但是，在保险合同中，没有规定水蜜桃因腐烂造成的损失，是否属于保险责任。货物到达目的地时发现，三分之二的水蜜桃已经腐烂。经过技术监督部门对水蜜桃腐烂原因的鉴定，结论是：并非是货物本身的缺陷，而是装载不当以及气温异常所致。绿色食品有限责任公司提出索赔申请。保险公司予以拒绝。保险公司认为：货物损失确实存在，但是，根据保险合同，该损失不属于保险责任范围。随后，绿色食品有限责任公司起诉于法院，请求保险公司承担赔偿责任。在本案中，保险公司应该承担赔偿责任。根据我国《保险法》第30条规定："对于保险合同的条款，保险人与投保人、被保险人或者受益人有争议时，人民法院或者仲裁机关应当作有利于被保险人和受益人的解释。"该法第17条规定："保险合同中规定有关于保险人责任免除条款的，保险人在订立保险合同时应当向投保人明确说明，未明确说明的，该条款不产生效力。"

（五）保险合同的效力

1. 保险合同的成立

保险合同的成立是指合同双方当事人就保险合同条款达成一致的意思。根据《保险法》第13条的规定，在受要约人做出承诺之时，合同即告成立。

2. 保险合同的生效

保险合同的生效是指保险合同开始对合同当事人产生法律效力。保险合同是不要式合同和诺成性合同，只要当事人双方就保险合同的条款达成一致的意思表示，无论是否签发暂保单、保险单或保险凭证，无论是否缴纳保险费，保险合同均告成立。

3. 保险合同的无效

保险合同的无效是指已经成立的保险合同因违反法律的强制性规定或公序良俗，在法律上自始不产生法律效力。

相关链接

根据我国《保险法》的规定，保险合同无效的原因主要有以下几种法定情形：保险合同成立或生效时，保险标的已不存在，或保险标的上的危险已经发生且不为当事人双方所知；财产保险合同中被保险人对保险标的自始欠缺保险利益；不定值保险合同中，保险金额超过保险价值的；投保人为他人投保以死亡为给付保险金条件的保险合同，未经被保险人书面同意，并认可保险金额的；父母为其未成年子女投保以死亡为给付保险金条件的保险合同，保险金额超过保险监督管理部门规定的限额的；人寿保险合同的被保险人年龄不实，且投保时其真实年龄超过保险人规定的年龄限度的违法的承诺。例如，保险人对被保险人自保险合同成立之日起不满 2 年的期限内发生的自杀给付保险金的承诺是违法的承诺。同样，保险人也不得对被保险人因故意犯罪导致的伤残承诺给付保险金；投保人以自己为受益人，为谋害被保险人而恶意投保的人寿保险合同亦是合同无效的情形。

（六）保险合同的变更、解除与终止

1. 保险合同的变更

我国《保险法》规定，以下情形可以变更保险合同：保险标的的转让，受益人的变更，保险人的变更，保险危险的明显增减，保险危险的明显减少，保险标的的保险价值明显减少或增加，保险合同成立后，保险标的的保险价值明显减少，投保人申报的被保险人年龄不真实，宽限期届满后投保人仍未缴纳当期保费。

保险合同变更仅对将来发生效力，原合同不再继续履行，但已经履行的部分仍然有效，不产生恢复原状的后果，当事人应按照变更后的合同继续履行。

2. 保险合同的解除

保险合同的解除是指在保险合同关系有效期内，当事人依据法律规定或合同约定，提前消灭保险合同的权利义务的行为。我国《保险法》第 15 条和第 16 条分别对投保人和保险人解除保险合同做了原则性的规定，对投保人解除保险合同采取了比较宽容的态度，对保险人解除保险合同采取了较为严格的态度。

保险合同的解除可以出于以下情形：投保人违反如实告知义务，影响保险人决定是否同意承保，或对保险事故的发生有严重影响的；被保险人违反过去事项或将来事项的保证条款，保险合同订立的基础不复存在的；保险合同成立后，保险责任开始前，投保人得解除合同；根据保险合同的约定，在保单送达后的犹豫期内，投保人得解除合同；保险法律或保险合同规定的其他原因。

保险合同的解除后，保险合同自始消灭。尚未履行的，不再履行，正在履行的，停止履行，已经履行的，恢复原状，但法律或合同另有规定的除外。一方有过错的承担损害赔偿责任。

3. 保险合同的终止

保险合同终止是指保险合同生效后，由于某些情况的发生，保险合同暂时失去效力。保险合同的终止不同于保险合同的解除。

保险合同终止的法定情形。根据《保险法》的规定，发生如下情形，保险合同终止：投保人不履行如实告知义务，影响保险人决定是否提高保险费率的；被保险人虚构保险事故，或以伪造、变造的有关证明、资料，夸大损失程度，向保险人索赔的；被保险人故意制造保险事故的；被保险人未按照约定履行其对保险标的的安全应尽的责任的；保险标的上的危险程度明显增加，投保人未通知保险人，或虽通知保险人，但不同意保险人提高保险费的合理要求的；保险责任开始后，投保人在法律或合同不禁止的前提下要求退保的；投保人或被保险人违反将来事项的保证条款的；投保人逾期不缴纳保险费，经保险人催促仍不缴纳，或保费缴纳的宽限期届满的。

保险合同终止后，合同未履行的，不再履行，正在履行的，停止履行，已经履行的，仍然有效，对于保险合同的终止有过错的一方应承担相应的损害，负赔偿责任。

（七）保险索赔与理赔

1. 保险索赔

保险索赔是被保险人或受益人在保险事故发生后或保险合同中约定的事项出现后，根据保险合同，在法定期限内请求保险人给予经济补偿或给付保险金的行为。人寿保险的索赔时效为自知道或应当知道保险事故发生之日起 5 年；其他保险的索赔时效为自知道或应当知道保险事故发生之日起 2 年。

保险索赔的程序。保险索赔是保险理赔的先决条件，主要包括出险通知和提出索赔请求。

2. 保险理赔

保险理赔是指基于被保险人或受益人提出的索赔请求，保险人根据合同和有关索赔资料，审理保险赔偿，审核确定保险赔偿责任，以决定是否支付保险金的行为。

保险理赔的程序包括：出险受理；立案检验、现场勘验；审核责任；计算、确定并支付保险金；赔款给付。

三、财产保险合同

（一）财产保险合同的概念

财产保险合同，是指投保人与保险人之间所达成的，由投保人缴付保险费，保险人对于投保的物质财产及其有关利益因保险事故造成的损失承担赔偿责任的保险合同。根据我国《保险法》第 92 条第 1 款规定："财产保险业务，包括财产损失保险、责任保险、信用保险等保险业务。"狭义的财产保险合同是指与责任保险、信用保险等保险合同相对应的，以有形财产为保险标的的财产保险合同。

（二）财产保险合同的主要种类

1. 财产损失保险合同

财产损失保险合同，即是财产损失保险合同是指投保人与保险人达成的，由保险人对于承保的处于合同约定的固定地点的有形财产（动产和不动产）及其产生的特定利益因发生保险事故所造成的损失承担保险责任的保险合同。

2. 责任保险合同

责任保险合同是指以被保险人依法应当向第三人承担的民事赔偿责任作为保险标的的一种财产保险合同。按照承保的方式不同，责任保险可分为单独承保的责任保险和承保基本责任或附加责任的责任保险。单独承保的责任保险是以责任性质区分的，并各自签订专门的责任保险单。承保基本责任或附加责任的责任保险则不单独订立专门的保险单，而以构成各种财产保险的组成部分或以附加责任方式承保。

3. 信用保险合同

信用保险合同是指保险人对被保险人所从事的商品销售或商业贷款业务活动提供保险，当债务人不履行法定或约定义务未对被保险人清偿时，由保险人负责赔偿的一种财产保险合同。在信用保险实务中，主要有国内信用保险合同、出口信用保险合同、投资信用保险合同等。

4. 保证保险合同

保证保险合同是由保险人为被保证人的行为（作为或不作为）对第三人（权利人）所造成的经济损失承担赔偿责任的一种财产保险。

保证保险合同分为确实保证保险合同与诚实保证保险合同两大类。确实保证保险合同是指投保人向保险人交纳保险费，保险人在被保险人不履行义务而使权利人遭受损失时，承担赔偿责任的保险合同。诚实保证保险合同，又称为忠诚保证保险合同、雇员忠诚保险合同，是指投保人向保险人支付保险费，保险人在因被保险人的雇员的不诚实行为而受到损失时承担保险责任的保险合同。

四、人身保险合同

（一）人身保险合同的概念

根据我国《保险法》第 52 条的规定，人身保险合同是以人的寿命和身体为保险标的的保险合同。

人身保险合同是投保人与保险人通过订立人身保险合同，约定投保人按时交纳一定的保险费，在被保险人或受益人因疾病或遭受意外事故而致伤残或死亡时，或在保险期满时，保险人一次或按期向其支付医疗费或保险金的一种法律制度。人身保险具有：定额给付性；保险标的的非财产性；保险费不得强制请求；储蓄性和保险期限的长期性等特点。

（二）人身保险合同的常见条款

（1）保险合同当事人条款。《保险法 》第 33 条规定：“投保人不得为无民事行为能力人投保以死亡为给付保险金条件的人身保险，保险人也不得承保。父母为其未成年子女投保的人身保险，不受前款规定限制，但是死亡给付保险金额总和不得超过保险监督管理机构规定的限额。”

（2）保险金额和保险费条款。人身保险合同的保险金额由投保人和保险人协商约定，但为了防止道德风险的出现，保险人往往会对于人身保险合同的保险金额加以限制。保险费可以根据合同约定，一次缴纳或分期缴纳。但是，投保人不按约定履行交付保险费义务的，可以导致人身保险合同效力的中止或解除。

（3）不可抗辩条款。不可抗辩条款，又称不可争议条款。它通常是指自合同成立之日起或复效之日起经过一定期间，保险人将不得以投保人在投保时的误告、漏告、隐瞒事实等为由，主张合同无效或拒绝给付保险金。

（4）年龄误告条款。在保险实务中，各种原因都可能导致投保人对被保险人年龄的不实告知。如果投保人在投保时错误地申报了被保险人的年龄，保险金额将根据真实年龄予以调整。

相关案例

2011 年 5 月 20 日，刘先生为其女投保人寿保险，保险金 5 万元，保险费 200 元。保险合同规定被保险人的最低年龄为 16 周岁。刘小姐 1995 年 9 月出生，因此在投保时刘小姐尚不满 16 周岁。为了顺利投保，刘先生将女儿的出生日期填写为 1995 年 4 月，从而同保险公司签订了人寿保险合同。2012 年，刘小姐因意外事故落水身亡。而后刘先生向保险公司提出索赔申请。保险公司经过调查发现，刘先生在投保时存在谎报年龄的情况，于是做出不予赔付的决定，并且发出了拒绝赔付通知书。在本案中，刘小姐在订立保险合同时，不满 16 周岁，而且，在保险事故发生时，又是在 2 年之内，所以，保险公司有权依据保险法和保险合同解除该保险合同，在扣除手续费之后，退还保险费。

（5）保险受益人条款。保险受益人是指在人身保险合同中于被保险人死亡时有权领取保险金的人。我国《保险法》第 22 条第 3 款规定：“受益人是指人身保险合同中由被保险人或者投保人指定的享有保险金请求权的人。”第 61 条规定：“人身保险的受益人由被保险人或者投保人指定。”“投保人指定受益人时须经被保险人的同意。”“被保险人为无民事行为能力或者限制民事行为能力人的，可以由其监护人指定受益人。”法定受益人，即在投保人、被保险人未指定保险受益人或者指定的保险受益人先于被保险人死亡或者丧失保险受益权、放弃保险受益权时，由法律推定的享有领取保险金权利的人。

（6）自杀免责条款。我国《保险法》第 66 条规定：“以死亡为给付保险金条件的合同，被保险人自杀的，除本条第 2 款规定外，保险人不承担给付保险金的责任，但对投保人已支付的保险费，保险人应按照保险单退还其现金价值。”“以死亡为给付保险金条件的合同，自成立之日起满 2 年后，如果被保险人自杀，保险人可以按照合同给付保险金。”

(7) 宽限期条款。根据《保险法》第 36 条的规定，合同约定分期支付保险费，投保人支付首期保险费后，除合同另有约定外，投保人自保险人催告之日起超过 30 日未支付当期保险费，或者超过规定的期限 60 日未支付当期保险费的，合同效力中止，或者由保险人按照合同约定的条件减少保险金额。被保险人在前款规定期限内发生保险事故的，保险人应当按照合同约定给付保险金，但可以扣减欠交的保险费。

(8) 复效条款。保单复效以保单效力中止为前提。只有在保单中止，即投保人因于宽限期内未交付到期保费而致保单效力暂时停止时，才存在保单复效问题。

复效必须由投保人向保险人正式提出申请；复效申请的时间不得超过复效申请的保留期限，各国一般规定为 2 年，我国《保险法》对此未作明确规定。

(9) 不丧失价值条款。我国《保险法》第 59 条第 2 款规定：“保险人依照前款规定解除合同，投保人已交足 2 年以上保险费的，保险人应当按照合同约定退还保险单的现金价值，投保人未交足 2 年保险费的，保险人应当在扣除手续费后，退还保险费。”

五、人身保险合同的主要种类

(一) 人寿保险合同

1. 人寿保险合同的概念

人寿保险合同是以被保险人的生命为保险标的，以被保险人在保险期间内的生存或死亡为保险危险的人身保险合同。

2. 人寿保险合同的分类

按照保险危险的不同，人寿保险合同可以分为生存保险合同、死亡保险合同和生死两全保险合同。

生存保险合同是以被保险人生存至保险期间届满或约定年龄为保险金给付条件的人寿保险合同。如果被保险人在保险期间内死亡的，则保险人的保险金给付责任消灭，也不退还保险费。死亡保险合同是指以被保险人在保险有效期内死亡为给付条件，此险种可分为定期死亡和终身死亡两种保险方式，其中定期死亡保险合同约定如果被保险人在合同有效期间死亡可获得保险金，如果仍然生存，保险人不再承担保险责任，也不退还保险费。生死两全保险合同又称混合保险，是一种以被保险人的生命为保险标的，以生存或死亡为保险事故的人寿保险合同。具体而言，被保险人在保险期限内死亡或生存至保险期限届满时，保险人均应按合同约定支付保险金。

人寿保险合同按其有无利益分配，可分为分红人寿保险合同与不分红人寿保险合同。

分红人寿保险合同，又称为利益分配寿险合同，是指保险公司在每个会计年度结束后，将该会计年度该类保险的可分配盈余按一定比例，以现金或增值红利的方式分配给保单所有人的一种人寿保险合同。购买分红保险后，投保人不仅可以获得保险保障，而且可以获得保险公司的经营利润。分红保险的红利主要来自实际死亡率与预定死亡率的差异、实际利息率与预定利息率的差异、实际营业费用与预定营业费用的差异。红利给付金额取决于保险公司的实际经营业绩。不分红人寿保险合同，又称为无利益分配寿险合同，是指投保人交纳保费后，只能获得保险保障，不能参加营业盈余分配的寿险合同。

（二）人身意外伤害保险合同

1. 人身意外伤害保险合同的概念与特征

人身意外伤害保险合同是指在保险期间内被保险人因意外造成身体的伤害，并以此为直接原因致使其残疾或死亡时，保险人按约定向被保险人或其受益人给付保险金的保险合同。

人身意外伤害保险合同意外伤害保险合同属于定额给付保险合同。但是，意外伤害保险合同不具有储蓄性，有关人寿保险合同的保险条款不适用于意外伤害保险合同；人身意外伤害保险合同保险危险为意外伤害；被保险人的职业危险程度越高，其保险费率也越高；人身意外伤害保险合同保险期限较短。其保险期限一般不超过一年，短的甚至只有几十分钟、几个小时，长的也不过三五年而已。

2. 人身意外伤害保险合同的分类

根据投保方式的不同，人身意外伤害保险合同可分为个人意外伤害保险合同和团体意外伤害保险合同。个人意外伤害保险合同是指以个人名义投保，一份保单只承保一个被保险人的意外伤害保险合同。团体意外伤害保险合同是指以团体名义投保，一份保单承保一个团体的所有成员或不少于一定比例的成员的意外伤害保险合同。团体意外伤害保险合同在保险责任、给付方式上均与个人意外伤害保险合同相同。但在保单效力上有所不同，团体意外伤害保险合同中的被保险人一旦脱离投保团体，保单效力对该被保险人即刻终止，投保团体可以为其办理退保手续，而保单效力对其他被保险人依然有效。

根据承保风险的不同人身意外伤害保险合同可分为普通意外伤害保险合同和特种意外伤害保险合同。普通意外伤害保险合同是指保险人仅承保被保险人因一般的意外伤害而致残疾或死亡的风险的保险合同。它通常采用短期保险的形式，以 1 年或不到 1 年为期。特种意外伤害保险合同是指以特定时间，或特定地点，或特定原因所导致的意外伤害为承保风险的保险合同。

根据保险人承担的保险责任不同，人身意外伤害保险合同可分为意外伤害残疾死亡保险合同、意外伤害医疗保险合同、综合意外伤害保险合同和意外伤害误工保险合同。

意外伤害残疾死亡保险合同，是指保险人对被保险人因意外伤害所致残疾或死亡承担给付残疾保险金或死亡保险金的保险合同。

意外伤害医疗保险合同是指保险人对被保险人因意外伤害需要医治而发生的医疗费用支出，在保单约定的保险金额限度内承担保险金给付责任的保险合同。

综合意外伤害保险合同是综合意外伤害残疾死亡保险和意外伤害医疗保险的保险

合同。保险人既对被保险人因意外伤害所致的残疾或死亡承担残疾保险金或死亡保险金的给付责任，也对被保险人因意外伤害所支出的医疗费用承担医疗保险金的给付责任。

意外伤害误工保险合同是指保险人对被保险人因意外伤害暂时丧失劳动能力而无法工作时，承担停工保险金给付责任的保险合同。

（三）健康保险合同

1. 健康保险合同的概念

健康保险合同是指以被保险人的身体作为保险标的，对被保险人因疾病等保险事故导致其身体受到伤害或者死亡所引起的费用支出或者损失予以保险赔偿的人身保险合同。健康保险合同一般为短期保险合同，一般为1年。

2. 健康保险合同的种类

健康保险合同一般可以分为医疗保险合同、疾病保险合同、收入保障保险合同。

医疗保险合同是指为被保险人因疾病需要治疗时支出的医疗费用损失提供保险保障的保险合同。

疾病保险合同是指被保险人因疾病、分娩而造成死亡或伤残的，保险人依合同约定给付保险金的健康保险合同。

收入保障保险合同，是指对被保险人因疾病或意外事故致残，完全或部分丧失工作能力时，保险人定期给付收入保险金的保险合同。

【本章学习反馈】

一、单项选择题

1. 中国人民银行不能从事的业务是（　　）。

A. 再贴现　　B. 经理国库

C. 公开市场业务　　D. 向地方政府贷款

2. 下列行为中不违反人民币管理规定的是（　　）。

A. 小A在一次买卖中因疏忽收到了一张面值50元的假币

B. 赵某用几十张面值一角的人民币制作一条工艺船

C. 郑某在挂历上印制面值100元的人民币图案并予以销售

D. 张某在清明节时，为纪念过世的亲人在亲人墓前焚烧了一捆面值10元的人民币

3. 甲在一张承兑汇票上签署“保证”字样，并记载自己为保证人，但没有记载被保证人的名称，则下列说法正确的是（　　）。

A. 该汇票无效　　B. 出票人为被保证人

C. 承兑人为被保证人　　D. 甲的票据保证行为无效

4. 以下不属于票据特征的是（　　）。

A. 要式证券　　B. 流通证券　　C. 不要式证券　　D. 无因证券

5.（　　）是票据制度最原始的功能。

A. 汇兑功能　　B. 支付功能　　C. 信用功能　　D. 融资功能

二、案例分析题

甲公司作为出票人，为支付装修费用签发支票一张，付款人为A银行，收款人为乙公司，金额为150万元。乙公司为支付从丙商场购货货款而将该支票背书转让给丙商场。丙商场持票据向A银行提示付款，A银行因甲公司支票存款账户上资金不足而退票。丙商场先后要求乙公司、甲公司支付票款，乙公司以该票据付款责任在甲公司为由拒绝，甲公司以乙公司所提供的装修不符合约定为由也拒绝付款。

问题：

(1) 丙商场持有票据享有什么票据权利？这些权利是如何行使的？

(2) 甲公司和乙公司的抗辩是否正确？为什么？

(3) 丙商场在这种情形下可采取什么做法维护自身权益？

第九章　税　　法

☞ 学习目标 》》

通过对本章的学习，要求：理解税收和税法的概念，理解税法的原则；掌握税法的构成要素；了解我国现行税收的分类；掌握增值税、消费税、营业税、个人所得税、企业所得税的基本内容，并能熟练计算；掌握税收征收管理法的内容。

☞ 导入案例 》》

李某原系上海某电子技术有限公司总经理，有关资料显示，2009～2011 年，李某涉嫌利用职务之便大量偷逃税款。

税务稽查人员于 2012 年年底来到某电子技术有限公司河南分公司将该公司有关账册调回进行检查表明，2009～2011 年来李某合计应纳个人所得税共计 392 074.14 元，已代扣代缴税款 120 711.15 元，应补缴个人所得税 271 362.99 元。其中，因不申报纳税造成少缴个人所得税 21 956.85 元，因提成奖金不申报少缴个人所得税 225 126.14 元，因扣缴义务人未按规定足额代扣代缴少缴个人所得税 24 280 元。同时，李某为取得更多的个人收入，利用职务之便，指使公司财务人员以莫须有的“电脑耗材”等名目计入“管理费用”，通过虚假报销，取得个人收入。掌握了这个情况，稽查人员认真核对了该公司的报销凭证，后经陈某、公司财务人员指证和李某自己交代，2009 年 1 月 1 日～2011 年 12 月 31 日，李某个人以虚假报销、虚列费用的方式少缴个人所得税 225 126.14元。

问题：①税务局对李某虚假报销取得收入行为如何定性，怎样处罚？②税务局对李某不选择异地进行工资、薪金合并申报纳税如何定性，怎样处罚？

第一节　税法概述

一、税收的概念及主要特征

（一）税收的概念

税收是国家为满足社会公共需要，凭借公共权力，按照法律所规定的标准和程序，参与国民收入分配，强制地、无偿地取得财政收入的一种方式。

（二）税收的主要特征

（1）强制性。税收的强制性主要体现在征税过程中，主要是指国家以社会管理者的身份，用法律、法规等形式对征收捐税加以规定，并依照法律强制征税。

(2) 无偿性。税收的无偿性是指国家征税后，税款一律纳入国家财政预算，由财政统一分配，而不直接向具体纳税人返还或支付报酬。税收的无偿性表现为个体的无偿性、整体的有偿性。税收的无偿性是对个体纳税人而言的，其享有的公共利益与其缴纳的税款并非一对一的对等，但就纳税人的整体而言则是对等的，政府使用税款的目的是向社会全体成员包括具体纳税人提供社会需要的公共产品和公共服务。

(3) 固定性。税收的固定性是指国家征税必须通过法律的形式，预先规定征税对象、纳税人和征税标准等征税规范，按照预定的标准征税。

税收的三个特征是统一的整体，相互联系，缺一不可。无偿性是税收这种特殊分配手段本质的体现，强制性是实现税收无偿征收的保证，固定性是无偿性和强制性的必然要求。三者相互配合，保证了政府财政收入的稳定。

二、税法的含义

(一) 税法的概念

税法是国家制定的用以调整国家与纳税人之间在征纳税方面的权利及义务关系的法律规范的总称。税法是国家及纳税人依法征税、依法纳税的行为准则。

制定和实施税法的目的就是保障国家利益和纳税人的合法权益，维护正常的税收秩序，保证国家的财政收入。

(二) 税法的基本原则

(1) 税收公平原则。税收公平原则的基本含义是，税收负担必须依据纳税人的负担能力分配，负担能力相等者税负相同，负担能力不等者税负不同。当纳税人的负担能力(纳税能力)相等时，是以纳税人获得收入(取得所得)的能力，为确定负担能力的基本标准，但当所得指标不完备时，财产或消费水平可作为补充指标；当纳税人的负担能力不等时，应当根据其从政府活动中期望得到的利益大小缴税或使社会牺牲最小。

(2) 税收法定原则。税收法定原则是指，由于税收是国家为实现职能而对单位和个人占有的部分财产的强制再分配，税收征收管理对单位和个人的基本财产权利有重要影响，同时也对国家利益有重要影响，所以，课税要素的全部内容必须由法律规定。课税要素主要包括纳税人、征税机关、征税对象、税率、税收优惠、征税基本程序、税务争议的解决办法等，这些课税要素是纳税义务成立的必要条件，课税要素由法律确定，才能保证依法设定纳税义务。我国的法律是由全国人民代表大会及其常务委员会制定的，我国立法法也明确规定，国家税收基本制度属于全国人民代表大会及其常委会的立法事项，所以，实施税收征收管理活动必须严格遵守法律的规定。税收征收管理必须依照法律规定进行，这是税收法定原则的重要内容，体现了税收法定原则的要求，是由税收的本质决定的。

(3) 实质课税原则。实质课税原则，即量能课税原则，是指应根据纳税人的真实负担能力决定纳税人的税负，不能仅考核其表面上是否符合课税要件。这是因为纳税人是否满足课税要件，其外在形式和内在真实之间，往往因一些客观因素或纳税人的刻意伪装而产生差异。例如，纳税人借转让定价而减少计税所得，按其确定的价格计税则不能反映其真实所得。税务机关根据实质课税原则，有权重新估定计税价格，并据以计算应纳税额。

三、税法要素

税法的构成即税收法律规范的内部结构，它由以下要素构成。

（一）纳税人

纳税人又称纳税主体，是税法要素的最基本内容之一。根据税收法定原则中课税要素法定的要求，纳税人必须依法确定。因此，法律、行政法规规定负有纳税义务的单位和个人为纳税人。纳税人有三个主要特征：①纳税人是由法律、行政法规确定的；②纳税人负有依法缴纳税款的义务；③纳税人可以是自然人，也可以是法人。

（二）征税对象

征税对象又称纳税客体，主要是指税收法律关系中征纳双方权利义务所指向的物或行为。征税对象是税收制度最基本的要素，也是一种税收区别于另一种税收的主要标志。在现代社会，国家的课税对象主要包括所得、商品和财产三类，国家的税制往往也是以对应于这三类课税对象的所得税、商品税和财产税为主体。

（三）税目

税目是指税法中规定的征税对象的具体项目，是征税对象的具体化。它反映了具体的征收范围，代表了征税广度，是一个税种课征制度组成的一个要素。并不是所有的税种都规定税目，有些税种征税对象简单、明确，没有另行规定税目的必要。设计税目的方法有两种：列举法、概括法。与此相对应，税目可分为列举税目和概括税目。

税目具有两方面的作用：一是明确征税的范围，体现征税的广度，凡属于列举税目之内的产品或收入即为课税对象，反之则为非应税对象；二是对具体征税项目进行归类和界定，以针对不同的税目确定差别税率。

（四）税率

税率是应纳税额与征税对象之间的比例，通常用百分比来表示。税率的高低，直接关系到国家征税的数量和纳税人的税收负担，因而它是税收制度的中心环节。税率主要有以下几种形式。

（1）比例税率。比例税率是对同一征税对象不分数额大小，规定相同的征税比例的税率。流转税一般都实行比例税率。比例税率又分为统一比例税率和差别比例税率。前者指一种税只设置一种比例税率，所有纳税人都按同一税率纳税；后者指一种税设两种或以上的比例税率。

（2）累进税率。累进税率又称累进税制，指随同征税对象数量的增大，征税比例随之提高的税率。被称之为经济的“自动稳定器”。一般适用于收益、财产征税。它可分为全额累进税率和超额累进税率。此外，由计税依据、减税免税、加成征税、加倍征税、偷税漏税等造成纳税人的实际税率与税法所规定的税率即名义税率不相等。

(3) 定额税率。定额税率是指征税对象的计量单位直接规定为纳税的绝对额的税率形式，适用于从量征收的税种。

（五）计税依据

计税依据是指计算应纳税额根据的标准，即根据什么来计算纳税人应缴纳的税额。计税依据与征税对象虽然同样是反映征税的客体，但两者要解决的问题不相同。征税对象解决对什么征税的问题，计税依据则是确定了征税对象之后，解决如何计量的问题。计税依据分为从价计征和从量计征两种类型，从价计征的税收，以征税对象的自然数量与单位价格的乘积作为计税依据；从量计征的税收，以征税对象的自然实物量作为计税依据，该项实物量以税法规定的计量标准（重量、体积、面积等）计算。

（六）纳税环节

纳税环节主要指税法规定的征税对象在从生产到消费的流转过程中应当缴纳税款的环节。

纳税环节的存在，取决于课税客体即征税对象的运动属性，包括所处位置的变换和所有者的变更。国家在规定某种征税对象时，必须明确规定其纳税环节，即发生纳税义务的时间和场所。

（七）纳税期限

纳税期限是指纳税人发生纳税义务后向国家缴纳税款的期限。例如，企业所得税在月份或者季度终了后 15 日内预缴，年度终了后 4 个月内汇算清缴，多退少补；营业税的纳税期限分别为 5 日、10 日、15 日或者 1 个月，纳税人的具体纳税期限，由主管税务机关根据纳税人应纳税额的大小分别核定，不能按照固定期限纳税的，可以按次纳税。

（八）减免税

减税免税主要是对某些纳税人和征税对象采取减少征税或者免予征税的特殊规定。免税只能由法律、行政法规做出规定，或者法律、行政法规授权国务院做出规定，对减免税权限规定的非常严格。减税免税是对某些纳税人和征税对象给予鼓励和照顾的一种措施。减税免税的类型有：一次性减税免税、一定期限的减税免税、困难照顾型减税免税、扶持发展型减税免税等。

（九）法律责任

法律责任是对违反税法的规定的单位和个人采取的处罚措施。法律责任一般包括违法行为和因违法而应承担的法律责任。违法行为主要是指违反税法规定的行为，包括作为与不作为。税法中的法律责任既包括行政责任，也包括刑事责任。无论是国家税务机构工作人员，还是纳税人，只要违反税法的规定，均应依法承担相应的法律责任。

四、税收的分类

税收分类是以一定的目的和要求出发，按照一定的标准，对各不同税种隶属税类所做的一种划分。我国的税种分类主要有以下几种。

（一）按课税对象分类

按照课税对象的不同，我国的现行税种包括流转税、所得税、财产税和行为税与资源税。

（1）流转税。流转税是以商品生产流转额和非生产流转额为课税对象征收的一类税。流转税是我国税制结构中的主体税类，目前包括增值税、消费税、营业税和关税等税种。

（2）所得税。所得税亦称收益税，是指以各种所得额为课税对象的一类税。所得税也是我国税制结构中的主体税类，目前包括企业所得税、个人所得税等税种。

（3）财产税。财产税是指以纳税人所拥有或支配的财产为课税对象的一类税，包括遗产税、房产税、契税、车辆购置税和车船税等。

（4）行为税。行为税是指以纳税人的某些特定行为为课税对象的一类税。我国现行税制中的城市维护建设税、固定资产投资方向调节税、印花税、屠宰税和筵席税都属于行为税。

（5）资源税。资源税是指对在我国境内从事资源开发的单位和个人征收的一类税。我国现行税制中资源税、土地增值税、耕地占用税和城镇土地使用税都属于资源税。

（二）按税收的管理和使用权限为标准分类

（1）中央税。中央税是指由中央政府征收和管理使用或由地方政府征收后全部划归中央政府所有并支配使用的一类税。例如，我国现行的关税和消费税等。这类税一般收入较大，征收范围广泛。

（2）地方税。地方税是指由地方政府征收和管理使用的一类税。例如，我国现行的个人所得税、屠宰税和筵席税等（严格来讲，我国的地方税目前只有屠宰税和筵席税）。这类税一般收入稳定，并与地方经济利益关系密切。

（3）中央与地方共享税。中央与地方共享税是指税收的管理权和使用权属中央政府和地方政府共同拥有的一类税。例如，我国现行的增值税和资源税等。这类税直接涉及中央与地方的共同利益。

相关链接

国税系统负责征收管理的税种：增值税，消费税，铁道、各银行总行、保险总公司集中缴纳的营业税、企业所得税、城市维护建设税，中央企业企业所得税，地方银行和外资银行及非银行金融企业所得税，海洋石油企业企业所得税、资源税，印花税（证券交易部分），境内外商投资企业和外国企业企业所得税，中央税的滞补罚收入，车辆购置税。

地税系统负责征收管理的税种：营业税、个人所得税、土地增值税、城市维护建设税、车船税、房产税、烟叶税、资源税、城镇土地使用税、耕地占用税、企业所得税（除国税征管部分）、印花税（除国税征管部分）、筵席税、地方税的滞补罚收入、教育费附加。

（三）按税收的计算依据为标准分类

（1）从量税。从量税是指以课税对象的数量（重量、面积、件数）为依据，按固定税额计征的一类税。从量税实行定额税率，具有计算简便等优点。例如，我国现行的资源税、车船使用税和土地使用税等。

（2）从价税。从价税是指以课税对象的价格为依据，按一定比例计征的一类税。从价税实行比例税率和累进税率，税收负担比较合理。例如，我国现行的增值税、营业税、关税和各种所得税等税种。

相关链接

（1）价内税。价内税是指税款在应税商品价格内，作为商品价格一个组成部分的一类税。例如，我国现行的消费税、营业税和关税等税种。

（2）价外税。价外税是指税款不在商品价格之内，不作为商品价格的一个组成部分的一类税。例如，我国现行的增值税（目前商品的价税合一并不能否认增值税的价外税性质）。

第二节　流　转　税

流转税又称商品税，是以纳税人的商品流转额和非商品流转额为征税对象的一类税收。其中，商品流转额是指因销售或购进商品而发生的货币金额，既可以是销售商品的收入额，也可以是购进商品支付的金额；非商品流转额是指各种劳动收入或服务性业务收入金额。

流转税主要包括增值税、消费税、关税等，是我国税收的主要来源。流转税法律制度在整个税法体系中也占有重要地位。

一、增值税

我国现行增值税的基本规范是2008年11月国务院发布的《中华人民共和国增值税暂行条例》，2008年12月财政部制定的《中华人民共和国增值税暂行条例实施细则》，2008年12月财政部、国家税务总局印发的《关于全国实施增值税转型改革若干问题的通知》和《关于调整增值税纳税申报有关事项的通知》，2016年3月财政部、国家税务总局颁布的《关于全面推开营业税改征增值税试点的通知》等。2018年4月财政部、税务总局下发的《关于调整增值税税率的通知》。为贯彻落实中央决策部署，推进增值税实质性减税，财政部、税务总局、海关总署联合发布2019年增值税改革相关政策，其中，一般纳税人原税率为16%的调整为13%，原税率为10%的调整为9%等，新政从2019年4月1日起执行

（一）增值税的含义

增值税是指以在中华人民共和国境内销售货物或者提供加工、修理修配劳务和销售服务以及以进口货物的单位和个人取得的增值额为课税对象计算税款，并实行税款抵扣制的一种税。增值税以增值额为课税对象，以销售额或营业额为计税依据，同时实行税款抵扣制的计税方式，决定其属于流转税性质的税种。

《关于全面推开营业税改征增值税试点的通知》（财税〔2016〕36号）规定，经国务院批准，自2016年5月1日起，在全国范围内全面推开营业税改征增值税（简称营改增）试点，建筑业、房地产业、金融业、生活服务业等全部营业税纳税人纳入试点范围，由缴纳营业税改为缴纳增值税。

对于增值税定义的理解，应当重点界定几个词汇。货物，是指有形动产，包括电力、热力、气体在内。加工，是指受托加工货物，即委托方提供原料及主要材料，受托方按照委托方的要求，制造货物并收取加工费的业务。修理修配，是指受托对损伤和丧失功能的货物进行修复，使其恢复原状和功能的业务。销售货物，是指有偿转让货物的所有权，单位或者个体工商户聘用的员工为本单位或者雇主提供加工、修理修配劳务，不包括在内。销售服务，是指提供交通运输服务、邮政服务、电信服务、建筑服务、金融服务、现代服务、生活服务。

另外，为避免单位或者个体工商户不合理避税，对于下列行为，视同销售货物：将货物交付其他单位或者个人代销；销售代销货物；设有两个以上机构并实行统一核算的纳税人，将货物从一个机构移送其他机构用于销售，但相关机构设在同一县（市）的除外；将自产或者委托加工的货物用于非增值税应税项目；将自产、委托加工的货物用于集体福利或者个人消费；将自产、委托加工或者购进的货物作为投资，提供给其他单位或者个体工商户；将自产、委托加工或者购进的货物分配给股东或者投资者；将自产、委托加工或者购进的货物无偿赠送其他单位或者个人。

（二）纳税人

增值税的纳税人为在中国境内销售货物、进口货物和提供加工修理修配劳务，以及提供应税行为的单位和个人。其中，单位是指企业、行政单位、事业单位、军事单位、社会团体和其他单位；个人是指个体工商户和其他个人。单位以承包、承租、挂靠方式经营的，承包人、承租人、挂靠人（统称承包人）以发包人、出租人、被挂靠人（统称发包人）名义对外经营并由发包人承担相关法律责任的，以该发包人为纳税人，否则以承包人为纳税人。

根据经营规模大小及会计核算健全与否，纳税人分为一般纳税人和小规模纳税人。小规模纳税人的认定标准是：

(1) 从事货物生产或者提供应税劳务的纳税人，以及以从事货物生产或者提供应税劳务为主，并兼营货物批发或者零售的纳税人，年应征增值税销售额（简称应税销售额）在50万元以下（含本数，下同）的。

(2) 纳税人提供应税服务，年应税销售额在500万元以下的；其他纳税人，年应税销售额在80万元以下的。

(3) 年应税销售额超过小规模纳税人标准的其他个人按小规模纳税人纳税；非企业性单位、不经常发生应税行为的企业可选择按小规模纳税人纳税。小规模纳税人的销售额不包括其应纳税额。

（三）征税范围

增值税法规定，增值税的征税范围为在中国境内销售货物，进口货物，提供加工修理修配劳务、销售服务，销售无形资产和销售不动产（后三者简称应税行为）。本法所称的在中国境内，是指销售货物的起运地或所在地在境内，提供的应税劳务发生在境内。

（四）税率

增值税税率适用于一般纳税人，目前有16%、10%、6%和0共四档。16%：除适用10%税率和零税率之外的销售或进口货物、提供加工修理修配劳务、有形动产租赁服务；10%：转让土地使用权、销售不动产、租赁不动产、基础电信服务、邮政服务、建筑服务、交通运输服务等，销售或者进口农产品（含粮食）、自来水、暖气、石油液化气等货物；6%：现代服务、生活服务、增值电信服务、金融服务以及除转让土地使用权以外的销售无形资产等；出口货物执行0税率。

小规模纳税人增值税征收税率为3%。

（五）我国增值税的计算方法

增值税分为生产型、收入型和消费型3种，主要依据对外购固定资产处理方式的不同而划分。

按照增值税的计税原理，增值税应按全部销售额计算税款，但只对货物或劳务价值中新增价值部分征税；实行税款抵扣制度，对以前环节已纳税款予以扣除。

为此，增值税的计算方法有两种：直接计算法和间接计算法。我国采用间接计算法，即不直接根据增值额计算增值税，而是应算出应税货物或劳务的整体税赋，然后从整体税赋中扣除法定的外购项目已纳税款。

1. 一般纳税人

一般纳税人发生应税行为（销售货物，提供加工修理修配劳务，销售服务、不动产或转让无形资产），应纳税额为当期销项税额抵扣当期进项税额后的余额。其应纳税额计算公式为：

$$应纳税额=当期销项税额-当期进项税额$$

$$销项税额=销售额\times税率$$

$$进项税额=买价\times扣除率$$

纳税人发生应税行为，按照销售额和相应税率计算并向购买方收取的增值税额，为销项税额。销售额为纳税人发生应税行为向购买方收取的全部价款和价外费用，但是不包括收取的销项税额。

纳税人购进货物或者应税服务，取得的增值税扣税凭证不符合法律、行政法规或者国务院税务主管部门有关规定的，其进项税额不得从销项税额中抵扣。下列项目的进项税额不得从销项税额中抵扣：用于非增值税应税项目、免征增值税项目、集体福利或者个人消费的购进货物或者应税服务；非正常损失的购进货物及相关的应税服务；非正常损失的在产品、产成品所耗用的购进货物或者应税服务；国务院财政、税务主管部门规定的纳税人自用消费品。

当期销项税额小于当期进项税额不足抵扣时，其不足部分可以结转下期继续抵扣。

2. 小规模纳税人

小规模纳税人发生应税行为，实行按照销售额和征收率计算应纳税额的简易办法，并不得抵扣进项税额。其应纳税额计算公式为：

应纳税额＝销售额×征收率

在实际中，小规模纳税人发生应税行为一般多采用销售额和应纳税额合并定价方法，按下列公式计算销售额：

销售额＝含税销售额÷（1＋征收率）

（六）减免税

增值税制度实行价外征收，因其多环节多次征收，中间环节减免税没有任何意义，为此增值税的减免税是指最终环节的减免。

免征增值税的项目有：农业生产者销售的自产农产品；避孕药品和用具；古旧图书；直接用于科学研究、科学试验和教学的进口仪器、设备；外国政府、国际组织无偿援助的进口物资和设备；由残疾人的组织直接进口供残疾人专用的物品；销售的自己使用过的物品。

二、消费税

消费税是我国1994年税制改革中新设置的一个税种，目的是调节产品结构，引导消费方向，保证国家财政收入。我国现行消费税的基本规范是2008年11月5日国务院第34次常务会议修订通过的《中华人民共和国消费税暂行条例》及其实施细则，自2009年1月1日起施行。

（一）消费税的含义

消费税又称货物税，是在我国境内生产、委托加工和进口应税消费品的单位和个人，以及销售应税消费品的其他单位和个人就其销售额和销售数量，在特定环节征收的一种流转税。简而言之，消费税就是以特定消费品和消费行为为课税对象所征收的一种税。其具有征税项目有选择性、征税环节单一性、征收方法多样性、税收调节具有特殊性及消费税具有转嫁性等特征。

（二）纳税主体

消费税的纳税人是指我国境内生产、委托加工和进口应税消费品的单位和个人，以及销售应税消费品的其他单位和个人。单位，是指企业、行政单位、事业单位、军事单位、社会团体及其他单位；个人，是指个体工商户及其他个人。

（三）征税对象

消费税的征税对象是在我国境内生产、委托加工、进口的特定消费品，主要包括烟、酒、高档化妆品、贵重首饰及珠宝玉石、鞭炮焰火、成品油、摩托车、小汽车、高尔夫球及球具、高档手表、游艇、木制一次性筷子、实木地板、电池和涂料等。

（四）税率

消费税采用比例税率和定额税率两种形式，以适应不同应税消费品的实际情况。消费税税目税率表见表 9-1。

表 9-1　消费税税目税率

税目	税率
1. 烟	
（1）卷烟	
①甲类卷烟	56%加 0.003 元/支
②乙类卷烟	36%加 0.003 元/支
③批发环节	11%加 0.005 元/支
（2）雪茄烟	36%
（3）烟丝	30%
2. 酒	
（1）白酒	20%加 0.5 元/500 克（或者 500 毫升）
（2）黄酒	240 元/吨
（3）啤酒	
①甲类啤酒	250 元/吨
②乙类啤酒	220 元/吨
（4）其他酒	10%
3. 高档化妆品	15%
4. 贵重首饰及珠宝玉石	
（1）金银首饰、铂金首饰和钻石及钻石饰品	5%（零售环节纳税）
（2）其他贵重首饰和珠宝玉石	10%（生产、进口、委托加工提货环节纳税）
5. 鞭炮、焰火	15%
6. 成品油	
（1）汽油	1.52 元/升
（2）柴油	1.2 元/升
（3）航空煤油	1.2 元/升

续表

税目	税率
（4）石脑油	1.52元/升
（5）溶剂油	1.52元/升
（6）润滑油	1.52元/升
（7）燃料油	1.2元/升
7. 摩托车	
（1）气缸容量（排气量，下同）在250毫升（含250毫升）以下的	3%
（2）气缸容量在250毫升以上的	10%
8. 小汽车	
（1）乘用车	
①气缸容量（排气量，下同）在1.0升（含1.0升）以下的	1%
②气缸容量在1.0升以上至1.5升（含1.5升）的	3%
③气缸容量在1.5升以上至2.0升（含2.0升）的	5%
④气缸容量在2.0升以上至2.5升（含2.5升）的	9%
⑤气缸容量在2.5升以上至3.0升（含3.0升）的	12%
⑥气缸容量在3.0升以上至4.0升（含4.0升）的	25%
⑦气缸容量在4.0升以上的	40%
（2）中轻型商用客车	5%
9. 高尔夫球及球具	10%
10. 高档手表	20%
11. 游艇	10%
12. 木制一次性筷子	5%
13. 实木地板	5%
14. 电池	4%
15. 涂料	4%

实行从量定额办法计算应纳税额的应税消费品，计量单位的换算标准如下：①黄酒1吨=962升；②啤酒1吨=988升；③汽油1吨=1 388升；④柴油1吨=1 176升；⑤航空煤油1吨=1 246升；⑥石脑油1吨=1 385升；⑦溶剂油1吨=1 282升；⑧润滑油1吨=1 126升；⑨燃料油1吨=1 015升。

（五）计税方法

消费税实行从价定率、从量定额，或者从价定率和从量定额复合计税（以下简称复合计税）的办法计算应纳税额。纳税人销售的应税消费品以人民币计算销售额。

消费税的应纳税额计算公式：

实行从价定率办法计算的应纳税额=销售额×比例税率

实行从量定额办法计算的应纳税额＝销售数量×定额税率

实行复合计税办法计算的应纳税额＝销售额×比例税率＋销售数量×定额税率

公式中的销售额包括价款和价外费用。价外费用，是指价外向购买方收取的手续费、补贴、基金、集资费、返还利润、奖励费、违约金、滞纳金、延期付款利息、赔偿金、代收款项、代垫款项、包装费、包装物租金、储备费、优质费、运输装卸费以及其他各种性质的价外收费。

这里的销售额不包括应向购货方收取的增值税税款。如果纳税人应税消费品的销售额中未扣除增值税税款或者因不得开具增值税专用发票而发生价款和增值税税款合并收取的，在计算消费税时，应当换算为不含增值税税款的销售额。其换算公式为：

应税消费品的销售额＝含增值税的销售额÷（1＋增值税税率或者征收率）

应税消费品连同包装物销售的，无论包装物是否单独计价以及在会计上如何核算，均应并入应税消费品的销售额中缴纳消费税。如果包装物不作价随同产品销售，而是收取押金，此项押金则不应并入应税消费品的销售额中征税。但对因逾期未收回的包装物不再退还的或者已收取的时间超过 12 个月的押金，应并入应税消费品的销售额，按照应税消费品的适用税率缴纳消费税。

对既作价随同应税消费品销售，又另外收取押金的包装物的押金，凡纳税人在规定的期限内没有退还的，均应并入应税消费品的销售额，按照应税消费品的适用税率缴纳消费税。

例如，某企业 5 月 20 日销售白酒 1 000 千克，每千克售价 10 元，销售款项已收到。则其应纳消费税为：

实行复合计税办法计算的应纳税额＝销售额×比例税率＋销售数量×定额税率

$$=1\,000\times10\times20\%+1\,000\times2\times0.5$$

$$=3\,000\text{（元）}$$

第三节 所 得 税

所得税又称收益税，是以纳税人的法定所得额或收益额为课税对象的一类税，其特点是以纳税人的所得额为计税依据，以纳税人的实际负担能力确定税负，多得多征，少得少征，无所得不征。主要包括个人所得税和企业所得税。

一、个人所得税

个人所得税是对个人（自然人）取得的各项应税所得征收的一种税。我国规范个人所得税的基本法律规范是 2011 年 6 月 30 日全国人民代表大会常务委员会修订颁布，自 2011 年 9 月 1 日施行的《个人所得税法》。2018 年 6 月 29 日，中国人大网公布了《中华人民共和国个人所得税法修正案（草案）》（下称个税修正案）全文，向社会公众征求意见，截止日期为 7 月 28 日。

（一）纳税主体

凡在中华人民共和国境内有住所，或者无住所而在境内居住满一年的个人，以及在中国境内无住所又不居住或者无住所而在境内居住不满一年的个人，只要达到我国税法规定的纳税标准，都是个人所得税的纳税人。

（二）征税对象

个人所得税以个人取得的各项所得为征税对象。

（1）工资、薪金所得。工资、薪金所得，是指个人因任职或者受雇而取得的工资、薪金、奖金、年终加薪、劳动分红、津贴、补贴以及与任职或者受雇有关的其他所得。

（2）个体工商户的生产、经营所得。个体工商户的生产、经营所得，是指：①个体工商户从事工业、手工业、建筑业、交通运输业、商业、饮食业、服务业、修理业以及其他行业生产、经营取得的所得；②个人经政府有关部门批准，取得执照，从事办学、医疗、咨询以及其他有偿服务活动取得的所得；③其他个人从事个体工商业生产、经营取得的所得；④上述个体工商户和个人取得的与生产、经营有关的各项应纳税所得。

（3）对企事业单位的承包经营、承租经营所得。对企事业单位的承包经营、承租经营所得，是指个人承包经营、承租经营以及转包、转租取得的所得，包括个人按月或者按次取得的工资、薪金性质的所得。

（4）劳务报酬所得。劳务报酬所得，是指个人从事设计、装潢、安装、制图、化验、测试、医疗、法律、会计、咨询、讲学、新闻、广播、翻译、审稿、书画、雕刻、影视、录音、录像、演出、表演、广告、展览、技术服务、介绍服务、经纪服务、代办服务以及其他劳务取得的所得。

（5）稿酬所得。稿酬所得，是指个人因其作品以图书、报刊形式出版、发表而取得的所得。

（6）特许权使用费所得。特许权使用费所得，是指个人提供专利权、商标权、著作权、非专利技术以及其他特许权的使用权取得的所得；提供著作权的使用权取得的所得，不包括稿酬所得。

（7）利息、股息、红利所得。利息、股息、红利所得，是指个人拥有债权、股权而取得的利息、股息、红利所得。

（8）财产租赁所得。财产租赁所得，是指个人出租建筑物、土地使用权、机器设备、车船以及其他财产取得的所得。

（9）财产转让所得。财产转让所得，是指个人转让有价证券、股权、建筑物、土地使用权、机器设备、车船以及其他财产取得的所得。

（10）偶然所得。偶然所得，是指个人得奖、中奖、中彩以及其他偶然性质的所得。

个人取得的所得，难以界定应纳税所得项目的，由主管税务机关确定。

（三）税率

个人所得税大部分应税项目都是按月计算的。工资、薪金所得适用超额累进税率

(表 9-2)。个体工商户生产经营所得适用 5%～35%的五级超额累进税率。对于其他种类的收入，适用 20%的统一税率，但也存在特殊税率减免以及额外加征的情况。

表 9-2　个人工资、薪金所得税税率

全月应纳税所得额	税率/%	速算扣除数
全月应纳税所得额不超过 1 500 元	3	0
全月应纳税所得额超过 1 500 至 4 500 元	10	105
全月应纳税所得额超过 4 500 至 9 000 元	20	555
全月应纳税所得额超过 9 000 至 35 000 元	25	1 005
全月应纳税所得额超过 35 000 至 55 000 元	30	2 755
全月应纳税所得额超过 55 000 至 80 000 元	35	5 505
全月应纳税所得额超过 80 000 元	45	13 505

注：本表所称全月应纳税所得额是指，依照《个人所得税法》第 6 条的规定，以每月收入额减除费用 3 500 元以及附加减除费用后的余额

(1) 工资、薪金所得，适用超额累进税率，税率为 3%～45%。

(2) 个体工商户的生产、经营所得和对企事业单位的承包经营、承租经营所得，适用 5%～35%的超额累进税率（表 9-3）。

表 9-3　个体工商户的生产、经营所得和对企事业单位的承包经营、承租经营所得

级数	全年应纳税所得额	税率/%	速算扣除数
1	不超过 15 000 元的	5	0
2	超过 15 000 元至 30 000 元的部分	10	750
3	超过 30 000 元至 60 000 元的部分	20	3 750
4	超过 60 000 元至 100 000 元的部分	30	9 750
5	超过 100 000 元的部分	35	14 750

注：本表所称全年应纳税所得额是指，依照《个人所得税法》第 6 条的规定，以每一纳税年度的收入总额，减除成本、费用以及损失后的余额

(3) 稿酬所得，适用比例税率，税率为 20%，并按应纳税额减征 30%。

(4) 劳务报酬所得，适用比例税率，税率为 20%。对劳务报酬所得一次收入畸高的，可以实行加成征收，具体办法由国务院规定。

(5) 特许权使用费所得，利息、股息、红利所得，财产租赁所得，财产转让所得，偶然所得和其他所得，适用比例税率，税率为 20%。

(四) 个人所得税计税依据

个人所得税的计税依据为个人取得的各项应税收入减去规定扣除项目或金额的余额，即应纳税所得额。个人取得的应纳税所得，包括现金、实物和有价证券。个人所得项目应纳税所得额的计算方法如下。

(1) 工资、薪金所得，以每月收入额减除费用 3500 元后的余额，为应纳税所得额。

外籍人员和在境外工作的中国公民在2000元扣除额的基础上，再附加2800元的费用扣除额。

（2）个体工商户的生产、经营所得，以每一纳税年度的收入总额，减除成本、费用以及损失后的余额，为应纳税所得额。

（3）对企事业单位的承包、承租经营所得，以某一纳税年度的收入总额，减除必要的费用后的余额，为应纳税所得额。

（4）劳务报酬所得、稿酬所得、特许权使用费所得、财产租赁所得，每次收入不超过4000元的，减除费用800元；4000元以上的，减除20%的费用，其余额为应纳税所得额。

（5）财产转让所得，以转让财产的收入额减除财产原值和合理费用后的余额，为应纳税所得额。

（6）利息、股息、红利所得，偶然所得和其他所得，以每次收入额为应纳税所得额。

除上述规定外，对个人将其所得通过中国境内社会团体、国家机关向教育、公益事业和遭受严重自然灾害地区、贫困地区的捐赠，捐赠额不超过应纳税所得额的30%的部分，可以从其应纳税所得额中扣除；个人通过非营利性的社会团体和国家机关向红十字事业、公益性青少年活动场所、农村义务教育、福利性和非营利性的老年服务机构、完善城镇社会保障体系试点地区中的非营利性机构的捐赠，在计算缴纳个人所得税时准予全额扣除。

（五）个人所得税应纳税额的计算

个人所得税应纳税额以应纳税所得额为计税依据，基本计算公式为

全月应纳税所得额＝月薪金收入总额（包括加班费等）－3500
－个人支付的社保和公积金费用

全月应纳税额＝全月应纳税所得额×适用税率－速算扣除数　　年终奖金应纳税额为

年终奖应纳税额＝年终奖金总额×年终奖适用税率－速算扣除数

年终奖金的个人所得税适用的税率为年终奖金总额/12后再对应适用税率。

例如，中国公民郑某2013年6月份月工资4000元。计算郑某2013年6月份应缴纳的个人所得税。

公民郑某2011年10月份应当缴纳的个人所得税＝（4000－3500）×3%＝15（元）。

例如，某员工2013年1月份工资收入5000元，并同时获发2012年度年终奖总额10000元。该员工2013年1月份的个人所得税计算如下：

当月工资收入的个人所得税＝［5000－3500－5000×10%（个人社保部分）－5000×5%（个人住房公积金部分）］×3%－0（速算扣除数）＝22.5（元）。

该员工年度奖金的个人所得税适用的税率为10 000÷12＝833.33（元），其相对应的适用税率为3%，速算扣除数为0。

该员工年终奖金应纳个人所得税＝10 000×3%－0＝300（元）。

总纳税额：2012 年 1 月份共应纳个人所得税＝22.5＋300＝322.5（元）。

（六）个人所得税纳税申报

个人所得税的纳税办法有自行申报和代扣代缴两种。

1. 自行申报纳税

自行申报纳税是由纳税人自行在税法规定的纳税期限内，向税务机关申报取得的应税所得项目和数额，如实填写个人所得税申报表，并按照税法规定计算应纳税额，据此交纳个人所得税的一种方法。

按照《中华人民共和国个人所得税法实施条例》规定，凡在中国境内负有个人所得税纳税义务的纳税人，具有以下五种情形之一的，应当按照规定自行向税务机关办理纳税申报：年所得 12 万元以上的；从中国境内两处或两处以上取得工资、薪金所得的；从中国境外取得所得的；取得应税所得，没有扣缴义务人的；国务院规定的其他情形。

2. 代扣代缴

代扣代缴是按照税法规定负有扣缴税款义务的单位或者个人，在向个人支付应纳税所得时，应计算应纳税款，从其所得中扣除并交入国库，同时向税务机关报送纳税申报表。

（七）减免税

下列各项个人所得，免纳个人所得税。

省级人民政府、国务院部委和中国人民解放军军以上单位，以及外国组织、国际组织颁发的科学、教育、技术、文化、卫生、体育、环境保护等方面的奖金；国债和国家发行的金融债券利息；按照国家统一规定发给的补贴、津贴；福利费、抚恤金、救济金；保险赔款；军人的转业费、复员费；按照国家统一规定发给干部、职工的安家费、退职费、退休工资、离休工资、离休生活补助费；依照我国有关法律规定应予免税的各国驻华使馆、领事馆的外交代表、领事官员和其他人员的所得；中国政府参加的国际公约、签订的协议中规定免税的所得；经国务院财政部门批准免税的所得。

二、企业所得税

我国现行企业所得税法的主要依据是第十届全国人民代表大会第五次会议于 2007 年 3 月 16 日通过，自 2008 年 1 月 1 日起施行的《中华人民共和国企业所得税法》（简称《企业所得税法》）和 2007 年 11 月 28 日国务院第一百九十七次常务会议通过，自 2008 年 1 月 1 日起施行的《中华人民共和国企业所得税法实施条例》。

（一）企业所得税的含义

企业所得税是指对在我国境内的企业和其他取得收入的组织的生产经营所得和其他所得征收的一种税。

（二）纳税人

在中华人民共和国境内，企业和其他取得收入的组织（以下统称企业）为企业所得税的纳税人。

企业分为居民企业和非居民企业。居民企业，是指依法在中国境内成立，或者依照外国（地区）法律成立但实际管理机构在中国境内的企业。非居民企业，是指依照外国（地区）法律成立且实际管理机构不在中国境内，但在中国境内设立机构、场所的，或者在中国境内未设立机构、场所，但有来源于中国境内所得的企业。

《企业所得税法》第2条所称依法在中国境内成立的企业，包括依照中国法律、行政法规在中国境内成立的企业、事业单位、社会团体以及其他取得收入的组织。

《企业所得税法》第2条所称依照外国（地区）法律成立的企业，包括依照外国（地区）法律成立的企业和其他取得收入的组织。

个人独资企业、合伙企业不是企业所得税的纳税人。

（三）征税对象

所得税的征税对象的纳税人的法定所得额或收益额。这里的所得，包括销售货物所得、提供劳务所得、转让财产所得、股息红利等权益性投资所得、利息所得、租金所得、特许权使用费所得、接受捐赠所得和其他所得。

居民企业应当就其来源于中国境内、境外的所得缴纳企业所得税；非居民企业在中国境内设立机构、场所的，应当就其所设机构、场所取得的来源于中国境内的所得，以及发生在中国境外但与其所设机构、场所有实际联系的所得，缴纳企业所得税；非居民企业在中国境内未设立机构、场所的，或者虽设立机构、场所但取得的所得与其所设机构、场所没有实际联系的，应当就其来源于中国境内的所得缴纳企业所得税。

（四）税率

企业所得税的税率为25%。非居民企业在中国境内未设立机构、场所的，或者虽设立机构、场所但取得的所得与其所设机构、场所没有实际联系的，应当就其来源于中国境内的所得按照20%的税率缴纳企业所得税。

（五）企业所得税应纳税所得额的计算

企业所得税的计税依据是应纳税所得额。企业每一纳税年度的收入总额，减除不征税收入、免税收入、各项扣除以及允许弥补的以前年度亏损后的余额，为应纳税所得额。用公式表示为

应纳税所得额＝每一纳税会计年度的收入总额－准予扣除项目金额－以前年度亏损[①]

企业应纳税所得额的计算，以权责发生制为原则，属于当期的收入和费用，不论款

---

① 亏损，是指企业依照企业所得税法和本条例的规定将每一纳税年度的收入总额减除不征税收入、免税收入和各项扣除后小于零的数额

项是否收付，均作为当期的收入和费用；不属于当期的收入和费用，即使款项已经在当期收付，均不作为当期的收入和费用。

1. 收入总额的确定

企业以货币形式和非货币形式从各种来源取得的收入，为收入总额。其包括：销售货物收入；提供劳务收入；转让财产收入；股息、红利等权益性投资收益；利息收入；租金收入；特许权使用费收入；接受捐赠收入；其他收入。

收入总额中的下列收入为不征税收入：财政拨款；依法收取并纳入财政管理的行政事业性收费、政府性基金；国务院规定的其他不征税收入。

2. 准予扣除项目

企业实际发生的与取得收入有关的、合理的支出，包括成本、费用、税金、损失和其他支出，准予在计算应纳税所得额时扣除。这里的成本，是指企业在生产经营活动中发生的销售成本、销货成本、业务支出以及其他耗费；费用，是指企业在生产经营活动中发生的销售费用、管理费用和财务费用，已经计入成本的有关费用除外；税金，是指企业发生的除企业所得税和允许抵扣的增值税以外的各项税金及其附加；损失，是指企业在生产经营活动中发生的固定资产和存货的盘亏、毁损、报废损失，转让财产损失，呆账损失，坏账损失，自然灾害等不可抗力因素造成的损失以及其他损失。

准予扣除项目具体为：企业发生的合理的工资薪金支出；企业依照国务院有关主管部门或者省级人民政府规定的范围和标准为职工缴纳的基本养老保险费、基本医疗保险费、失业保险费、工伤保险费、生育保险费等基本社会保险费和住房公积金；企业在生产经营活动中发生的合理的不需要资本化的借款费用；企业在生产经营活动中发生的利息支出；企业发生的职工福利费支出，不超过工资薪金总额14%的部分；企业拨缴的工会经费，不超过工资薪金总额2%的部分，准予扣除；企业发生的职工教育经费支出，不超过工资薪金总额2.5%的部分（超过部分，准予在以后纳税年度结转扣除）；企业发生的与生产经营活动有关的业务招待费支出，按照发生额的60%扣除，但最高不得超过当年销售（营业）收入的5‰；企业发生的符合条件的广告费和业务宣传费支出，不超过当年销售（营业）收入15%的部分（超过部分，准予在以后纳税年度结转扣除）；企业依照法律、行政法规有关规定提取的用于环境保护、生态恢复等方面的专项资金（专项资金提取后改变用途的，不得扣除）；企业参加财产保险，按照规定缴纳的保险费；企业发生的合理的劳动保护支出；非居民企业在中国境内设立的机构、场所，就其中国境外总机构发生的与该机构、场所生产经营有关的费用，能够提供总机构出具的费用汇集范围、定额、分配依据和方法等证明文件，并合理分摊的；企业发生的公益性捐赠支出，不超过年度利润总额12%的部分。

3. 不得扣除项目

在计算应纳税所得额时，下列支出不得扣除：①向投资者支付的股息、红利等权益性投资收益款项；②企业所得税税款；③税收滞纳金；④罚金、罚款和被没收财物的损失；⑤公益性捐赠支出以外的捐赠支出；⑥企业发生的与生产经营活动无关的各种非广告性质支出，即赞助支出；⑦未经核定的准备金支出，主要是不符合国务院财政、税务主管部门规定的各项资产减值准备、风险准备等准备金支出。

在计算应纳税所得额时，企业财务、会计处理办法与税收法律、行政法规的规定不一致的，应当依照税收法律、行政法规的规定计算纳税。

4. 以前年度亏损

企业纳税年度发生的亏损，准予向以后年度结转，用以后年度的所得弥补，但结转年限最长不得超过5年。

（六）应纳税额

企业的应纳税所得额乘以适用税率，减除依照本法关于税收优惠的规定减免和抵免的税额后的余额，为应纳税额。应纳税额＝应纳税所得额×税率。

企业取得的下列所得已在境外缴纳的所得税税额，可以从其当期应纳税额中抵免，抵免限额为该项所得依照本法规定计算的应纳税额；超过抵免限额的部分，可以在以后5个年度内，用每年度抵免限额抵免当年应抵税额后的余额进行抵补；居民企业来源于中国境外的应税所得；非居民企业在中国境内设立机构、场所，取得发生在中国境外但与该机构、场所有实际联系的应税所得。

（七）税收优惠

国家对重点扶持和鼓励发展的产业和项目，给予企业所得税优惠。

1. 企业的免税收入

企业的免税收入包括：国债利息收入；符合条件的居民企业之间的股息、红利等权益性投资收益；在中国境内设立机构、场所的非居民企业从居民企业取得与该机构、场所有实际联系的股息、红利等权益性投资收益；符合条件的非营利公益组织的收入。

2. 可以免征、减征企业所得税的企业所得

从事农、林、牧、渔业项目的所得；从事国家重点扶持的公共基础设施项目投资经营的所得；从事符合条件的环境保护、节能节水项目的所得；符合条件的技术转让所得，即一个纳税年度内，居民企业技术转让所得不超过500万元的部分，免征企业所得税，超过500万元的部分，减半征收企业所得税；非居民企业在中国境内未设立机构、场所的，或者虽设立机构、场所但取得的所得与其所设机构、场所没有实际联系的，应当就其来源于中国境内的所得缴纳企业所得税。

3. 减征

符合条件的小型微利企业，减按20%的税率征收企业所得税；国家需要重点扶持的高新技术企业，减按15%的税率征收企业所得税。

4. 加计扣除

企业的下列支出，可以在计算应纳税所得额时加计扣除。

(1) 开发新技术、新产品、新工艺发生的研究开发费用。研究开发费用的加计扣除，是指企业为开发新技术、新产品、新工艺发生的研究开发费用。未形成无形资产计入当期损益的，在按照规定据实扣除的基础上，按照研究开发费用的50%加计扣除；形成无形资产的，按照无形资产成本的150%摊销。

（2）安置残疾人员及国家鼓励安置的其他就业人员所支付的工资。企业安置残疾人员所支付的工资的加计扣除，是指企业安置残疾人员的，在按照支付给残疾职工工资据实扣除的基础上，按照支付给残疾职工工资的100%加计扣除。残疾人员的范围适用《中华人民共和国残疾人保障法》的有关规定。

5. 其他税收优惠

其他税收优惠有：创业投资企业从事国家需要重点扶持和鼓励的创业投资，可以按投资额的一定比例抵扣应纳税所得额；企业的固定资产由于技术进步等，确需加速折旧的，可以缩短折旧年限或者采取加速折旧的方法；企业综合利用资源，生产符合国家产业政策规定的产品所取得的收入，可以在计算应纳税所得额时减计收入；企业购置用于环境保护、节能节水、安全生产等专用设备的投资额，可以按一定比例实行税额抵免。

第四节 税收征收管理

税收征收管理是指税务机关对纳税人依法征收税款和税务监督管理的总称。税收征收管理是税收管理的重要组成部分。它是税务机关为了贯彻税收的基本法规，实现税收计划，协调征纳关系，组织税款入库而开展的一系列活动。我国税收的征收管理机关，主要是国家税务总局和地方各级税务机关。我国关于税收征收管理的法律规范主要是1992年9月4日第七届全国人民代表大会常务委员会第二十七次会议通过的《中华人民共和国税收征收管理法》（简称《税收征收管理法》），该法自1993年1月1日起施行。1995年2月28日第八届全国人民代表大会常务委员会第十二次会议对该法做了修改，2001年4月28日第九届全国人民代表大会常务委员会第二十一次会议对该法再次修改，并自2001年5月1日起施行。2002年国务院公布了《中华人民共和国税收征收管理法实施细则》。

税收征管的一般程序包括税务登记、账簿和凭证管理、发票管理、纳税申报、税款征收、税务检查等环节。税收征管法对税务机关和纳税人在各环节的权利、义务进行了规范，并明确了不履行义务的行政或法律责任。

一、税务登记

税务登记是纳税人在开业、歇业前以及生产经营期间发生变动时，就其生产经营的有关情况向所在地税务机关办理书面登记的一种制度。税务登记是税收征管的首要环节，具有应税收入、应税财产或应税行为的各类纳税人，都应依法办理税务登记。

（一）税务登记办理要求及适用范围

（1）开业登记。从事生产经营的纳税人，在领取营业执照之后的30天内，持相关证件和资料，向税务机关申报办理税务登记。税务机关自收到申请之日起，在30天内审核并发给税务登记证件。

(2) 变更登记。纳税人税务登记内容发生变化的，在工商行政管理机关办理变更登记后的 30 天内，持有关证件向税务机关申报办理变更税务登记。

(3) 停复业登记。定期定额征收方式的纳税人在营业执照核准的经营期限内需要停业或复业的，向税务机关提出申请，经税务机关审核后进行停业或复业税务登记。纳税人在停业期间发生纳税义务的，应当按照税收法律、行政法规的规定申报缴纳税款。停业期满不能及时恢复生产经营的，应提前向税务机关提出延长停业登记申请，否则税务机关视为已复业进行征税和管理。

(4) 注销登记。纳税人发生解散、破产、撤销以及其他情形，需要依法终止纳税义务的，纳税人应当在向工商行政管理机关申请办理注销之前，向税务机关申报办理注销登记。纳税人需要向税务机关提交相关证件和资料，结清应纳税款、多退（免）税款、滞纳金和罚款，缴销发票、税务登记证和其他税务证件，经税务机关核准后，办理注销税务登记手续。

（二）违法处理

纳税人未按规定办理、使用登记证；纳税人的开户银行和其他金融机构未按税收征管法的规定在从事生产、经营的纳税人账户中登录税务登记证号码，或者未按规定在税务登记证中登录纳税人账号的，由税务机关责令限期改正，并视情节给予相应罚款等行政处罚。

二、账簿和凭证管理

账簿是纳税人、扣缴义务人连续记录其各种经济业务的账册和簿籍。凭证是纳税人用来记录其各种经济业务，明确经济责任，并据以登记账簿的书面证明。税务部门按照税收法律、行政法规和财务会计制度规定，对纳税人的会计账簿、凭证等实行管理和监督，是税收征管的重要环节。

1. 纳税人财务、会计制度备案制度

从事生产经营的纳税人应当自领取营业执照之日起 15 日内，将其财务、会计制度或者财务、会计处理办法和会计核算软件，报送主管税务机关备案。采用计算机记账的，其记账软件和使用说明及有关资料在使用前也应当报送税务机关备案。

2. 企业财务会计制度与税收规定不一致的处理办法

纳税人执行的财务、会计制度或办法与税收规定抵触的，依照有关税收规定计算纳税。

3. 账簿设置要求

纳税人应按要求设置总账、明细账、日记账（特别是现金日记账和银行存款日记账）以及与履行纳税义务有关的其他辅助账簿。

4. 记账凭证使用要求

记账凭证应合法、有效。合法，是指要按照法律、行政法规的规定取得填制凭证、不得使用非法凭证；有效，是要求取得和填制的凭证内容真实，要素齐全。

5. 账簿及凭证保管要求

纳税人应按《会计档案管理办法》规定保存账簿、记账凭证、完税凭证及其他有关资料，不得伪造、变造或者擅自损毁。

6. 税控装置使用要求

税务部门根据税收征收管理的需要，积极推广税控装置。纳税人应当按照规定安装、使用税控装置，不得损毁或擅自改动税控装置。

7. 违法处理

纳税人未按规定设置、保管账簿或者保管记账凭证和有关资料，未按规定将财务、会计制度或办法和会计核算软件报送税务机关备查，未按规定安装使用税控装置，非法印制完税凭证的，由税务机关责令限期改正，并视情节给予相应罚款等行政处罚。

三、发票管理

发票是生产、经营单位和个人在购销商品、提供和接受服务以及从事其他经营活动中，开具、收取的收付款凭证。按照发票使用范围，分为增值税专用发票和普通发票两大类。税务机关是发票主管机关，负责发票印制、领购、开具、取得、保管、缴销的管理和监督。

（一）发票印制

发票一般由税务机关统一设计式样，设专人负责办理印制和管理，并套印全国统一发票印制章。其中，增值税专用发票由国家税务总局指定的企业印制；普通发票，分别由各省、自治区、直辖市国家税务局、地方税务局指定企业印制，对某些特殊经营行业，可由各主管部门统一设计发票格式、内容，报请主管税务机关审核同意，发给“发票印制通知书”。

未经上述税务机关指定，任何单位和个人不得擅自印制发票。

（二）发票领购

依法办理税务登记的单位和个人，在领取税务登记证件后，可提交有关材料，向主管税务机关申请领购发票。纳税人可以根据自己的需要，履行必要的手续后，申请领购普通发票。临时到本省、自治区、直辖市以外从事经营活动的单位或者个人，除了具备领购发票的一般条件外，应当凭所在地税务机关开具的外出经营证明，并按规定提供保证人或者缴纳不超过 1 万元的保证金，向经营地主管税务机关申请领购经营地发票，并限期缴销。税务部门对纳税人领购发票实行交旧领新、验旧领新、批量供应方式。

（三）发票开具

销货方应按规定填开发票；购买方应按规定索取发票；纳税人进行电子商务必须开具或取得发票；发票要全联一次填写，严禁开具“大头小尾”发票；发票不得跨省、直辖市、自治区使用，开具发票要加盖财务印章或发票专用章；开具发票后，如发生销货退回需要开红字发票的，必须收回原发票并注明“作废”字样或取得对方有效证明；发生销货折让的，在收回原发票并注明“作废”后，重新开具发票。

增值税一般纳税人销售货物和应税劳务，除另有规定外，必须向购买方开具增值税专用发票。

（四）取得发票的管理

单位和个人在购买商品、接受经营服务或从事其他经营活动支付款项时，要按规定索取合法发票。对不符合规定的发票，包括发票本身不符合规定（白条或伪造的假发票、作废的发票等）、发票开具不符合规定、发票来源不符合规定的，任何单位和个人有权拒收。

（五）发票的保管和缴销

税务机关内部或者用票单位和个人必须建立严格的发票专人保管制度、专库保管制度、专账登记制度、保管交接、定期盘点制度，保证发票安全。用票单位和个人应按规定向税务机关上缴已经使用或未使用的发票，税务机关应按规定统一将已经使用或者未使用的发票进行销毁。

（六）违法处理

违反发票管理规定，未按规定印制发票或者生产防伪专用品，未按规定领购、开具、取得、保管发票，非法携带、邮寄、运输或者存放空白发票，私自印制、伪造变造、倒买倒卖发票等行为，税务机关可以查封、扣押或者销毁，没收非法所得和作案工具，并处以相应罚款等行政处罚，情节严重构成犯罪的，移送司法机关处理。

四、纳税申报

纳税申报是纳税人按照税法规定的期限和内容，向税务机关提交有关纳税事项书面报告的法律行为，是纳税人履行纳税义务、承担法律责任的主要依据，是税务机关税收管理信息的主要来源和税务管理的一项重要制度。

（一）申报对象

纳税人或者扣缴义务人无论本期有无应缴纳或者解缴的税款，都必须按税法规定的申报期限、申报内容，如实向主管税务机关办理纳税申报。

（二）申报内容

纳税申报的内容主要体现在纳税申报表或代扣缴税款报告表中，主要项目包括：税种、税目，应纳税项目或者应代扣代缴、代收代缴税款项目，计税依据，扣除项目及标准，适用税率或者单位税额，应退税项目及税额、应减免税项目及税额，应纳税额或者应代扣代缴、代收代缴税额，税款所属期限、延期缴纳税款、欠税、滞纳金等。

纳税人办理纳税申报时，除如实填写纳税申报表外，还要根据情况报送有关证件、资料。

（三）申报期限

纳税人、扣缴义务人要依照法律、行政法规或者税务机关依法确定的申报期限如实办理纳税申报，报送纳税申报表、财务会计报表或者代扣代缴、代收代缴税款报告表以及税务机关要求报送的其他纳税资料。

（四）申报方式

（1）直接申报（上门申报）。直接申报是纳税人和扣缴义务人自行到税务机关办理纳税申报或者报送代扣代缴、代收代缴报告表的申报方式。

（2）邮寄申报。经税务机关批准的纳税人、扣缴义务人使用统一规定的纳税申报特快专递专用信封，通过邮政部门办理交寄手续，并向邮政部门索取收据作为申报凭据的方式。邮寄申报以寄出的邮戳日期为实际申报日期。

（3）电子申报。经税务机关批准的纳税人，通过电话语音、电子数据交换和网络传输等方式办理纳税申报的一种方式。纳税人采用电子方式办理纳税申报的，要按照税务机关规定的期限和要求保存有关资料，并定期书面报送主管税务机关。

（4）银行网点申报。税务机关委托银行代收代缴税款，纳税人在法定的申报期限内到银行网点进行申报。

（5）简易申报。简易申报是指实行定期定额征收方式的纳税人，经税务机关批准，通过以缴纳税款凭证代替申报。

（6）其他方式。纳税人、扣缴义务人可以根据税法规定，委托中介机构税务代理人员代为办理纳税申报或简并征期的一种申报方式。

（五）延期申报

纳税人、扣缴义务人不能按期办理纳税申报或者报送代扣代缴、代收代缴税款报告表的，经税务机关核准，可以延期申报，但要在纳税期内按照上期实际缴纳的税额或者税务机关核定的税额预缴税款，并在核准的延期内办理税款结算。

（六）违法处理

纳税人、扣缴义务人不按规定期限办理纳税申报的，税务机关可责令限期改正，并视情节给予相应罚款。

五、税款征收

税款征收是税务机关依据国家税收法律、行政法规确定的标准和范围，通过法定程序将纳税人应纳税款组织征收入库的一系列活动。税款征收是税收征管活动的中心环节，也是纳税人履行纳税义务的体现。

（一）税款征收主要方式和适用对象

查账征收。税务机关根据纳税人会计账簿等财务核算资料，依照税法规定计算征收税款的方式。适用于财务制度健全、核算严格规范，纳税意识较强的纳税人。

核定征收。税务机关根据纳税人从业人数、生产设备、耗用原材料、经营成本、平均利润率等因素，查定核实其应纳税所得额，据以征收税款的方式。一般适用于经营规模较小、实行简易记账或会计核算不健全的纳税人。

定期定额征收。税务机关根据纳税人自报和一定的审核评议程序，核定其一定时期应税收入和应纳税额，并按月或季度征收税款的方式。一般适用于生产经营规模小、不能准确计算营业额和所得额的小规模纳税人或个体工商户。

代收、代扣代缴。税务机关按照税法规定，对负有代收代缴、代扣代缴税款义务的单位和个人，在其向纳税人收取或支付交易款项的同时，依法从交易款项中扣收纳税人应纳税款并按规定期限和缴库办法申报解缴的税款征收方式。适用于有代收代缴、代扣代缴税款义务的单位和个人。

委托代征。税务机关依法委托有关单位和个人，代其向纳税人征收税款的方式。主要适用于零星、分散、流动性大的税款征收，如集贸市场税收、车船税等。

查验征收。税务机关对纳税人应税商品通过查验数量，按照市场同类产品平均价格，计算其收入并据以征收税款的方式。一般适用于在市场、车站、码头等场外临时经营的零星、流动性税源。

（二）纳税期限与延期缴纳

纳税人、扣缴义务人必须依法按照规定的期限，缴纳或者解缴税款。未按照规定期限缴纳或解缴税款的，税务机关除责令限期缴纳外，从滞纳税款之日起，按日加收滞纳税款万分之五的滞纳金。

对纳税人因不可抗力，导致发生较大损失、正常生产经营活动受到较大影响，或当期货币资金在扣除应付职工工资、社会保险费后，不足以缴纳税款的，经省、自治区、直辖市国家税务局、地方税务局批准，可以延期缴纳税款，但最长不能超过 3 个月。经批准延期缴纳的税款不加收滞纳金。

（三）税款减免

税款减免是税务机关依据税收法律、行政法规和国家有关税收的规定，给予纳税人的减税或免税。

按法律、法规规定或者经法定的审批机关批准减税、免税的纳税人，要持有关文件到主管税务机关办理减税、免税手续。减税、免税期满，应当自期满之日次日起恢复纳税。

享受减税、免税优惠的纳税人，如果减税、免税条件发生变化的，要自发生变化之日起 15 日内向税务机关报告；不再符合减税、免税条件的，要依法履行纳税义务，否则税务机关予以追缴。

（四）税款退还和追征

对计算错误、税率适用不当等原因造成纳税人超过应纳税额多缴的税款，税务机关应及时退还。纳税人超过应纳税额缴纳的税款，税务机关发现后立即退还；纳税人自结算缴纳税款之日起3年内发现的，可以向税务机关要求退还多缴的税款并加算银行同期存款利息，税务机关及时查实后要立即退还。

同时，对因税务机关的责任，致使纳税人、扣缴义务人未缴或者少缴税款的，税务机关在3年内可以要求纳税人、扣缴义务人补缴税款，不得加收滞纳金；因纳税人、扣缴义务人计算错误等失误，未缴或者少缴税款的，税务机关在3年内可以追征税款、滞纳金；有特殊情况的，追征期可以延长到5年；对偷税、抗税、骗税的，税务机关追征其未缴或者少缴的税款、滞纳金或者所骗取的税款，不受上述规定期限的限制。

（五）税收保全和强制执行

税收保全措施是税务机关为了保证税款能够及时足额入库，对有逃避纳税义务的纳税人的财产的使用权和处分权予以限制的一种行政保全措施，是保证税收征管活动正常进行的一种强制手段。主要包括书面通知纳税人开户银行或者其他金融机构冻结纳税人的相当于应纳税款的存款，以及扣押、查封纳税人的价值相当于应纳税款的商品、货物或者其他财产两方面内容。

税收强制执行是税务机关依照法定的程序和权限，强迫纳税人、扣缴义务人、纳税担保人和其他当事人缴纳拖欠的税款和罚款的一种强制措施，主要包括两方面内容，即书面通知纳税人的开户银行或者其他金融机构从其存款中扣缴税款；扣押、查封、依法拍卖或者变卖其相当于应纳税款的商品、货物或者其他财产。

税务机关采取税收保全、强制执行措施必须符合法定的条件和程序，如违法采用，将承担相应的行政赔偿责任。同时，一旦税收得到实现，相应的税收保全、强制执行措施应立即解除。

（六）违法处理

纳税人偷税、骗税、欠税、逃避追缴欠税，纳税人、扣缴义务人不缴或者少缴税款、编造虚假计税依据，有关单位和个人因违法行为导致他人未缴少缴或者骗取税款等行为，妨害税款征收的，由税务机关责令限期改正，给予相应罚款等行政处罚，情节严重构成犯罪的，追究相应的刑事责任。

【本章学习反馈】

一、单项选择题

1. 下列法律中，明确确定“中华人民共和国公民有依照法律纳税的义务”的是（　　）。

A.《中华人民共和国宪法》　　B.《中华人民共和国民法通则》

C.《中华人民共和国个人所得税法》　　D.《中华人民共和国税收征收管理法》

2. 下列关于税收强制执行措施的表述中，正确的是（　　）。

A. 税收强制执行措施不适用于扣缴义务人

B. 作为家庭唯一代步工具的轿车，不在税收强制执行的范围之内

C. 税务机关采取强制执行措施时，可对纳税人未缴纳的滞纳金同时强制执行

D. 税务机关可对未按期缴纳工薪收入个人所得税的个人实施税收强制执行措施

3. 税务机关在税务检查中发现，张某委托本地个体户李某加工实木地板。张某已将实木地板收回并销售，但未入账，也不能出示消费税完税证明。下列关于税务机关征管行为的表述中，正确的是（　　）。

A. 要求李某补缴税款

B. 要求张某补缴税款

C. 应对张某处以未缴消费税额 0.5 倍至 3 倍的罚款

D. 应对李某处以未代收代缴消费税额 0.5 倍至 3 倍的罚款

4. 下列各项中，适用增值税出口退税“先征后退”办法的是（　　）。

A. 收购货物出口的外贸企业　　B. 受托代理出口货物的外贸企业

C. 自营出口自产货物的生产企业　　D. 委托出口自产货物的生产企业

5. 张先生 2009 年 6 月份销售一套普通住房取得销售收入 120 万元。该住房系张先生于 2008 年 12 月份购买取得，取得的购房发票上注明的房屋价款为 90 万元。张先生销售住房应缴纳的营业税为（　　）万元。

A. 1.5　　B. 2.7　　C. 4.5　　D. 6

二、案例分析题

某手表厂为增值税一般纳税人，生产销售各类手表。2018 年 6 月份销售 A 牌手表 40 只，每只零售价为 15 210 元；销售 B 牌手表 25 只，每只零售价为 10 530 元；销售 C 牌手表 200 只，每只零售价款为 234 元。已知高档手表的消费税税率为 20%。

问题：

假设该手表厂无其他业务，计算该手表厂 2018 年 6 月应缴纳的消费税。

第十章 会计法和审计法

☞ 学习目标 》

通过本章的学习，要求：了解我国会计、审计相关立法；掌握会计法和审计法的基本原则；对会计核算、会计监督、审计机关的职责和权限及法律责任有一定的了解。

☞ 导入案例 》

审计机关对某股份有限公司 2017 年财务情况进行审计时，发现有以下行为。

（1）公司作为一般纳税人，在未发生存货购入业务的情况下，从其他企业买入空白增值税发票，并在发票上注明购入商品，买价 2000 万元，增值税额 340 万元。财务部门以该发票为依据，编制购入商品的记账凭证；纳税申报时作为增值税进项税额抵扣税款。

（2）会计人员有充分证据证明以上行为属公司总经理强令会计人员所为。

（3）公司销售商品开出发票时，“发票联”内容真实，但本单位“决账联”和“存根联”的金额比真实金额小。会计以“记账联”编制记账凭证，登记账簿，导致少记销售收入 900 万元，少记增值税 153 万元。

问题：以上三种行为分别属于什么行为，应如何处理？

第一节 会 计 法

一、会计法概述

（一）会计法的概念

会计是以货币为主要计量单位，采用一系列专门的方法和程序，对经济交易或事项进行连续、系统、综合地核算和监督，提供经济信息，参与预测决策的一种管理活动。它是管理和监督经济的一种活动，是经济管理的重要组成部分。

会计法是调整会计关系的法律规范的总称。会计关系是指会计机构和会计人员在办理会计事务过程中发生的经济关系。在一个单位中，会计关系的主体是会计机构和会计人员，客体是会计与工作相关的各种事务。会计法调整的会计关系具有以下特征：一是以货币为计量单位作为统一计量或衡量的尺度；二是根据会计凭证，按照规定的会计程序，系统全面地、真实准确地、连续地记录和反映经济活动和财务收支情况；三是有一套专门的分析、核算、检查、监督的方法。

（二）会计法的制定

为了规范会计行为，保证会计资料真实、完整，加强经济管理和财务管理，提高经济效益，维护社会主义市场经济秩序，我国在 1985 年 1 月 21 日第六届全国人民代表大会常务委员会第九次会议上通过并公布了《中华人民共和国会计法》（简称《会计法》），后经 1993 年 12 月 29 日第八届全国人民代表大会常务委员会第五次会议《关于修改〈中华人民共和国会计法〉的决定》部分修正，1999 年 10 月 31 日第九届全国人民代表大会常务委员会第十二次会议进行全面修订，共 7 章 52 条，于 2000 年 7 月 1 日起实施。《会计法》最近一次修正是根据 2017 年 11 月 4 日第十二届全国人民代表大会常务委员会第三十次会议《关于修改〈中华人民共和国会计法〉等十一部法律的决定》进行的。

在我国，除了会计法之外，还颁布了一系列与会计有关的法律、法规。例如，《中华人民共和国注册会计师法》《企业会计准则》《会计人员工作规则》《企业财务通则》等，与会计法一起共同构成了我国的会计法律制度。

（三）会计法的适用范围

我国《会计法》的适用范围包括两个方面：①办理会计事务的单位和个人；②会计主管机关和其他机关。个体工商户不列入适用范围。

（四）会计法的基本原则

（1）各单位必须依法办理会计事务。根据《会计法》规定，单位办理会计事务必须依照《会计法》的规定进行。无论何种单位在进行独立核算，独立记载经济业务，独立办理会计事务时，必须依照《会计法》的规定进行。

（2）各单位必须依法设置会计账簿，并保证其真实、完整。根据《会计法》的规定，国家机关、社会团体、公司、企业、事业单位和其他组织都必须依法设置会计账簿，并保证其真实、完整。会计账簿是指具备一定格式，用以记载各项经济业务的账册。会计账簿是重要的会计信息，它既是编制会计报表的主要依据，同时也是审计工作的重要依据，因此，各单位必须依法设置会计账簿。

（3）单位负责人对本单位的会计工作和会计资料的真实性、完整性负责。根据《会计法》的规定，单位负责人既要对本单位的会计工作担负责任，同时还要对本单位保存和提供的会计资料的真实性、完整性担负责任。对本单位的会计工作负责，是指对本单位的会计工作负领导责任，即要领导本单位的会计机构、会计人员和其他有关人员认真执行《会计法》，按照国家规定组织好本单位的会计工作，支持本单位的会计机构和会计人员依法独立开展会计工作，并保障会计人员的职权不受侵犯。对本单位的会计资料的真实性和完整性负责，即保证本单位的会计资料不存在弄虚作假、隐瞒等情况。

（4）会计机构、会计人员依法进行会计核算，实行会计监督。会计机构和会计人员应依照《会计法》的规定进行会计核算，实行会计监督。任何单位或者个人不得以任何方式授意、指使、强令会计机构、会计人员，伪造、变造会计凭证、会计账簿和其他会计资料，提供虚假财务会计报告。任何单位或者个人不得对依法履行职责、抵制违反本法规定行为的会计人员实行打击报复。

(5) 对认真执行会计法、忠于职守、坚持原则、做出显著成绩的会计人员，给予精神的或物质的奖励。由于会计人员所负的双重责任，会计人员时刻处在处理各种利益关系的特殊位置，常常处于矛盾的交点处，既要按单位领导的意见办，又要严格执行国家财会法规；既要站在本单位的角度开展工作，又要站在国家的角度来处理经济业务事项。有些事务如处理不当，不是违反国家规定，就是违背领导意志，或是触犯本单位的利益，在这种情况下，不是要受到国家的制裁，就是有可能遭受打击报复，这就需要他们具有高度的原则性。为了充分调动会计人员依法做好本职工作的积极性，提高会计人员的地位，《会计法》突出了对认真执行本法、忠于职守、坚持原则、做出显著成绩的会计人员，给予精神或物质奖励的基本精神。具体奖励办法和标准，由各地区、部门、单位根据实际情况灵活掌握。

二、会计管理体制

（一）主管部门

国务院财政部门主管全国的会计工作。县级以上地方各级人民政府财政部门管理本行政区域的会计工作。单位负责人对本单位的会计工作负责。

（二）会计制度

国家实行统一的会计制度。国家统一的会计制度由国务院财政部门根据本法制定并公布。

国务院有关部门可以依照本法和国家统一的会计制度制定对会计核算和会计监督有特殊要求的行业实施国家统一的会计制度的具体办法或者补充规定，报国务院财政部门审核批准。

中国人民解放军总后勤部可以依照本法和国家统一的会计制度制定军队实施国家统一的会计制度的具体办法，报国务院财政部门备案。

（三）会计机构和会计人员

1. 会计机构和会计人员的设置

根据《会计法》，各单位应当根据会计业务的需要，设置会计机构，或者在有关机构中设置会计人员并指定会计主管人员；不具备设置条件的，应当委托经批准设立从事会计代理记账业务的中介机构代理记账。

国有的和国有资产占控股地位或者主导地位的大、中型企业必须设置总会计师。总会计师的任职资格、任免程序、职责权限由国务院规定。

从事会计工作的人员是否具备专业能力、遵守职业道德。担任单位会计机构负责人（会计主管人员）的，还应当具备会计师以上专业技术职务资格或者从事会计工作 3 年以上经历。

会计人员应当遵守职业道德，提高业务素质。对会计人员的教育和培训工作应当加强。

2. 会计人员的工作交接

根据《会计法》，会计人员调动工作或者离职，必须与接管人员办清交接手续。一般会计人员办理交接手续，由会计机构负责人（会计主管人员）监交；会计机构负责人（会计主管人员）办理交接手续，由单位负责人监交，必要时主管单位可以派人会同监交。

（四）稽核制度

稽核制度是会计机构对会计核算工作进行的一种自我检查及审核工作，以此提高会计核算工作的质量，是作好会计核算工作的重要保障。

我国《会计法》规定，会计机构内部应当建立稽核制度。出纳人员不得兼任稽核、会计档案保管和收入、支出、费用、债权债务账目的登记工作。

（五）会计机构和会计人员的主要职责

主要职责有：依法进行会计监督和核算；拟订本单位办理会计事务的具体办法；参与拟订经济计划、业务计划，考核、分析、预算财务计划的执行情况；办理其他会计事务。

三、会计核算

（一）会计核算的概念

会计核算是会计工作的基本职能之一，是会计工作的重要环节。具体是指，以货币为主要计量单位运用专门的会计方法，对生产经营活动或者预算执行过程及其结果进行连续、系统、全面的记录、分析、计算，定期编制并提供财务会计报告和其他一系列内部管理所需会计资料，为做出经营决策和宏观经济管理提供依据的一项会计活动。加强会计核算，充分发挥会计核算职能作用是《会计法》所要解决的核心问题之一。

（二）会计核算的一般要求

各单位应当按照《会计法》和国家统一会计制度的规定建立会计账册，进行会计核算，及时提供合法、真实、准确、完整的会计信息。

（1）各单位发生的下列事项，应当及时办理会计手续，进行会计核算：款项和有价证券的收付；财物的收发、增减和使用；债权债务的发生和结算；资本、基金的增减；收入、支出、费用、成本的计算；财务成果的计算和处理；其他需要办理会计手续、进行会计核算的事项。

（2）各单位的会计核算应当以实际发生的经济业务为依据，按照规定的会计处理方法进行，保证会计指标的口径一致、相互可比和会计处理方法的前后各期相一致。

（3）会计年度自公历1月1日起至12月31日止。

(4) 会计核算以人民币为记账本位币。业务收支以外国货币为主的单位，也可以选定某种外国货币作为记账本位币，但是编制的会计报表应当折算为人民币反映。境外单位向国内有关部门编报的会计报表，应当折算为人民币反映。

(5) 各单位根据国家统一会计制度的要求，在不影响会计核算要求、会计报表指标汇总和对外统一会计报表的前提下，可以根据实际情况自行设置和使用会计科目。事业行政单位会计科目的设置和使用，应当符合国家统一事业行政单位会计制度的规定。

(6) 会计凭证、会计账簿、会计报表和其他会计资料的内容和要求必须符合国家统一会计制度的规定，不得伪造、变造会计凭证和会计账簿，不得设置账外账，不得报送虚假会计报表。

(7) 各单位对外报送的会计报表格式由财政部统一规定。

(8) 实行会计电算化的单位，对使用的会计软件及其生成的会计凭证、会计账簿、会计报表和其他会计资料的要求，应当符合财政部关于会计电算化的有关规定。

(9) 各单位的会计凭证、会计账簿、会计报表和其他会计资料，应当建立档案，妥善保管。会计档案建档要求、保管期限、销毁办法等依据《会计档案管理办法》的规定进行。实行会计电算化的单位，有关电子数据、会计软件资料等应当作为会计档案进行管理。

(10) 会计记录的文字应当使用中文，少数民族自治地区可以同时使用少数民族文字。中国境内的外商投资企业、外国企业和其他外国经济组织也可以同时使用某种外国文字。

(三) 会计核算的内容

《会计法》第10条规定，下列经济业务事项应当进行会计核算。

1. 款项和有价证券的收付

款项是作为支付手段的货币资金，主要包括：现金、银行存款，以及其他视同现金和银行存款使用的外埠存款、银行汇票存款、银行本票存款、在途货币资金、信用证存款、保函押金和各种备用金等。有价证券是指表示一定财产权或支配权的证券，如国库券、股票、企业债券和其他债券等。款项和有价证券是单位的资产，也是流动性最强的资产。款项和有价证券的核算具有高度的流动性，加强对款项和有价证券的管理和控制十分重要。如果款项和有价证券收付环节出现问题，不仅使单位款项和有价证券受损，更直接影响到单位货币资金的供应，从而影响单位生产经营活动。因此，各单位必须按照国家统一的会计制度的规定，及时、如实地核算款项和有价证券的收付及结存，加强内部控制和监督管理，保证单位货币资金的流通性、安全性，提高货币资金的使用效率。

2. 财物的收发、增减和使用

财物是单位财产和物资的简称，是反映一个单位进行或维持经营管理活动，具有实物形态的经济资源，一般包括原材料、燃料、包装物、低值易耗品、产品、商品等流动资产和房屋、建筑物、机器、设备、设施、运输工具等固定资产。财物的收发、增减和作用，是会计核算中的经常性业务，也是发挥会计在控制和降低成本、保证财物安全完整、防止资产流失等职能作用的重要内容。因此，各单位必须加强对单位财物收发、增减和使用环节的管理，严格按照国家统一的会计制度的规定进行核算，维护单位正常的生产经营秩序。

3. 债权债务的发生和结算

债权是单位收取款项的权利，一般包括各种应收和预付款项等。债务则是指单位承担的、能以货币计量的、需要以资产或劳务偿付的义务，一般包括各项借款、应付和预收款项以及应交款项等。债权和债务都是单位日常生产经营和业务活动中大量发生的经济业务事项。由于债权债务的发生和结算，涉及本单位与其他单位或其他有关方面的经济利益，关系到单位自身的资金周转，影响着单位的生产经营活动和业务活动，所以，各单位必须加强对债权债务的核算，及时、真实、完整地核算和反映单位债权债务，防范在债权债务环节发生非法行为。

4. 资本、基金的增减

资本是投资者为开展生产经营活动而投入的本钱。基金，是各单位按照法律、法规的规定而设置或筹集的具有某些特定用途的专项资金，如政府基金、社会保险基金、教育基金等。资本、基金的利益关系人比较明确，用途也基本定向。但是，办理资本、基金增减会计核算的政策性强，一般都应以具有法律效力的合同、协议、董事会决议或政府部门的有关文件等为依据。因此，各单位必须按照国家统一的会计制度的规定和具有法律效力的文书为依据进行核算。

5. 收入、支出、费用、成本的计算

收入是指公司、企业等在销售商品、提供劳务及让渡资产使用权等日常活动中所形成的经济利益的总流入。支出，是行政事业单位和社会团体在履行法定职能、发挥特定功能时所发生的各项开支，以及企业在正常生产经营活动以外的支出和损失。费用是指公司、企业等在销售商品和提供劳务等日常活动中所发生的经济利益的流出。成本是指公司、企业为生产某种产品而发生的费用，它与一定种类和数量的产品相联系，是对象化了的费用。收入、支出、费用、成本是计算和判断单位经营成果及其盈亏状况的主要依据。各单位应当重视收入、支出、成本、费用环节的管理，按照国家统一的会计制度的规定，正确核算收入、支出、费用、成本。

6. 财务成果的计算和处理

财务成果主要是指公司、企业和企业化管理的事业单位等在一定时期内通过从事经营活动最终在财务上所取得的结果，具体表现为盈利或亏损。财务成果的计算和处理一般包括利润的计算、所得税的计算和交纳、利润分配或亏损弥补等。财务成果的计算和处理，涉及所有者、国家等方面的利益，因此，各单位必须按照国家统一的会计制度和其他财税经济法规制度的规定，正确计算处理财务成果。

7. 其他事项

其他事项，是指除上述六项经济业务事项以外的、按照统一的会计制度规定应当办理会计手续和进行会计核算的其他经济业务事项。

（四）会计凭证和会计账簿

1. 会计凭证

会计凭证，简称凭证，是指财务会计工作中用以记录经济业务、明确经济责任的书面证明，是登记账簿的依据。

会计凭证种类多样，按其填制程序和用途不同，可以分为原始凭证和记账凭证两大类。原始凭证是指经济业务发生或完成时取得或填制的，用以记录和证明经济业务的发生或完成情况的原始凭据，是进行会计核算的原始资料。记账凭证是会计人员根据审核无误的原始凭证填制，记载经济业务主要内容，确定会计分录，并作为记账依据的会计凭证。

根据《会计法》规定，办理本法第10条所列的经济业务事项，必须填制或者取得原始凭证并及时送交会计机构。会计机构、会计人员必须按照国家统一的会计制度的规定对原始凭证进行审核，对不真实、不合法的原始凭证有权不予接受，并向单位负责人报告；对记载不准确、不完整的原始凭证予以退回，并要求按照国家统一的会计制度的规定更正、补充。

相关链接

原始凭证记载的各项内容均不得涂改；原始凭证有错误的，应当由出具单位重开或者更正，更正处应当加盖出具单位印章。原始凭证金额有错误的，应当由出具单位重开，不得在原始凭证上更正。记账凭证应当根据经过审核的原始凭证及有关资料编制。

2. 会计账簿

所谓会计账簿，是指由具有一定格式、相互联系的账页组成，并以会计凭证为依据，用来序时地、分类地记录和反映各项经济业务的簿籍。

会计账簿登记，必须以经过审核的会计凭证为依据，并符合有关法律、行政法规和国家统一的会计制度的规定。会计账簿包括总账、明细账、日记账和其他辅助性账簿。会计账簿应当按照连续编号的页码顺序登记。会计账簿记录发生错误或者隔页、缺号、跳行的，应当按照国家统一的会计制度规定的方法更正，并由会计人员和会计机构负责人（会计主管人员）在更正处盖章。使用电子计算机进行会计核算的，其会计账簿的登记、更正，应当符合国家统一的会计制度的规定。

各单位发生的各项经济业务事项应当在依法设置的会计账簿上统一登记、核算，不得违反本法和国家统一的会计制度的规定私设会计账簿登记、核算。

（五）财务会计报告

财务会计报告是指单位根据经过审核的会计账簿记录和有关资料，编制并对外提供的反映单位某一特定日期财务状况和某一会计期间经营成果、现金流量的书面文件。

财务会计报告应当根据经过审核的会计账簿记录和有关资料编制，并符合《会计法》和国家统一的会计制度关于财务会计报告的编制要求、提供对象和提供期限的规定；其他法律、行政法规另有规定的，从其规定。

财务会计报告由会计报表、会计报表附注和财务情况说明书组成。向不同的会计资料使用者提供的财务会计报告，其编制依据应当一致。有关法律、行政法规规定会计报表、会计报表附注和财务情况说明书须经注册会计师审计的，注册会计师及其所在的会计师事务所出具的审计报告应当随同财务会计报告一并提供。

财务会计报告应当由单位负责人和主管会计工作的负责人、会计机构负责人（会计主管人员）签名并盖章；设置总会计师的单位，还须由总会计师签名并盖章。单位负责人应当保证财务会计报告真实、完整。

（六）财务核对、财产清查及会计档案管理

1. 财务核对和财产清查

财务核对和财产清查是保证会计账簿记录质量的重要程序，是会计核算的重要环节，是保证会计信息真实性的重要手段。《会计法》规定，各单位应当定期将会计账簿记录与实物、款项及有关资料相互核对，保证会计账簿记录与实物及款项的实有数额相符、会计账簿记录与会计凭证的有关内容相符、会计账簿之间相对应的记录相符、会计账簿记录与会计报表的有关内容相符。

2. 会计档案管理

会计档案是记录和反映经济业务事项的重要史料和证据。《会计法》规定，各单位对会计凭证、会计账簿、财务会计报告和其他会计资料应当建立档案，妥善保管。会计档案的保管期限和销毁办法，由国务院财政部门会同有关部门制定。

（七）公司、企业会计核算的特别规定

《会计法》对公司、企业的会计核算做出了特别的规定，要求公司、企业在进行会计核算时，不仅要遵守会计法的一般规定，而且必须根据实际发生的经济业务事项，按照国家统一的会计制度的规定确认、计量和记录资产、负债、所有者权益、收入、费用、成本和利润。

公司、企业进行会计核算不得有下列行为：随意改变资产、负债、所有者权益的确认标准或者计量方法，虚列、多列、不列或者少列资产、负债、所有者权益；虚列或者隐瞒收入，推迟或者提前确认收入；随意改变费用、成本的确认标准或者计量方法，虚列、多列、不列或者少列费用、成本；随意调整利润的计算、分配方法，编造虚假利润或者隐瞒利润；违反国家统一的会计制度规定的其他行为。

四、会计监督

（一）会计监督的概念

会计监督是会计的另一项基本职能，是会计法的核心和根本宗旨，是指会计机构和

会计人员依照法律的规定，通过办理会计手续对经济活动的合法性、合理性、有效性进行的一种监督。

（二）会计监督的内容

1. 单位内部会计监督

单位内部会计监督制度，是为了保护资产的安全、完整，保证单位的经营活动符合国家法律、法规和内部有关管理制度的规定，提高经营管理水平和效率，在单位内部采取的一系列相互监督的制度和方法。

1）单位内部会计监督的要求

各单位应当建立、健全本单位内部会计监督制度。单位内部会计监督制度应当符合下列要求：记账人员与经济业务事项和会计事项的审批人员、经办人员、财物保管人员的职责权限应当明确，并相互分离、相互制约；重大对外投资、资产处置、资金调度和其他重要经济业务事项的决策和执行的相互监督、相互制约程序应当明确；财产清查的范围、期限和组织程序应当明确；对会计资料定期进行内部审计的办法和程序应当明确。

2）责任制度

单位负责人应当保证会计机构、会计人员依法履行职责，不得授意、指使、强令会计机构、会计人员违法办理会计事项。

会计机构、会计人员对违反《会计法》和国家统一的会计制度规定的会计事项，有权拒绝办理或者按照职权予以纠正。

会计机构、会计人员发现会计账簿记录与实物、款项及有关资料不相符的，按照国家统一的会计制度的规定有权自行处理的，应当及时处理；无权处理的，应当立即向单位负责人报告，请求查明原因，做出处理。

2. 政府监督

政府会计监督是一种外部监督，主要是指财务部门代表国家对各单位中相关人员的会计行为实施的监督检查，以及对发现的违法行为进行的行政处罚。

根据《会计法》的规定，县级以上人民政府财政部门是各单位会计工作的监督检查部门，对各单位会计工作行使监督权，对会计违法行为享有行政处罚权。

财政部门对各单位的下列情况实施监督：是否依法设置会计账簿；会计凭证、会计账簿、财务会计报告和其他会计资料是否真实、完整；会计核算是否符合本法和国家统一的会计制度的规定；从事会计工作的人员是否具备从业资格。发现重大违法嫌疑时，国务院财政部门及其派出机构可以向与被监督单位有经济业务往来的单位和被监督单位开立账户的金融机构查询有关情况，有关单位和金融机构应当给予支持。

财政、审计、税务、人民银行、证券监管、保险监管等部门应当依照有关法律、行政法规规定的职责，对有关单位的会计资料实施监督检查。监督检查部门对有关单位的会计资料依法实施监督检查后，应当出具检查结论。有关监督检查部门已经做出的检查结论能够满足其他监督检查部门履行本部门职责需要的，其他监督检查部门应当加以利用，避免重复查账。

财政部门有权对会计师事务所出具审计报告的程序和内容进行监督。

3. 社会监督

会计工作的社会监督主要是指由注册会计师及其所在的会计师事务所依法对委托单位的经济活动进行的审计、鉴证的一种监督制度。

根据《会计法》的规定，有关法律、行政法规规定，须经注册会计师进行审计的单位，应当向受委托的会计师事务所如实提供会计凭证、会计账簿、财务会计报告、其他会计资料以及有关情况。任何单位或者个人不得以任何方式要求或者示意注册会计师及其所在的会计师事务所出具不实或者不当的审计报告。

任何单位和个人对违反本法和国家统一的会计制度规定的行为，有权检举。收到检举的部门有权处理的，应当依法按照职责分工及时处理；无权处理的，应当及时移送有权处理的部门处理。收到检举的部门、负责处理的部门应当为检举人保密，不得将检举人姓名和检举材料转给被检举单位和被检举人个人。

五、法律责任

单位或者个人违反会计法律制度应当承担法律责任，受到法律制裁。违反会计法的行为承担法律责任的形式有行政处罚、行政处分、刑事责任等。

（一）违反国家统一的会计制度行为的法律后果

违反会计法规定，有下列行为之一的，由县级以上人民政府财政部门责令限期改正，可以对单位并处3000元以上50 000元以下的罚款；对其直接负责的主管人员和其他直接责任人员，可以处2000元以上20 000元以下的罚款；属于国家工作人员的，还应当由其所在单位或者有关单位依法给予行政处分。构成犯罪的，依法追究刑事责任：①不依法设置会计账簿的；②私设会计账簿的；③未按照规定填制、取得原始凭证或者填制、取得的原始凭证不符合规定的；④以未经审核的会计凭证为依据登记会计账簿，或者登记会计账簿不符合规定的；⑤随意变更会计处理方法的；⑥向不同的会计资料使用者提供的财务会计报告，编制依据不一致的；⑦未按照规定使用会计记录文字或者记账本位币的；⑧未按照规定保管会计资料，致使会计资料毁损、灭失的；⑨未按照规定建立并实施单位内部会计监督制度，或者拒绝依法实施的监督，或者不如实提供有关会计资料及有关情况的；⑩任用会计人员不符合会计法规定的。

会计人员有下述行为之一，情节严重的，由县级以上人民政府财政部门吊销会计从业资格证书。

（二）提供虚假会计信息的法律责任

会计人员有下述行为之一，情节严重的，5年内不得从事会计工作。

单位或者个人伪造、变造会计凭证、会计账簿，编制虚假财务会计报告，由县级以上人民政府财政部门予以通报，可以对单位并处5000元以上100 000元以下的罚款；对其直接负责的主管人员和其他直接责任人员，可以处3000元以上50 000元以下的罚款；属于国家工作人员的，还应当由其所在单位或者有关单位依法给予撤职直至开除的行政处分；对其中的会计人员，5 年内不得从事会计工作。情节严重构成犯罪的，依法追究刑事责任。

（三）隐匿或者故意销毁会计资料的法律责任

隐匿或者故意销毁依法应当保存的会计凭证、会计账簿、财务会计报告，由县级以上人民政府财政部门予以通报，可以对单位并处 5000 元以上 100 000 元以下的罚款；对其直接负责的主管人员和其他直接责任人员，可以处 3000 元以上 50 000 元以下的罚款；属于国家工作人员的，还应当由其所在单位或者有关单位依法给予撤职直至开除的行政处分；对其中的会计人员，5 年内不得从事会计工作。情节严重构成犯罪的，依法追究刑事责任。

相关案例

杨某离任本村会计职务后，将本村会计资料“科目余额表”移交给本村新任会计李某，但并未移交会计凭证。杨某在该乡人民政府工作人员多次督促下，仍不移交。该乡人民政府委托会计事务所对该村账目审计监督时，杨某仍不提供会计账簿、会计凭证。公安机关传唤杨某询问该事后，其才将隐藏在家中的本村会计凭证、会计账簿移交给会计事务所。经会计事务所审计，该村近年来财务收入 324.2 万元，支出 286.2 万元。

法院审理后认为，被告人杨某故意隐藏本村会计凭证、会计账簿拒不交出，涉及金额在 50 万元以上，情节严重，已构成隐匿会计凭证、会计账簿罪。遂依照《中华人民共和国刑法修正案》第 1 条第 1 款之规定，杨某被判处拘役 2 个月，并处罚金 20 000元。

（四）授意、指使、强令提供虚假会计信息的法律责任

授意、指使、强令会计机构、会计人员及其他人员伪造、变造会计凭证、会计账簿，编制虚假财务会计报告或者隐匿、故意销毁依法应当保存的会计凭证、会计账簿、财务会计报告，可以处 5000 元以上 50 000 元以下的罚款；属于国家工作人员的，还应当由其所在单位或者有关单位依法给予降级、撤职、开除的行政处分。情节严重构成犯罪的，依法追究刑事责任。

（五）打击报复依法履行会计职责的会计人员的法律责任

单位负责人对依法履行职责、抵制违反会计法规定行为的会计人员以降级、撤职、调离工作岗位、解聘或者开除等方式实行打击报复的，由其所在单位或者有关单位依法给予行政处分；构成犯罪的，依法追究刑事责任。对受打击报复的会计人员，应当恢复其名誉和原有职务、级别。

（六）国家机关及其工作人员违法行为的法律责任

财政部门及有关行政部门的工作人员在实施监督管理中滥用职权、玩忽职守、徇私

舞弊或者泄露国家秘密、商业秘密，构成犯罪的，依法追究刑事责任；尚不构成犯罪的，依法给予行政处分。有关国家机关将检举人姓名和检举材料转给被检举单位和被检举人个人的，由所在单位或者有关单位依法给予行政处分。

第二节 审 计 法

一、审计法概述

（一）审计法的概念及制定

审计指由专设机关依照法律对国家各级政府及金融机构、企业事业组织的重大项目和财务收支进行事前和事后的审查。审计法是调整审计关系的法律规范的总称。审计关系是一种经济监督关系，发生于审计主体与被审计单位之间。《中华人民共和国审计法》（简称《审计法》）是审计工作的基本法律依据。它以法律的形式确定了审计工作的地位、任务和作用，规定了审计工作的基本准则。审计法属于经济体系的一个组成部分。

我国于1994年8月31日第八届全国人民代表大会常务委员会第九次会议通过《审计法》。2006年2月28日，第十届全国人民代表大会常务委员会第二十次会议通过了《关于修改〈中华人民共和国审计法〉的决定》，对《审计法》进行了修订，新《审计法》共7章54条，于2006年6月1日起实施。2010年2月2日，国务院第一百次常务会议修订通过了《中华人民共和国审计法实施条例》（简称《审计法实施条例》），自2010年5月1日起施行。

相关案例

新修订的《审计法实施条例》相比旧实施条例，条例更细化和明确，具有更强的操作性。新实施条例有很多值得期待的亮点。例如，扩大了可以公布的审计结果的范围，加强对审计机关的监督；跟踪审计资金，紧追钱的去向；违反国家规定取得的资产新增了“有价证券”；审计人员与被审计单位有经济利益关系应回避；地方审计机关负责人任免应征求上级审计机关意见；审计机关查询被审计单位金融账户负有保密义务；审计机关封存被审计单位资产期限为7日以内；审计组提出审计报告前应征求被审计单位意见。

（二）国家审计的基本原则

国家审计的基本原则是《宪法》和《审计法》确定的，贯穿于审计工作的始终，对全部审计活动都具有指导意义。国家审计机关在执行审计公务活动中必须遵循以下五项基本原则：依法审计原则；审计独立原则；观公正原则；业谨慎原则；洁奉公原则等。

相关案例

2003年，审计署推出审计结果公开制度，6月25日，李金华代表审计署，提交了一份长达22页的审计报告，并首次在第一时间全文公布了牵涉很多重要部门的审计报告。一大批中央部委被公开曝光，被点名批评的有财政部、原国家计划委员会、教育部、民政部、水利部等，其中，财政部被点名达 9 次之多，报告在用词上也少有以前的含糊和温和，而代之以“疏于管理和监督”等严厉的字眼。2004 年 6 月 23 日，李金华代表国务院向全国人民代表大会常务委员会提交了一份很有分量的审计清单。审计报告，“揭盖子”占到九成以上篇幅。报告中的 18 项内容，每一项都足够震撼。人们用“审计风暴”来形容报告所带来的冲击波。

二、审计机关与人员

（一）审计机关

1. 中央审计机关的设置及其责任人的任免

根据《宪法》第 91 条第 1 款规定，国务院设立审计机关，对国务院各部门和地方各级政府的财政收支，对国家的财政金融机构和企业事业组织的财务收支，进行审计监督。

据此，国务院于 1983 年 9 月 15 日正式成立了中华人民共和国审计署。《审计法》规定，国务院设立审计署，在国务院总理领导下，主管全国的审计工作。审计长是审计署的行政首长。

审计机关负责人依照法定程序任免。审计机关负责人没有违法失职或者其他不符合任职条件的情况的，不得随意撤换。

2. 地方审计机关的设置及其责任人的任免

根据《宪法》第 109 条规定，县级以上的地方各级人民政府设立审计机关。地方各级审计机关依照法律规定独立行使审计监督权，对本级人民政府和上一级审计机关负责。

地方审计机关实行双重领导体制，我国《审计法》规定，省、自治区、直辖市，设区的市、自治州、县、自治县，以及不设区的市、市辖区的人民政府的审计机关，分别在省长、自治区主席、市长、州长、县长、区长和上一级审计机关的领导下，负责本行政区域内的审计工作。地方各级审计机关对本级人民政府和上一级审计机关负责并报告工作，审计业务以上级审计机关领导为主。

审计机关负责人依照法定程序任免。审计机关负责人没有违法失职或者其他不符合任职条件的情况的，不得随意撤换。地方各级审计机关负责人的任免，应当事先征求上一级审计机关的意见。

3. 审计机关的派出机构

依据《审计法》，审计机关根据工作需要，经本级人民政府批准，可以在其审计管辖范围内设立派出机构。派出机构根据审计机关的授权，依法进行审计工作。

审计署的派出机构分为两类：一类是派出审计局；另一类是驻地方特派员办事处。

（二）审计人员

审计人员是在审计机关中从事审计工作的专门人员。审计人员应当具备与其从事的审计工作相适应的专业知识和业务能力。

审计人员执行职务的原则有：①回避原则。审计人员办理审计事项，与被审计单位或者审计事项有利害关系的，应当回避。②保密原则。审计人员对其在执行职务中知悉的国家秘密和被审计单位的商业秘密，负有保密的义务。③受法律保护原则。审计人员依法执行职务，受法律保护。任何组织和个人不得拒绝、阻碍审计人员依法执行职务，不得打击报复审计人员。

三、审计机关的职责和权限

（一）审计机关的职责

审计机关最主要的职责是审计监督。依据《审计法》及其相关规定，我国审计机关的职责包括：①审计机关对本级各部门（含直属单位）和下级政府预算的执行情况和决算以及其他财政收支情况，进行审计监督。②审计署在国务院总理领导下，对中央预算执行情况和其他财政收支情况进行审计监督，向国务院总理提出审计结果报告。③审计署对中央银行的财务收支进行审计监督。审计机关对国有金融机构的资产、负债、损益进行审计监督。④审计机关对国家的事业组织和使用财政资金的其他事业组织的财务收支，进行审计监督。⑤审计机关对国有企业的资产、负债、损益进行审计监督。对国有资本占控股地位或者主导地位的企业、金融机构的审计监督，由国务院规定。⑥审计机关对政府投资和以政府投资为主的建设项目的预算执行情况和决算，进行审计监督。⑦审计机关对政府部门管理的和其他单位受政府委托管理的社会保障基金、社会捐赠资金以及其他有关基金、资金的财务收支，进行审计监督。⑧审计机关对国际组织和外国政府援助、贷款项目的财务收支，进行审计监督。⑨审计机关按照国家有关规定，对国家机关和依法属于审计机关审计监督对象的其他单位的主要负责人，在任职期间对本地区、本部门或者本单位的财政收支、财务收支以及有关经济活动应负经济责任的履行情况，进行审计监督。⑩审计机关对其他法律、行政法规规定的应当由审计机关进行审计的事项，依照审计法和有关法律、行政法规的规定进行审计监督。⑪审计机关对与国家财政收支有关的特定事项，向有关地方、部门、单位进行专项审计调查，并向本级人民政府和上一级审计机关报告审计调查结果。

（二）审计机关的权限

审计机关的权限是指宪法和法律赋予审计机关在实施审计监督过程中享有的职能，是审计机关的执法手段。

根据《审计法》和《审计法实施条例》的有关规定，审计机关进行审计时，具有下列权限。

(1) 要求报送资料权，即有权要求被审计单位按照审计机关的规定提供预算或者财务收支计划、预算执行情况、决算、财务会计报告，运用电子计算机储存、处理的财政收支、财务收支电子数据和必要的电子计算机技术文档，在金融机构开立账户的情况，社会审计机构出具的审计报告，以及其他与财政收支或者财务收支有关的资料。

(2) 检查权，即有权检查被审计单位的会计凭证、会计账簿、财务会计报告，并运用电子计算机管理财政收支、财务收支电子数据的系统，以及其他与财政收支、财务收支有关的资料和资产。

(3) 调查取证权，即有权就审计事项的有关问题向有关单位和个人进行调查，并取得有关证明材料；经县级以上人民政府审计机关负责人批准，有权查询被审计单位在金融机构的账户；有证据证明被审计单位以个人名义存储公款的，经县级以上人民政府审计机关主要负责人批准，有权查询被审计单位以个人名义在金融机构的存款。

(4) 行政强制措施权，即对被审计单位正在进行的违反国家规定的财政财务收支行为，有权予以制止或通知暂停拨付款项、责令暂停使用款项；对被审计单位转移、隐匿、篡改、毁弃会计凭证、会计账簿、财务会计报告以及其他与财政收支或者财务收支有关的资料，或者转移、隐匿所持有的违反国家规定取得的资产的行为，经县级以上人民政府审计机关负责人批准，有权封存有关资料和违反国家规定取得的资产。

(5) 提请协助权，即有权提请公安、监察、财政、税务、海关、价格、工商行政管理等机关予以协助。

(6) 移送权，即需要给予有关责任人员行政处分或者纪律处分的，有权移送纪检监察机关；需要追究有关责任人员刑事责任的，有权移送司法机关；有权建议有关主管部门纠正被审计单位执行的违法规定；有权向有关立法机关、政府及有关部门提出修改完善有关法律法规、政策措施和加强与改进宏观调控的建议。

(7) 处理处罚权，即对被审计单位违反国家规定的财政财务收支行为，有权依法予以处理处罚。

(8) 通报或公布审计结果权，即审计机关可以向政府有关部门通报或者向社会公布审计结果。

四、审计程序

审计程序是指审计机关在审计过程中必须遵守的法定顺序、期限、形式的制度。审计程序由规定的工作步骤组成，通常包括制订审计项目计划、审计准备、审计实施和审计终结四个阶段。

(一) 制订审计项目计划

审计项目计划是国家各级审计机关在每个审计工作年度开始之前，对计划期内的审计项目和专项审计调查项目做出统一安排。

审计项目计划是审计计划的重点，按规定经审计机关或同级人民政府审核批准后执行，并作为检查考核审计工作的依据。审计项目计划由上级审计机关统一组织项目、自行安排项目、授权审计项目、政府交办项目和其他交办、委托或举报项目等组成。审计项目计划的内容由文字和表格两部分组成。编制后的审计项目计划经批准后，没有特殊情况，不应变更和调整。

为了使审计项目计划能够真正落实，审计机关必须建立审计项目计划执行情况的报告制度。此外，还应组成审计项目质量检查组，根据有关法律、法规和规章的要求，对本级派出审计机关和下级审计机关完成审计项目的质量情况进行检查、评价和考核。

（二）审计准备阶段

审计准备阶段是指审计机关按照审计计划组成审计组，到指定审计单位，对被审计单位及其环境进行初步调查和评价的这一段时间。

审计准备阶段的工作主要有：审计机关根据审计项目计划确定的审计事项组成审计组，并应当在实施审计 3 日前，向被审计单位送达审计通知书；遇有特殊情况，经本级人民政府批准，审计机关可以直接持审计通知书实施审计。发出审计通知书，提出书面承诺要求；进入被审计的单位；了解被审计单位及其环境，初步评价其内部控制。

（三）审计实施阶段

审计实施阶段是指审计人员将项目审计方案进行实施的阶段。这是审计全过程的中心环节，也是整个审计程序的关键。

审计实施阶段的主要内容有：审计人员通过审查会计凭证、会计账簿、财务会计报告，查阅与审计事项有关的文件、资料，检查现金、实物、有价证券，向有关单位和个人调查等方式进行审计，并取得证明材料。审计人员向有关单位和个人进行调查时，应当出示审计人员的工作证件和审计通知书副本。审计人员实施审计时必须编制审计工作底稿，对审计中发现的问题做出详细、准确的记录，并注明资料来源。审计人员向有关单位和个人调查取证的重要证明材料，应当有提供者的签名或盖章；不能取得提供者签名或盖章的，应当注明原因。被审计单位应当配合审计机关的工作，并提供必要的工作条件。审计机关应当提高审计工作效率。

（四）审计终结阶段

审计终结阶段主要内容有：审计组对审计事项实施审计后，应当向审计机关提出审计组的审计报告。审计组的审计报告报送审计机关前，应当征求被审计对象的意见。被审计对象应当自接到审计组的审计报告之日起 10 日内，将其书面意见送交审计组。审计组应当将被审计对象的书面意见一并报送审计机关。

审计机关按照审计署规定的程序对审计组的审计报告进行审议，并对被审计对象对审计组的审计报告提出的意见一并研究后，提出审计机关的审计报告；对违反国家规定的财政收支、财务收支行为，依法应当给予处理、处罚的，在法定职权范围内做出审计决定或者向有关主管机关提出处理、处罚的意见。审计机关应当将审计机关的审计报告和审计决定送达被审计单位和有关主管机关、单位。审计决定自送达之日起生效。

上级审计机关认为下级审计机关做出的审计决定违反国家有关规定的，可以责成下级审计机关予以变更或者撤销，必要时也可以直接做出变更或者撤销的决定。

五、违反《审计法》的法律责任

违反《审计法》的法律责任是指被审计单位或者审计人员违反《审计法》的禁止性规定而应承担的法律后果。具体来说包括被审计单位违反《审计法》的法律责任和审计机关与审计人员违反《审计法》的法律责任两部分。

（一）被审计单位违反《审计法》的法律责任

被审计单位违反《审计法》的规定，拒绝或者拖延提供与审计事项有关的资料的，或者提供的资料不真实、不完整的，或者拒绝、阻碍检查的，由审计机关责令改正，可以通报批评，给予警告；拒不改正的，依法追究责任。

被审计单位违反《审计法》的规定，转移、隐匿、篡改、毁弃会计凭证、会计账簿、财务会计报告以及其他与财政收支、财务收支有关的资料，或者转移、隐匿所持有的违反国家规定取得的资产，审计机关认为对直接负责的主管人员和其他直接责任人员依法应当给予处分的，应当提出给予处分的建议，被审计单位或者其上级机关、监察机关应当依法及时做出决定，并将结果书面通知审计机关；构成犯罪的，依法追究刑事责任。

被审计单位报复陷害审计人员的，依法给予处分；构成犯罪的，依法追究刑事责任。

（二）审计机关和审计人员违反《审计法》的法律责任

审计机关和审计人员办理审计事项，应当客观公正、实事求是、廉洁奉公、保守秘密。审计人员对在执行审计中知悉的国家秘密和被审计单位的商业秘密，负有保密的义务。审计人员滥用职权、徇私舞弊、玩忽职守或者泄露所知悉的国家秘密、商业秘密的，依法给予处分；构成犯罪的，依法追究刑事责任。

【本章学习反馈】

一、单项选择题

1. 根据《会计法》规定，从事会计工作的人员应当具备的基本任职资格是（　　）。

   A. 具有初级会计专业技术资格　　B. 取得会计从业资格证书

   C. 具有中专以上会计专业学历　　D. 取得注册会计师资格证书

2. 根据会计法律制度的有关规定，在办理会计工作交接手续中，发现“白条顶库”现象，应采取的做法是（　　）。

   A. 由监交人员负责查清处理　　B. 由接管人员在移交后负责查清处理

   C. 由移交人员在规定期限内负责查清处理　　D. 由会计档案管理人员负责查清处理

3. 根据《会计档案管理办法》的规定，会计档案保管期限分为永久和定期两类。定期保管的会计档案，其最长期限是（　　）。

   A. 10 年　　B. 15 年　　C. 25 年　　D. 30 年

4. 某国有企业会计科出纳员因工作调动需办理工作交接手续，根据《会计基础工作规范》的规定，负责监交的人员应是（　　）。

A. 该单位一般会计人员　　B. 该单位会计机构负责人

C. 该单位负责人　　D. 当地财政部门派出人员

5. 我国《会计法》第3条规定："各单位必须依法设置会计账簿，并保证其真实、完整。"该法律规范属于（　　）。

A. 授权性规范　　B. 禁止性规范　　C. 义务性规范　　D. 任意性规范

二、案例分析

振光有限责任公司是一家中外合资经营企业，2017年发生了以下事项。

(1) 1月21日，公司接到市财政局通知，市财政局要来公司检查会计工作情况。公司董事长兼总经理胡某认为，公司作为中外合资经营企业，不应受《会计法》的约束，财政部门无权来检查。

(2) 3月5日，公司会计科一名档案管理人员生病临时交接工作，胡某委托单位出纳员李某临时保管会计档案。

(3) 4月15日，公司从外地购买一批原材料，收到发票后，与实际支付款项进行核对时发现发票金额错误，经办人员在原始凭证上进行更改，并加盖了自己的印章，作为报销凭证。

(4) 6月30日，公司有一批保管期满的会计档案，按规定需要进行销毁。公司档案管理部门编制了会计档案销毁清册，档案管理部门的负责人在会计档案销毁清册上签了字，并于当天销毁。

要求：根据上述情况和会计法律制度的有关规定，回答下列问题。

(1) 公司董事长兼总经理胡某认为合资经营企业不受《会计法》约束的观点是否正确？为什么？

(2) 该公司由出纳员临时保管会计档案的做法是否符合法律规定？为什么？

(3) 该公司经办人员更改原始凭证金额的做法是否符合法律规定？为什么？

(4) 该公司销毁会计档案的做法是否符合法律规定？为什么？

第十一章　劳动合同法与社会保险法

☞ 学习目标 》

通过本章的学习，要求：掌握劳动合同的概念；理解劳动合同的订立和内容；了解劳动合同的效力；理解集体合同、劳务派遣与非全日制用工的内容；掌握协调劳动关系和解决劳动纠纷的相关机制；理解违反劳动合同法的法律责任；了解社会保险法的概念；掌握社会保险的概念；熟悉社会保险的特征；理解社会保险的作用；掌握社会保险的分类及内容；熟悉社会保险的征缴。

☞ 导入案例 》

小A是甲公司技术部门的一名员工，2007年与甲公司签订了无固定期限的劳动合同。2013年，小A所在的公司为摆脱困境，决定采取减人增效的办法。经与企业工会协商，甲公司职代会通过了一项协商解除劳动合同的方案，其中规定：甲公司提出与员工协商解除劳动合同，员工在方案公布后一周内书面同意与甲公司协商解除劳动合同的，甲公司在法定经济补偿金之外再给予额外奖励金。方案公布一周后，小A才向甲公司递交了协商解除劳动合同的意见书，并要求公司按规定支付法定经济补偿金和额外奖励金。甲公司表示小A提交协商解除劳动合同意见时超过了公司规定的期限，甲公司可以同意与小A协商解除劳动合同，但不同意支付经济补偿金和额外奖励金，双方于是发生争议。

问题：小A与甲公司的劳动合同协商解除后，小A是否可以要求甲公司支付额外奖励金和经济补偿金？

第一节　劳动合同法

一、劳动合同与劳动合同法概述

（一）劳动合同的概念

劳动合同，又称劳动契约、劳动协议，是指劳动者与用人单位之间确立劳动关系，明确双方权利和义务的书面协议。

这里所说的劳动关系是指在劳动者为用人单位提供劳动，用人单位支付劳动者报酬的基础上形成的一种相对稳定的社会经济关系。劳动关系不以书面劳动合同的签订为其建立的前提条件，而是依据用工之日这个事实。

相关链接

《劳动法》规定，劳动者与用人单位之间建立劳动关系应当订立劳动合同。劳动合同是确立劳动者和用人单位劳动关系的基本前提，是调整劳动关系的基本法律形式。

（二）劳动合同的法律特征

劳动合同除具有合同的一般特征外，还具有本身的法律特征：劳动合同的主体具有特定性；劳动合同的内容具有明确性；劳动合同在时间上具有连续性；劳动合同体现的是国家干预下的当事人意思自治。

（三）劳动合同法立法概况

众所周知，劳动合同是规范劳动关系最基本的法律形式；在法律上完善劳动合同制度，是夯实劳动关系基础的必然要求。尽管我国从 20 世纪 80 年代中期就开始进行劳动合同制度改革试点，1995 年 1 月 1 日施行的《劳动法》正式确立了劳动合同制度，全国陆续开始推行全员劳动合同制度，但受制于多方面因素，劳动合同制度实施情况并不理想。

为此，2007 年全国人民代表大会常务委员会审议通过了《劳动合同法》，自 2008 年 1 月 1 日起施行（修改方案于 2012 年 12 月 28 日通过，自 2013 年 7 月 1 日起施行）。劳动合同法作为一部构建和发展和谐稳定劳动关系的重要法律，自公布施行以来，对于规范双方当事人的权利和义务，保护劳动者的合法权益，发挥了重要作用。用人单位增强了依法用工的意识，提高了劳动合同的签订率。

《劳动合同法》是自《劳动法》颁布实施以来，我国劳动和社会保障法建设中的又一个里程碑。《劳动合同法》的颁布实施，对于更好地保护劳动者合法权益，构建和发展和谐稳定的劳动关系，促进社会主义和谐社会建设，有十分重要的意义。

相关链接

《劳动法》是劳动领域里的基本法，其主要内容是一些原则规定，其主要条款反映的是立法精神、立法原则。《劳动法》下面要有若干个配套的法律，才能构成劳动领域里的一个整体法律。《劳动合同法》就是《劳动法》的子法之一，它跟《劳动法》构成下位法和上位法的关系。

（四）劳动合同法的适用范围

《劳动合同法》第 2 条规定的适用范围如下。

（1）中华人民共和国境内的企业、个体经济组织、民办非企业单位，依法成立的会计师事务所、律师事务所等合伙组织和基金会等组织（简称用人单位）与劳动者建立劳动关系，订立、履行、变更、解除或者终止劳动合同，适用劳动合同法。

相关链接

民办非企业单位是指企业事业单位、社会团体和其他社会力量以及公民个人利用非国有资产举办的，从事非营利性社会服务活动的社会组织。它的一个明显特征是：不是由政府或者政府部门举办的。

（2）国家机关、事业单位、社会团体和与其建立劳动关系的劳动者，订立、履行、变更、解除或者终止劳动合同，依照劳动合同法执行。

（3）事业单位与实行聘用制的工作人员订立、履行、变更、解除或者终止劳动合同，法律、行政法规或者国务院另有规定的，依照其规定；未作规定的，依照劳动合同法有关规定执行。

二、劳动合同的订立

劳动合同的订立必须遵循合法原则、公平原则、平等自愿原则、协商一致原则、诚实信用原则。

诚实信用原则是指双方当事人在订立劳动合同时要诚实守信，不欺诈不隐瞒，真诚履行所承担的各项义务。此项原则是道德的法律化原则，是和谐劳动关系健康发展的前提。

（一）劳动合同的种类

根据我国《劳动合同法》的规定，我国劳动合同以劳动期限为标准主要分为以下三大类。

1. 固定期限劳动合同

固定期限劳动合同，又称为定期劳动合同，是指劳动者与用人单位约定了合同终止时间的劳动合同。期限届满，劳动合同即行终止。用人单位与劳动者协商一致可以订立固定期限劳动合同。

2. 无固定期限劳动合同

无固定期限劳动合同，又称不定期劳动合同，是指用人单位与劳动者约定无确定终止时间的劳动合同。用人单位与劳动者协商一致可以订立固定期限劳动合同。

为更好保障劳动者合法权益，我国《劳动合同法》第 14 条规定：“有下列情形之一，劳动者提出或者同意续订、订立劳动合同的，除劳动者提出订立固定期限劳动合同外，应当订立无固定期限劳动合同：劳动者在该用人单位连续工作满 10 年的；用人单位初次实行劳动合同制度或者国有企业改制重新订立劳动合同时，劳动者在该用人单位连续工作满 10 年且距法定退休年龄不足 10 年的；连续订立二次固定期限劳动合同，且劳动者没有劳动合同法规定的情形，续订劳动合同的。用人单位自用工之日起满 1 年不与劳动者订立书面劳动合同的，视为用人单位与劳动者已订立无固定期限劳动合同。”

3. 以完成一定工作任务为期限的劳动合同

以完成一定工作任务为期限的劳动合同，是指用人单位与劳动者约定以某项工作的完成为合同期限的劳动合同。用人单位与劳动者协商一致可以订立以完成一定工作任务为期限的劳动合同。它一般适用于完成单项工作任务、项目承包方式完成承包任务、季节性原因临时用工的劳动合同等。

（二）劳动合同订立的主体

1. 劳动者

劳动者是为用人单位提供劳动力的自然人，常被称为职工、工人和雇员。劳动法律关系所涉及的劳动者，是指依据劳动法律和劳动合同规定，在用人单位从事体力或脑力劳动，并获取劳动报酬的自然人。

作为劳动者，必须具备法律规定的下列条件：需年满 16 周岁（只有文艺、体育、特种工艺单位录用人员可以例外），有劳动权利能力和行为能力。

相关链接

用人单位可不与四类人签订劳动合同：已经退休的单位返聘人员；外单位退休、下岗人员；事业单位停薪留职人员；在校实习生等劳动者。

2. 用人单位

用人单位又称用工单位，常常也被称为企业主、资方、雇主、雇佣人等，我国在法律上被统一称为用人单位，是指依法招用和管理劳动者，对劳动者承担有关义务者。

用人单位应有用人权利能力和行为能力。具体用工单位见第一节的劳动合同法适用范围。

用人单位招用劳动者时，应当如实告知劳动者工作内容、工作条件、工作地点、职业危害、安全生产状况、劳动报酬，以及劳动者要求了解的其他情况。

用人单位招用劳动者，不得扣押劳动者的居民身份证和其他证件，不得要求劳动者提供担保或者以其他名义向劳动者收取财物。

用人单位有权了解劳动者与劳动合同直接相关的基本情况，劳动者应当如实说明。

相关案例

2012 年 7 月杨某在向某公司应聘时，称自己毕业于北京某名牌大学并提供学历证明，后公司将杨某录用为公司企划部部长。2013 年 7 月，杨某被发现学历作假，他原本毕业于某专科院校。同年 8 月，公司与杨某解除了劳动合同。后杨某向劳动争议仲裁委员会申请仲裁，要求公司支付 2.8 万元经济补偿金，被劳动争议仲裁委员会驳回申诉请求，杨某又向法院起诉，仍然败诉。

（三）劳动合同订立的形式

用人单位自用工之日起即与劳动者建立劳动关系。建立劳动关系，应当订立书面劳动合同。

对于已建立劳动关系，未同时订立书面劳动合同的，应当自用工之日起1个月内订立书面劳动合同。用人单位与劳动者在用工前订立劳动合同的，劳动关系自用工之日起建立。

非全日制用工双方当事人可以订立口头协议。

相关案例

2013年2月9日，杨某被聘请进入澧县氮金有限责任公司从事物管工作，同年3月被任命为副科长。不久，公司发生股权变动，杨某主动提出解除劳动关系，公司多方挽留无果，杨某于当年7月30日正式离职，双方劳动关系终结。

在杨某被聘用期间，双方未签订书面劳动合同，聘用期间的月工资为1600元。2013年12月，杨某以公司侵害了他合法权益为由，向澧县劳动争议仲裁委员会申请劳动仲裁，请求裁决澧县氮金有限责任公司给付因未签订书面劳动合同的双倍工资和解除劳动关系的经济补偿金。

法院经审理认为，杨某与公司的劳动关系自用工之日起成立，根据《劳动合同法》第10条规定，已建立劳动关系，未同时签订书面劳动合同的，应当自用工之日起1个月内签订书面劳动合同。同时，《劳动合同法》第82条规定，用人单位自用工之日起超过1个月不满1年未与劳动者签订书面劳动合同的，应当向劳动者每月支付2倍的工资。法院遂依法判决澧县氮金有限责任公司支付给杨某未签订书面劳动合同的2倍工资7543元。

三、劳动合同的内容

劳动合同的内容可分为必备条款和约定条款。必备条款是劳动合同一般应当具有的条款；约定条款是当事人可以选择适用的条款。

（一）必备条款

《劳动合同法》规定，劳动合同应当具备以下条款。

（1）用人单位的名称、住所和法定代表人或者主要负责人。

（2）劳动者的姓名、住址和居民身份证或者其他有效身份证件号码。

（3）劳动合同期限。劳动合同期限分为固定期限、无固定期限和以完成一定工作任务为期限三种。

（4）工作内容和工作地点。工作内容是指劳动者具体从事什么种类或内容的劳动，是劳动合同确定劳动者应当履行劳动义务的主要内容，包括劳动者从事劳动的工种、岗位、工作范围、工作任务、工作职责、劳动定额、质量标准等。工作内容条款是劳动合同的核心条款之一。工作地点是指劳动者从事劳动合同约定工作的具体地理位置，也就是劳动合同的履行地。工作地点关系到劳动者的工作环境、生活环境和劳动者的就业选择，与劳动者的切身利益直接相关。

(5) 工作时间和休息休假。工作时间是指劳动者为履行劳动义务，在法律规定的标准下，根据劳动合同和集体合同的规定提供劳动的时间，即劳动者在一昼夜或一周内从事生产或工作的时间，也就是劳动者每天应工作的时数或每周应工作的天数。休息休假是指劳动者在任职期间，在国家规定的法定工作时间以外，不从事生产和工作而自行支配的休息时间和法定节假日。

相关链接

我国的法定假日有：元旦，放假1天（1月1日）；春节，放假3天（农历除夕、正月初一和初二）；清明节，放假1天（农历清明当日）；劳动节，放假1天（5月1日）；端午节，放假1天（农历端午当日）；中秋节，放假1天（农历中秋当日）；国庆节，放假3天（10月1日、2日、3日）。

(6) 劳动报酬。劳动报酬是指用人单位根据劳动者劳动的数量和质量，以货币形式支付给劳动者的工资。工资总额由六部分构成：计时工资、计件工资、奖金、津贴和补贴、加班加点工资以及特殊情况下支付的工资。工资应当以法定货币支付，不得以实物及有价证券替代货币支付。工资必须在用人单位与劳动者约定的日期支付。

在法定休假日和婚丧假期间以及劳动者依法参加社会活动期间，用人单位应当依法支付工资。用人单位在劳动者完成劳动定额或规定的工作任务后，根据实际需要安排劳动者在法定标准工作时间以外工作的，应当按照国家标准支付加班加点工资。

相关链接

日工资计算公式：日工资＝月实得工资/20.92×70%；小时工资＝月实得工资/167.4×70%。

法定假日用人单位安排加班的，须在正常支付员工工资的基础上，按不低于员工本人日或小时工资的300%另行支付加班工资。

正常工作日内延长工作时间的加班加点工资，或者按小时工资的150%支付工资，或者按“做一小时还一小时”的方式安排补休。

休息日加班工作的，或者按“做一休一”调休，或者按200%支付日或小时工资。但按劳部发（95）309号文第62条规定，经批准实行综合计算工作时间的企业（如商业零售业等）可不受此限，仅需将每月累计超过167.4小时（法定节假日除外）的工作视为加班，并按150%计发加班加点工资。

另外，国家实行最低工资保障制度。

(7) 社会保险。社会保险的主要项目包括养老社会保险、医疗社会保险、失业保险、工伤保险、生育保险等。

(8) 劳动保护、劳动条件和职业危害防护。

(9) 法律、法规规定应当纳入劳动合同的其他事项。

社会保险的主要项目包括养老社会保险、医疗社会保险、失业保险、工伤保险、生育保险等。

需注意的是，劳动合同中缺少必备条款中的一些条款并不必然无效。

（二）约定条款

根据《劳动合同法》第 17 条第 2 款的规定，劳动合同除前款规定的必备条款外，用人单位与劳动者还可以在法律、法规规定的框架下约定以下事项。

1. 试用期

试用期指劳动关系处于非正式状态，劳动者对用人单位是否符合自己要求进行了解的期限。试用期包含在劳动合同期限内，劳动合同仅约定试用期的，试用期不成立，该期限为劳动合同期限；同一用人单位与同一劳动者只能约定一次试用期，以完成一定工作任务为期限的劳动合同或者劳动合同期限不满 3 个月的，不得约定试用期；劳动者在试用期的工资不得低于本单位相同岗位最低档工资或者劳动合同约定工资的 80%，并不得低于用人单位所在地的最低工资标准。

相关案例

2012 年 7 月毕业后，许小姐与一家公司签订了为期 2 年的劳动合同，约定试用期为 2 个月。尽管试用期内工资微薄，但许小姐十分珍惜这份来之不易的工作。许小姐每天都在早上八点前赶到公司埋头工作，常常加班至晚上八九点。没想到，在离试用期结束仅差 2 天时，这家公司却以“你不适合在本公司工作”为由将许小姐辞退。许小姐对此十分不解，要求公司说明辞退自己的理由。对此，公司人事主管冷冰冰地甩下一句话：“试用期内辞退员工，不需要任何理由。”

从现行规定来看，一些用人单位在试用期内“廉价试用”劳动者的不合理现象一时还难以根治，不过，劳动者在试用期内的工资报酬仍受到法律保障。

根据有关规定，劳动者在试用期内的工资收入不得低于用人单位新进正式员工工资的 80%，否则应予补足；试用期内，员工与用人单位间应认定为存在事实劳动关系，如劳动者被用人单位无端辞退，其有权通过劳动仲裁途径依法维权。当然，劳动者如要求劳动仲裁，需收集工资单、出勤打卡记录等证据来证明劳动关系的存在。

2. 服务期

用人单位为劳动者提供专项培训费用，对其进行专业技术培训的，可以与该劳动者订立协议，约定服务期。

劳动者违反服务期约定提前终止劳动合同的，应当按照约定向用人单位支付违约金。违约金的数额不得超过用人单位提供的培训费用。对已经履行部分服务期限的，用人单位要求劳动者支付的违约金不得超过服务期尚未履行部分所应分摊的培训费用。

在特定情形下，劳动者可以在服务期内依照法律规定解除劳动合同，用人单位不得要求劳动者支付违约金。

相关案例

2008年7月，刘某大学毕业后与北京某公司签订了为期5年的劳动合同。1年后，公司选送他到上海某专业培训机构进行培训，并约定刘某在培训结束后为公司服务5年，如果提前解除合同，刘某应当承担违约金5万元。在上海培训后刘某即回到北京公司工作。2013年7月，双方的劳动合同期限届满，刘某提出不再续签。公司认为，虽然劳动合同期届满，但是双方培训协议还没有到期，刘某应当续签劳动合同至服务期满，否则应当向公司支付违约金。而刘某认为，续签劳动合同应当本着平等自愿、协商一致的原则，公司无权强迫；另外，培训协议是从属于劳动合同的，现在劳动合同到期，双方劳动关系终止，培训协议也应随之终止。因此，自己没有违约，不需要向公司支付违约金。双方为此产生了争执。

本案中刘某的劳动合同先于培训协议到期，公司要求刘某按照服务期限续签劳动合同或者按照培训期协议承担违约责任并无不当。刘某应当继续履行劳动合同至服务期满，或者承担服务期尚未履行部分应当分摊的培训费用。

3. 培训

培训是指劳动合同中约定由用人单位为劳动者提供专项培训费用，对其进行专业技术培训。《劳动合同法》第22条对专项培训及服务期做出了规定，用人单位为劳动者提供专项培训费用，对其进行专业技术培训的，可以与该劳动者订立协议，约定服务期。

4. 保守秘密

保守秘密指在劳动中约定由劳动者对用人单位的秘密负保密义务的合同条款。《劳动合同法》第23条规定了保密义务："用人单位与劳动者可以在劳动合同中约定保守用人单位的商业秘密和与知识产权相关的保密事项。对负有保密义务的劳动者，用人单位可以在劳动合同或者保密协议中与劳动者约定竞业限制条款，并约定在解除或者终止劳动合同后，在竞业限制期限内按月给予劳动者经济补偿。劳动者违反竞业限制约定的，应当按照约定向用人单位支付违约金。"

5. 补充保险和福利待遇等其他事项

补充保险指用人单位在国家规定的实施政策和实施条件下为本单位职工所建立的一种辅助性保险。福利待遇指用人单位和有关社会服务机构为满足劳动者生活的共同需要和特殊需要，在工资和社会保险之外向职工及其亲属提供一定货币、实物、服务等形式的物质帮助。

6. 医疗期

医疗期是指企业职工因患病或非因工负伤停止工作，治病休息，但不得解除劳动合同期限。

企业职工因患病或非因工负伤，需要停止工作，进行医疗时，根据本人实际参加工作年限和在本单位工作年限，给予3个月到24个月的医疗期。

医疗期内用人单位与职工不得解除劳动合同。医疗期内合同终止，则合同必须延续至医疗期满，职工仍然享受医疗期内待遇。

四、劳动合同的效力

劳动合同的效力根据效力的有无，可分为劳动合同的生效和劳动合同的无效。

（一）劳动合同的生效

劳动合同的生效是指劳动合同具有法律约束力的起始时间。劳动合同成立，并不意味劳动合同一定生效。《劳动合同法》第 16 条对劳动合同的生效做出了规定："劳动合同由用人单位与劳动者协商一致，并经用人单位与劳动者在劳动合同文本上签字或者盖章生效。劳动合同文本由用人单位和劳动者各执一份。"

（二）劳动合同的无效

劳动合同的无效，是指由当事人订立，但严重缺乏合同生效要件国家不予承认其法律效力的劳动合同。劳动合同无效分为全部无效和部分无效。

《劳动合同法》第 26 条对劳动合同的无效做出了规定，"下列劳动合同无效或者部分无效：①以欺诈、胁迫的手段或者乘人之危，使对方在违背真实意思的情况下订立或者变更劳动合同的；②用人单位免除自己的法定责任、排除劳动者权利的；③违反法律、行政法规强制性规定的。"

劳动合同部分无效，不影响其他部分效力的，其他部分仍然有效。劳动合同被确认无效的后果是，劳动者已付出劳动的，用人单位应当向劳动者支付劳动报酬。

五、集体合同、劳务派遣与非全日制用工

（一）集体合同

1. 集体合同的一般规定

集体合同，又称集体协约，是指用人单位与企业职工一方为规范劳动关系而订立的，以全体劳动者的共同利益为中心内容的书面协议。我国《劳动合同法》第 51 条规定："企业职工一方与用人单位通过平等协商，可以就劳动报酬、工作时间、休息休假、劳动安全卫生、保险福利等事项订立集体合同。集体合同草案应当提交职工代表大会或者全体职工讨论通过。集体合同由工会代表企业职工一方与用人单位订立；尚未建立工会的用人单位，由上级工会指导劳动者推举的代表与用人单位订立。"

2. 集体合同的特殊规定

1）专项集体合同

专项集体合同，是指用人单位与企业职工一方根据法律、法规、规章的规定，就集体协商的某项内容签订的专项书面协议。我国《劳动合同法》第 52 条规定："企业职工一方与用人单位可以订立劳动安全卫生、女职工权益保护、工资调整机制等专项集体合同。"专项集体合同的订立程序、合同期限、解除或变更依照集体合同的同类规定。

2）行业性集体合同和区域性集体合同

行业性集体合同，主要指在一定地域的一定行业内，由地方工会或者其他行业性工会联合组织与一定行业的企业代表，为保护行业内的全体劳动者合法权益就劳动安全卫生、工作时间、休息休假等事项所协商订立的集体合同。区域性集体合同，主要是指在县级以下区域内，由区域工会与该区域内的企业方面代表，就劳动报酬、工作时间、保险福利等事项所协商订立的集体合同。目前，区域性集体合同还主要适用于县级以下的区域内。我国《劳动合同法》第53条规定，在县级以下区域内，建筑业、采矿业、餐饮服务业等行业可以由工会与企业方面代表订立行业性集体合同，或者订立区域性集体合同。

（二）劳务派遣

1. 劳务派遣的概念和特征

劳务派遣又称人才派遣、人才租赁、劳动派遣、劳动力租赁，是指由劳务派遣机构与派遣劳工订立劳动合同，由要派企业（实际用工单位）向派遣劳工给付劳务报酬，劳动合同关系存在于劳务派遣机构与派遣劳工之间，但劳动力给付的事实则发生于派遣劳工与要派企业（实际用工单位）之间。

劳动合同用工是我国的企业基本用工形式。劳务派遣用工是补充形式，只能在临时性、辅助性或者替代性的工作岗位上实施。

相关链接

临时性工作岗位是指存续时间不超过6个月的岗位；辅助性工作岗位是指为主营业务岗位提供服务的非主营业务岗位；替代性工作岗位是指用工单位的劳动者因脱产学习、休假等原因无法工作的一定期间内，可以由其他劳动者替代工作的岗位。

劳务派遣与（个别）劳动合同相比，具有如下特征：①劳务派遣中有三个主体，劳动者的雇佣和使用相分离。三个主体是劳务派遣单位（用人单位）、劳动者及用工单位，劳动者与劳务派遣单位建立劳动关系，但实际使用劳动者的是用工单位，用工单位与劳务派遣单位签订劳务派遣协议。②劳动合同的期限为2年以上的固定期限合同，按月支付报酬，在无工作期间，也应按照最低工资标准支付。

2. 对劳务派遣的法律规制

1）劳务派遣单位

经营劳务派遣业务应当具备的条件包括：注册资本不得少于人民币200万元，有与开展业务相适应的固定的经营场所和设施等。经营劳务派遣业务，应当向劳动行政部门依法申请行政许可。

劳务派遣单位（用人单位）派遣劳动者应当与接受以劳务派遣形式用工的单位订立劳务派遣协议。劳务派遣单位应当将劳务派遣协议的内容告知被派遣劳动者。劳务派遣单位不得克扣用工单位按照劳务派遣协议支付给被派遣劳动者的劳动报酬。劳务派遣单位和用工单位不得向被派遣劳动者收取费用。

2）用工单位

《劳动合同法》第 62 条规定，用工单位应当履行下列义务：①执行国家劳动标准，提供相应的劳动条件和劳动保护；②告知被派遣劳动者的工作要求和劳动报酬；③支付加班费、绩效奖金，提供与工作岗位相关的福利待遇；④对在岗被派遣劳动者进行工作岗位所必需的培训；⑤连续用工的，实行正常的工资调整机制。用工单位不得将被派遣劳动者再派遣到其他用人单位。

3）劳动者

《劳动合同法》第 63 条规定，被派遣劳动者享有与用工单位的劳动者同工同酬的权利。用工单位无同类岗位劳动者的，参照用工单位所在地相同或者相近岗位劳动者的劳动报酬确定。第 64 条规定，被派遣劳动者有权在劳务派遣单位或者用工单位依法参加或者组织工会，维护自身的合法权益。第 65 条规定，被派遣劳动者可以依照《劳动合同法》第 36 条、第 38 条的规定与劳务派遣单位解除劳动合同。

相关案例

从 2013 年起，深圳一家快递公司进行用工制度“改革”，小袁和他的同事被公司安排转为与一家劳务派遣公司签订劳动合同。虽然工作内容、工作岗位没有发生任何变化，但是他们的工资却从之前的每月 3500 元减少至每月 2500 元，社会保险待遇也大幅削减。小袁说，目前直接与该快递公司签订劳动合同的员工不到 30%。

《劳动合同法》第 63 条规定，被派遣劳动者享有与用工单位的劳动者同工同酬的权利。用工单位无同类岗位劳动者的，参照用工单位所在地相同或者相近岗位劳动者的劳动报酬确定。该快递公司的行为明显违法。

（三）非全日制用工

1. 非全日制用工的界定

非全日制用工，是指以小时计酬为主，劳动者在同一用人单位一般平均每日工作时间不超过 4 小时，每周工作时间累计不超过 24 小时的用工形式。

非全日制用工，是全日制用工的一种补充用工形式，它可以建立多重劳动关系。从事非全日制用工的劳动者可以与一个或者一个以上用人单位订立劳动合同；但是，后订立的劳动合同不得影响先订立的劳动合同的履行。

2. 对非全日制用工的法律规制

劳动合同的形式。《劳动合同法》第 69 条第 1 款规定，非全日制用工双方当事人可以订立口头协议。

工资标准。非全日制用工小时计酬标准不得低于用人单位所在地人民政府规定的最低小时工资标准。非全日制用工劳动报酬结算支付周期最长不得超过 15 日。

特殊规定。非全日制用工双方当事人不得约定试用期。非全日制用工双方当事人任何一方都可以随时通知对方终止用工。终止用工时用人单位不向劳动者支付经济补偿。

六、劳动合同的履行、变更、解除

（一）劳动合同履行

1. 劳动合同履行的概念

劳动合同履行是指劳动合同双方当事人依照劳动合同约定的内容，完成各自义务的过程。依法订立的劳动合同具有约束力，用人单位与劳动者应当按照劳动合同的约定，全面履行各自的义务。

劳动合同履行的主要遵循：实际履行原则；全面履行原则；协作履行原则；亲自履行原则。

2. 特殊情形下劳动合同履行

(1) 用人单位变更名称等时劳动合同的履行。《劳动合同法》第 33 条规定："用人单位变更名称、法定代表人、主要负责人或者投资人等事项，不影响劳动合同的履行。"这是因为这些事项的变更未改变用人单位独立承担民事责任的性质。

(2) 用人单位合并或分立时劳动合同的履行。《劳动合同法》第 34 条规定："用人单位发生合并或者分立等情况，原劳动合同继续有效，劳动合同由承继其权利和义务的用人单位继续履行。"这是因为用人单位的合并、分立，它的权利和义务由变更后的用人单位享有和承担。

（二）劳动合同的变更

1. 劳动合同变更的概念

劳动合同的变更，是指劳动者与用人单位对依法成立的、尚未履行或尚未履行完成的劳动合同内容所做的修改或增删的法律行为。劳动合同依法订立后，双方当事人必须全面履行合同规定的义务，任何一方不得擅自变更劳动合同，但在符合法定或约定的情况下，合同当事人可以对合同内容进行变更。

2. 劳动合同变更的原因

1) 基于劳动合同双方当事人的协商一致

一般而言，用人单位和劳动者在不违反法律、行政法规规定的情况下，遵循平等自愿、协商一致、诚实信用原则，就可以变更劳动合同约定的内容。

2) 基于情势变更

情事变更是引起劳动合同变更的另一个重要原因，主要包括以下情形：订立劳动合同所依据的法律法规被依法修改或废止；用人单位由于政策原因或是企业产业调整等内部原因发生变化；劳动者的健康状况、职业技能水平或其他原因，导致履行原合同内容对劳动者已形成负担；不可抗力或客观经济情况的重大变化等。

3. 劳动合同的变更形式

变更劳动合同，应当采取书面形式，必须由双方当事人签字或盖章后生效。变更后的劳动合同文本由用人单位和劳动者各执一份。对劳动合同中约定的条款进行变更，一般经过提议、答复、协议三个步骤。

（三）劳动合同的解除

劳动合同的解除，是指当事人双方在劳动合同期限届满之前，因当事人一方或双方的意思表示而终止劳动合同关系的法律行为。根据解除劳动合同方式不同，劳动合同的解除可分为单方解除和协商解除。单方解除又分劳动者单方解除和用人单位单方解除。《劳动合同法》规定了劳动合同的解除的三种情况。

1. 协商解除劳动合同

《劳动合同法》第36条规定，用人单位与劳动者协商一致，可以解除劳动合同。协商解除需符合以下条件：劳动合同依法成立生效、尚未全部履行前；双方自愿、平等协商达成一致意见。

在合同履行过程中，主动提起解除劳动合同的一方当事人应尽到提前通知的义务，如果是用人单位提出解除劳动合同并经劳动者同意的，用人单位还要向劳动者支付相应的经济补偿金。

2. 劳动者单方解除劳动合同

劳动者提前30日以书面形式通知用人单位，可以解除劳动合同。劳动者在试用期内提前3日通知用人单位，可以解除合同。

（1）劳动者立即解除劳动合同的情形。如果用人单位以暴力、威胁或者非法限制人身自由的手段强迫劳动者劳动的，或者用人单位违章指挥、强令冒险作业危及劳动者人身安全的，劳动者可以立即解除劳动合同，不需事先告知用人单位。

（2）劳动者随时解除劳动合同的情形。用人单位未按照劳动合同约定提供劳动保护或者劳动条件的；用人单位未及时足额支付劳动报酬的；用人单位未依法为劳动者缴纳社会保险费的；用人单位的规章制度违反法律、法规的规定，损害劳动者权益的；因《劳动合同法》规定的情形致使劳动合同无效的；法律、行政法规规定劳动者可以解除劳动合同的其他情形。

相关案例

李某系一国有企业职工，与企业签有3年期限的劳动合同。在劳动合同期限内，李某听说在某外商投资企业工作每月月薪3600元，相比之下原企业每月只有1800元的工资太低，遂向原企业口头提出解除劳动合同。原企业未马上做出答复。15日后，李某离开原企业，已到了外资企业上班。李某的离开，给原企业的生产造成了影响，原企业要求李某回厂上班，但李某以已向企业提出了解除劳动合同为由而拒不回厂。于是原企业向劳动仲裁委员会提起申诉，要求李某承担违约赔偿责任。劳动仲裁委员会经审理，认定李某违反合同约定，应承担违约赔偿责任，外资企业承担连带赔偿责任。

3. 用人单位单方解除劳动合同

（1）用人单位即时解除劳动合同的情形。劳动者在试用期间被证明不符合录用条件的；劳动者严重违反用人单位的规章制度的；劳动者严重失职，营私舞弊，给用人单位造成重大损害的；劳动者同时与其他用人单位建立劳动关系，对完成本单位的工作任务造成严重影响，或者经用人单位提出，拒不改正的；因劳动者采取欺诈、胁迫的手段或者乘人之危，使用人单位在违背真实意思的情况下订立或者变更劳动合同，致使劳动合同无效的；劳动者被依法追究刑事责任的。

（2）用人单位预告解除劳动合同的情形。劳动者患病或者非因工负伤，在规定的医疗期满后不能从事原工作，也不能从事由用人单位另行安排的工作的；劳动者不能胜任工作，经过培训或者调整工作岗位，仍不能胜任工作的；劳动合同订立时所依据的客观情况发生重大变化，致使劳动合同无法履行，经用人单位与劳动者协商，未能就变更劳动合同内容达成协议的。有以上情形之一，用人单位提前 30 日以书面形式通知劳动者本人或者额外支付劳动者 1 个月工资后，可以解除劳动合同。

（3）用人单位经济性裁员解除劳动合同的情形。用人单位依照企业破产法规定进行重整的；生产经营发生严重困难的；企业转产、重大技术革新或者经营方式调整，经变更劳动合同后，仍需裁减人员的；其他因劳动合同订立时所依据的客观经济情况发生重大变化，致使劳动合同无法履行的。

（4）解除劳动合同的消极条件。劳动者有以下情形的，用人单位不得解除劳动合同：从事接触职业病危害作业的劳动者未进行离岗前职业健康检查，或者疑似职业病病人在诊断或者医学观察期间的；在本单位患职业病或者因工负伤并被确认丧失或者部分丧失劳动能力的；患病或者非因工负伤，在规定的医疗期内的；女职工在孕期、产期、哺乳期的；在本单位连续工作满 15 年，且距法定退休年龄不足 5 年的；法律、行政法规规定的其他情形。

4. 劳动合同的终止

劳动合同终止是指劳动合同的法律效力依法被消灭。有广义和狭义之分，广义上包括劳动合同解除。我国《劳动合同法》上的劳动合同终止采狭义规定，不包括劳动合同解除。

《劳动合同法》第 44 条规定，有下列情形之一的，劳动合同终止：①劳动合同期届满；②劳动者开始依法享受基本养老保险待遇的；③劳动者死亡，或者被人民法院宣告死亡或者宣告失踪的；④用人单位被依法宣告破产的；⑤用人单位被吊销营业执照、责令关闭、撤销或者用人单位决定提前解散的；⑥法律、行政法规规定的其他情形。

（四）劳动合同解除和终止的经济补偿

1. 经济补偿

经济补偿是按照劳动合同法规定，在劳动者无过错的情况下，用人单位与劳动者解除或者终止劳动合同而依法应给予劳动者的经济上的补助，也称经济补偿金。

2. 用人单位应当向劳动者支付经济补偿的情形

（1）由用人单位提出解除劳动合同并与劳动者协商一致而解除劳动合同的。

（2）劳动者符合随时通知解除和不需事先通知即可解除劳动合同的规定情形而解除

劳动合同的。

（3）用人单位符合提前30日以书面形式通知劳动者本人或者额外支付劳动者1个月工资后可以解除劳动合同的规定情形而解除劳动合同的。

（4）用人单位符合可裁减人员规定而解除与劳动者的劳动合同的。

（5）除用人单位维持或者提高劳动合同约定条件续订劳动合同，劳动者不同意续订的情形外，劳动合同期满终止固定期限劳动合同的。

（6）以完成一定工作任务为期限的劳动合同因任务完成而终止的。

（7）用人单位被依法宣告破产终止劳动合同的。

（8）用人单位被吊销营业执照、责令关闭、撤销或者用人单位决定提前解散而终止劳动合同的。

（9）法律、行政法规规定解除或终止劳动合同应当向劳动者支付经济补偿的其他情形。

3. 经济补偿的支付标准

经济补偿，一般根据劳动者在用人单位的工作年限和工资标准来计算具体金额，并以货币形式支付给劳动者。

（1）经济补偿按劳动者在本单位工作的年限，每满1年支付1个月工资的标准向劳动者支付。6个月以上不满1年的，按1年计算；不满6个月的，向劳动者支付半个月工资的经济补偿。

（2）劳动者在劳动合同解除或者终止前12个月的平均工资低于当地最低工资标准的，按照当地最低工资标准计算。劳动者工作不满12个月的，按照实际工作的月数计算平均工资。

（3）劳动者月工资高于用人单位所在直辖市、设区的市级人民政府公布的本地区上年度职工月平均工资3倍的，向其支付经济补偿的标准按职工月平均工资3倍的数额支付，向其支付经济补偿的年限最高不超过12年。

七、劳动争议

（一）劳动争议解决

1. 劳动争议解决概述

劳动争议解决机制是由劳动争议处理机构和相互衔接的争议处理程序共同构成的解决劳动争议的制度体系。我国现行的劳动争议解决体制大致概括为“一调一裁二审”，对部分劳动争议案件实行有限制的“一裁终局”。

2. 劳动争议协商和解制度

发生劳动争议后，劳动者可以与用人单位自行协商和解，也可以请工会或者第三方共同与用人单位协商，达成和解协议。如果协商不成，则可以直接进入劳动争议的法定解决程序。和解协议不具备法律约束力，但对支付工资报酬、加班费、经济补偿或赔偿金等特定事项达成的协议具有法律效力。

3. 劳动争议调解制度

劳动争议调解指的是基层群众组织对发生的劳动争议以协商方式，使劳动者和用人单位达成协议，从而解决纠纷。劳动争议调解由基层群众性组织承担。

调解的程序是当事人提出调解申请，调解组织经审查申请后，由调解组织主持召开调解会议，基于事实依法在当事人之间调和。

当事人申请劳动争议调解可以书面申请，也可以口头申请。调解协议的效力经调解达成协议后，调解协议书对双方当事人具有约束力，当事人应当履行。一方当事人在协议约定期限内不履行调解协议的，另一方当事人可以依法申请仲裁。因支付拖欠劳动报酬、工伤医疗费、经济补偿或者赔偿金事项达成调解协议，用人单位在协议约定期限内不履行的，劳动者可以持调解协议书依法向人民法院申请支付令。

自劳动争议调解组织收到调解申请之日起 15 日内未达成调解协议的，当事人可以依法申请仲裁。

（二）劳动争议仲裁

1. 劳动争议仲裁的概念及特点

劳动争议仲裁是指当事人将劳动争议提交劳动争议仲裁委员会，由其对双方的争议进行处理，并做出具有约束力的裁决，从而解决劳动争议。

劳动争议仲裁具有公正性、及时性和强制性的特点。

2. 劳动争议仲裁机构

(1) 劳动争议仲裁机构包括劳动（人事）争议仲裁委员会及其办事机构、仲裁庭以及仲裁员。劳动争议仲裁委员会由劳动行政部门代表、工会代表和企业方面代表组成，其组成人员应当是单数。劳动争议由劳动合同履行地或用人单位所在地的劳动争议仲裁委员会管辖。

(2) 案件管辖。劳动争议由劳动合同履行地或者用人单位所在地的劳动争议仲裁委员会管辖；双方当事人分别向劳动合同履行地和用人单位所在地的劳动争议仲裁委员会申请仲裁的，有劳动合同履行地的劳动争议仲裁委员会管辖。

(3) 受案范围。因确认劳动关系发生的争议；因订立、履行、变更、解除和终止劳动合同发生的争议；因除名、辞退和辞职、离职发生的争议；因工作时间、休息休假、社会保险、福利、培训以及劳动保护发生的争议；因劳动报酬、工伤医疗费、经济补偿或者赔偿金等发生的争议；法律、法规规定的其他劳动争议。

3. 劳动争议申请仲裁的时效

劳动争议申请仲裁的时效期间为 1 年。自当事人知道或者应当知道其权利被侵害之日起计算。当事人申请劳动争议仲裁后，可以自行和解。达成和解协议的，可以撤回仲裁申请。

4. 劳动争议申请仲裁的时效和程序

《中华人民共和国劳动争议调解仲裁法》（简称《劳动争议调解仲裁法》）、《劳动人事争议仲裁办案规则》对仲裁的程序进行了规范，具体程序如下。

(1) 申请和受理。申请人申请仲裁，应当提交书面仲裁申请，并按照被申请人人数提交副本。书写仲裁申请确有困难的，可以口头申请，由劳动争议仲裁委员会记入笔录，经申请人签名或盖章确认。

(2) 开庭准备。准备工作包括向被申请人送达申请书、向申请人送达答辩书、组成仲裁庭并通知当事人仲裁庭组成情况、告知当事人提出回避申请的权利以及将开庭日期、地点书面通知双方当事人。

(3) 审理。开庭审理时，仲裁员应当听取申请人的陈述和被申请人的答辩，主持庭审调查、质证和辩论，征询当事人最后意见，并进行调解。

(4) 裁决。劳动争议仲裁委员会裁决劳动争议案件实行仲裁庭制。仲裁庭由三名仲裁员组成，设首席仲裁员。简单劳动争议案件可以由一名仲裁员独任仲裁。

仲裁庭在做出裁决前，应当先行调解，调解达成协议的，仲裁庭应当制作调解书，调解书经双方当事人签收后，发生法律效力。

调解不成或者调解书送达前，一方当事人反悔的，仲裁庭应当及时做出裁决。仲裁庭裁决劳动争议案件，应当自劳动争议仲裁委员会受理仲裁申请之日起 45 日内结束。自收到仲裁裁决书之日起 15 日内不起诉的，裁决书发生法律效力。

相关链接

下列劳动争议，除法律另有规定外，仲裁裁决为终局裁决，裁决书自做出之日起发生法律效力：①追索劳动报酬、工伤医疗费、经济补偿或者赔偿金，不超过当地月最低工资标准 12 个月金额的争议；②因执行国家的劳动标准在工作时间、休息休假、社会保险等方面发生的争议。

《劳动争议调解仲裁法》第 53 条规定，劳动争议仲裁不收费，劳动争议仲裁委员会的经费由财政予以保障，自 2008 年 5 月 1 日始。

（三）劳动争议诉讼

劳动争议诉讼指劳动争议当事人不服劳动争议仲裁委员会的裁决，在规定的期限内向人民法院起诉，人民法院依照民事诉讼程序，依法对劳动争议案件进行审理的活动。

劳动争议诉讼是解决劳动争议的最终程序。

用人单位所在地或者劳动合同履行地的基层人民法院享有对劳动争议的诉讼管辖权。在我国劳动争议案件适用民事诉讼的简易程序审理，一般案件适用普通一审程序审理，实行二审终审制。法院审理的对象主要是劳动权利义务。

相关链接

劳动争议仲裁是人民法院受理劳动争议案件的前提条件，如果不经过劳动争议仲裁委员会的仲裁，法院是不予受理的。

八、违反劳动合同的法律责任

（一）用人单位的法律责任

用人单位直接涉及劳动者切身利益的规章制度违反法律、法规规定的，由劳动行政部门责令改正，给予警告；给劳动者造成损害的，应当承担赔偿责任。

用人单位提供的劳动合同文本未载明劳动合同法规定的劳动合同必备条款或者用人单位未将劳动合同文本交付劳动者的，由劳动行政部门责令改正；给劳动者造成损害的，应当承担赔偿责任。

用人单位自用工之日起超过1个月不满1年未与劳动者订立书面劳动合同的，应当向劳动者每月支付2倍的工资。

用人单位违反劳动合同法规定不与劳动者订立无固定期限劳动合同的，自应当订立无固定期限劳动合同之日起向劳动者每月支付2倍的工资。

用人单位违反劳动合同法规定与劳动者约定试用期的，由劳动行政部门责令改正；违法约定的试用期已经履行的，由用人单位以劳动者试用期满月工资为标准，按已经履行的超过法定试用期的期间向劳动者支付赔偿金。

用人单位违反劳动合同法规定，扣押劳动者居民身份证等证件的，由劳动行政部门责令限期退还劳动者本人，并依照有关法律规定给予处罚。

用人单位违反劳动合同法规定，以担保或者其他名义向劳动者收取财物的，由劳动行政部门责令限期退还劳动者本人，并以每人500元以上2000元以下的标准处以罚款；给劳动者造成损害的，应当承担赔偿责任。

相关案例

2013年2月份，王某应聘到上海一家酒店上班。王某要求陈茵交纳500元押金，用于员工服装等费用。半年后，王某离职，她要求该酒店退还500元，但该公司以王某已经穿了其中一套工作服为由，只答应退还其中的200元。

在本案中，酒店违反规定，以员工服装等费用向劳动者收取财物的，应由由劳动行政部门责令限期退还劳动者本人，并以每人500元以上2000元以下的标准处以罚款。

劳动者依法解除或者终止劳动合同，用人单位扣押劳动者档案或者其他物品的，依照上述规定处罚。

用人单位有下列情形之一的，由劳动行政部门责令限期支付劳动报酬、加班费或者经济补偿；劳动报酬低于当地最低工资标准的，应当支付其差额部分；逾期不支付的，责令用人单位按应付金额50%以上100%以下的标准向劳动者加付赔偿金。

（1）未按照劳动合同的约定或者国家规定及时足额支付劳动者劳动报酬的。

（2）低于当地最低工资标准支付劳动者工资的。

（3）安排加班不支付加班费的。

（4）解除或者终止劳动合同，未依照劳动合同法规定向劳动者支付经济补偿的。

劳动合同依照劳动合同法规定被确认无效，给对方造成损害的，有过错的一方应当承担赔偿责任。

用人单位违反劳动合同法规定解除或者终止劳动合同的，应当依照劳动合同法规定的经济补偿标准的2倍向劳动者支付赔偿金。

用人单位违反劳动合同法规定未向劳动者出具解除或者终止劳动合同的书面证明，由劳动行政部门责令改正；给劳动者造成损害的，应当承担赔偿责任。

用人单位招用与其他用人单位尚未解除或者终止劳动合同的劳动者，给其他用人单位造成损失的，应当承担连带赔偿责任。

相关案例

刘某原是A公司的产品质量检验员，2011年入职时与A公司签订了3年劳动合同。由于A公司效益不好，刘某决定“跳槽”。在2013年的一次招聘会中，B公司的福利、待遇都十分符合刘某的心意，而且刘某顺利地通过了各项考核。

几天以后，刘某向A公司人事部口头提出要求解除劳动关系，未获同意。刘某不以为然，次日依旧去B公司上班，并与B公司签订了3年劳动合同。B公司不知刘某身有旧约，为其办理了招工录用登记备案手续。

事隔不久，A公司得知刘某已被B公司录用，遂向劳动争议仲裁委员会申请仲裁，理由是B公司与尚未解除劳动关系的王先生签订了劳动合同，并且办理了招工录用手续，给企业造成了经济损失，要求B公司承担连带赔偿责任。对此，B公司深感委屈。

劳动仲裁部门经过调查审理后认为，根据《劳动法》第99条规定：“用人单位招用尚未解除合同的劳动者，对原单位造成经济损失的，该用人单位应当依法承担连带赔偿责任。”遂依法做出裁决，B公司应当承担连带赔偿责任。

（二）劳动者的法律责任

劳动者承担赔偿责任的情形主要有：劳动者的过错导致合同无效给用人单位造成损失的；劳动者违反劳动合同法规定解除劳动合同，或者违反劳动合同中约定的保密义务或者竞业限制，给用人单位造成损失的；劳动者尚未与用人单位解除或者终止劳动合同，又与其他用人单位建立劳动关系，给其他用人单位造成损失的等。

（三）劳动行政部门和其他有关主管部门及其工作人员的法律责任

劳动行政部门和其他有关主管部门及其工作人员玩忽职守、不履行法定职责，或者违法行使职权，给劳动者或者用人单位造成损害的，应当承担赔偿责任；对直接负责的主管人员和其他直接责任人员，依法给予行政处分；构成犯罪的，依法追究刑事责任。

（四）其他主体的法律责任

1. 劳务派遣单位的法律责任

劳务派遣单位违反劳动合同法规定的，由劳动行政部门和其他有关主管部门责令改正；情节严重的，以每人1000元以上5000元以下的标准处以罚款，并由工商行政管理部门吊销营业执照；给被派遣劳动者造成损害的，劳务派遣单位与用工单位承担连带赔偿责任。

2. 非法用工单位的法律责任

对不具备合法经营资格的用人单位的违法犯罪行为，依法追究法律责任；劳动者已经付出劳动的，该单位或者其出资人应当依照劳动合同法有关规定向劳动者支付劳动报酬、经济补偿、赔偿金；给劳动者造成损害的，应当承担赔偿责任。

3. 发包的组织与个人承包经营者的法律责任

个人承包经营违反劳动合同法规定招用劳动者，给劳动者造成损害的，发包的组织与个人承包经营者承担连带赔偿责任。

第二节 社会保险法

一、社会保险与社会保险法概述

（一）社会保险

1. 社会保险概念界定

社会保险是指国家通过立法强制实行的，由劳动者、企业（雇主）或社区以及国家三方共同筹资，建立保险基金，对劳动者因年老、工伤、疾病、生育、残废、失业、死亡等原因丧失劳动能力或暂时失去工作时，给予劳动者本人或供养直系亲属物质帮助的一种社会保障制度。它具有保障劳动者基本生活、维护社会安定和促进经济发展的作用。社会保险包括养老保险、医疗保险、失业保险、工伤保险和生育保险五个项目。

2. 社会保险特征

社会保险和其他保险经济行为相比较，有以下基本特征。

(1) 社会共济。社会保险在全社会范围内统一筹集资金，建立保险基金，实行互助共济，集合多数人的力量来均衡分担少数人遭遇的社会风险。

(2) 责任分担。社会风险应由全体社会成员共同承担，个人、用人单位、国家都应承担社会保险责任。

(3) 国家干预和主导。社会保险具有强制性，通过立法强制单位和个人参加，政府参与组织社会保险的组织和运作。社会保险是由国家通过立法形式强制实施的一种保障制度。

相关链接

社会保险与商业保险的区别

第一，保险的性质不同。社会保险是国家为保证劳动者基本生活需要而建立的一项社会保障制度，以实现国家社会政策为宗旨，通过国家立法强制推行。商业保险则是营业性保险，具有以营利为目的的性质。

第二，保险对象不同。社会保险以社会劳动者为保险对象。商业保险的保险对象可以是人，也可以是特定的财产。

第三，保险费来源不同。社会保险的保险费来源于国民收入的再分配，由国家、单位和个人共同负担，形成社会保险基金统一调剂使用，为所有的劳动者提供保障。商业保险的保险费完全由投保人承担，保险人对被保险人实行“多投多保、少投少保”的原则。

第四，给付标准不同。社会保险从保障劳动者基本生活出发，主要根据保障需要确定给付标准，而不完全取决于缴费多少。商业保险则按投保人所缴保费的多少和被保险人受损失的程度确定赔偿数额。

第五，管理体制不同。社会保险一般由国家设立专门的社会保险机构统一管理，国家统一规定保险项目、费率和给付标准等，国家对社会保险基金不征税。商业保险是由自主经营的保险公司经营，独立核算，自负盈亏。保险公司属于金融企业，国家对其经营所得征税。

3. 社会保险作用

社会保险的作用具体体现在以下几方面。

(1) 防范风险，包括人身风险与工作风险。人身风险又包括年老、疾病、工伤、生育风险，工作风险包括失业风险。社会保险将个人风险转化为社会风险，让社会为个人风险买单，避免个人遭遇风险时因独木难支而陷于困境甚至绝境，保障其生存尊严。

(2) 维稳功能。社会保险是社会稳定的“调节器”，不仅可以使社会成员产生安全感，还能缓解社会矛盾。社会成员的老、弱、病、残、孕以及丧失劳动能力，是在任何时代和任何社会制度下都无法避免的客观现象。社会保险就是当社会成员遇到这种情况时给予适当的补偿以保障其基本生活水平，从而防止不安定因素的出现。

(3) 利于实现社会公平。社会保险可以通过强制征收保险费，设立保险基金，对收入较低或失去收入来源的社会成员给予物质帮助，在一定程度上实现社会的公平分配。

(4) 利于劳动力的再生产。对于那些暂时退出劳动岗位的社会成员，社会保险可以确保其基本的生活需要，使劳动力的供给和再生产成为可能。劳动者在劳动过程中必然会遇到各种意外事件，造成劳动力再生产过程的停顿。而社会保险就是劳动者在遇到上述风险事故时给予必要的经济补偿和生活保障，使劳动力得以恢复。

（二）社会保险法

1. 社会保险法的概念

所谓的社会保险法是指国家通过立法设立社会保险基金，使劳动者在暂时或永久丧失劳动能力以及失业时获得物质帮助和补偿的一种社会保障制度。

2. 我国社会保险法的立法过程

我国的社会保险立法始于 20 世纪 50 年代初期。1951 年，当时的政务院颁布了《中华人民共和国劳动保险条例》，这是我国第一部全国统一的社会保险法律，确立了企业劳动者社会保险体系的基本框架。1954 年《宪法》规定了劳动者的社会保险权。此后，我国的社会保险事业及社会保险立法经历了曲折的发展过程。我国的《劳动法》对社会保险做出了笼统的原则性规定。

2010 年 10 月 28 日，十一届全国人民代表大会常务委员会第十七次会议审议通过了《中华人民共和国社会保险法》(简称《社会保险法》)，胡锦涛签署第 35 号主席令予以公布，自 2011 年 7 月 1 日起施行。根据 2018 年 12 月 29 日第十三届全国人民代表大会常务委员会第七次会议《关于修改〈中华人民共和国社会保险法〉的决定》修正。

《社会保险法》对基本养老保险、基本医疗保险、工伤保险、失业保险、生育保险等社会保险做出了较为全面的规定，保障公民在年老、疾病、工伤、失业、生育等情况下依法从国家和社会获得物质帮助的权利，是我国社会保障涵盖面最全面的一部社会保障基本法。

3. 社会保险法出台的意义

《社会保险法》作为一部重要的社会保障法律法规，它的出台和实施具有重要的社会意义：①是深入贯彻落实科学发展观，构建社会主义和谐社会的重大举措；②使中国社会保险制度发展全面进入法制化轨道；③为推动整个人力资源社会保障事业科学发展提供了进一步的法制保障。

二、社会保险的种类及其内容

《社会保险法》对基本养老保险、基本医疗保险、工伤保险、失业保险、生育保险等社会保险做出了较为全面的规定，保障公民在年老、疾病、工伤、失业、生育等情况下依法从国家和社会获得物质帮助的权利，是我国社会保障涵盖面最全面的一部社会保障基本法。

（一）基本养老保险

《社会保险法》总结 20 多年来中国养老保险制度改革的经验，对职工基本养老保险制度的覆盖范围、基本模式、资金来源、待遇构成、享受条件和调整机制等作了比较全面的规范，并规定了病残津贴和遗属抚恤等制度。根据新型农村社会养老保险试点这一重大实践的进展情况，该法对新型农村社会养老保险的主要制度做出规范。

基本养老保险，是指缴费达到法定期限且个人达到法定退休年龄后，国家和社会提供物质帮助以保证年老者稳定、可靠的生活来源的社会保险制度，其目标是实现“老有所养”。基本养老保险制度由三部分组成，即职工基本养老保险制度、新型农村社会养老保险制度、城镇居民社会养老保险制度。基本养老保险包括职工基本养老保险、新型农村社会养老保险和城镇居民社会养老保险。

（二）基本医疗保险

《社会保险法》对职工基本医疗保险制度和城镇居民基本医疗保险制度的覆盖范围、资金来源、待遇项目及享受条件、医疗保险费用结算办法等做了比较全面的规定，对新型农村合作医疗制度做了原则规定，并授权国务院规定管理办法。基本医疗保险包括职工基本医疗保险、新型农村合作医疗和城镇居民基本医疗保险。

基本医疗保险制度，是指按照国家规定缴纳一定比例的医疗保险费，在参保人因患病和意外伤害而发生医疗费用后，由医疗保险基金支付其医疗保险待遇的社会保险制度，其目标是实现“病有所医”。基本医疗保险制度由三部分组成，即职工基本医疗保险制度、新型农村合作医疗制度和城镇居民基本医疗保险制度。

（三）工伤保险

工伤保险、失业保险和生育保险制度经过十多年的实践已经比较成熟。《社会保险法》在总结实践经验的基础上，对工伤保险、失业保险和生育保险也分别单独成章，对其覆盖范围、资金来源、待遇项目和享受条件等方面做了具体规定。

工伤保险制度是指由用人单位缴纳工伤保险费，对劳动者因工作原因遭受意外伤害或职业病，从而造成死亡、暂时或永久丧失劳动能力时，给予职工及其相关人员工伤保险待遇的一项社会保险制度。

（四）失业保险

失业保险制度是指国家为失业而暂时失去工资收入的社会成员提供物质帮助，以保障失业人员的基本生活，维持劳动力的再生产，为失业人员重新就业创造条件的一项社会保险制度。

（五）生育保险

生育保险制度是指由用人单位缴纳保险费，其职工或职工未就业配偶按照国家规定享受生育保险待遇的一项社会保险制度。

三、社会保险费征缴

（一）社会保险费的征收部门

《社会保险费征缴暂行条例》第 6 条规定，社会保险费实行集中、统一征收。社会保险费的征收机构由省、自治区、直辖市人民政府规定，可以由税务机关征收，也可以由社会保险经办机构征收。所谓统一征收是指在一个统筹地区内，由一个机构负责全部五项社会保险费的征收。

社会保险费的征收部门必须依法、按时、足额征收，并在征收时履行告知义务。

（二）于个人社会保险登记的规定

1. 职工由用人单位代为办理个人社会保险登记

用人单位应自用工之日起 30 日内为其职工向社保经办机构申请办理社会保险登记。用人单位未办理社保登记的，由社保经办机构核定其应当缴纳的社会保险费，这是本法的新规定，对此，《社会保险费征缴暂行条例》只规定了罚款。在实践中，社保经办机构可以通过查阅用人单位职工名册、工资表等资料，获取该用人单位有关职工人数、工资总额等数据，核定其应当缴纳的社会保险费。

2. 灵活就业人员自行办理个人社会保险登记

自愿参加社会保险的无雇工的个体工商户、未在用人单位参加社会保险的非全日制从业人员以及其他灵活就业人员，应当自行办理社会保险登记。

3. 个人社会保障号

个人社会保障号即公民身份号码，亦即身份证号码，由18位数字组成，前6位为行政区域代码，第7位至第14位为出生日期码，第15位至第17位为顺序码，第18位为校验码。

（三）参保主体缴纳社会保险费的规定

1. 用人单位缴费

用人单位应当根据职工人数和缴费工资基数增减变化等情况，在每月规定日期前，向社会保险费征收机构报送社会保险费申报表、代扣代缴明细表以及其他有关资料。在完成自行申报后，用人单位应当按申报的数额按时足额缴纳社会保险费。

相关链接

社会保险费非因不可抗力等法定事由不得缓缴、减免。所谓不可抗力是指自然灾害、战争、经济危机等用人单位不能避免和控制地造成用人单位无法按时足额缴纳社会保险费的客观因素。如果用人单位的经营不善、管理混乱等自身原因导致无法按时足额缴纳社会保险费的，不得缓缴、减免。

2. 职工缴费

职工个人应当缴纳的社会保险费由用人单位代扣代缴，用人单位应当按月将缴纳社会保险费的明细情况告知职工本人。代扣代缴是用人单位的法定义务，用人单位不得拒绝代扣代缴，也不得转由职工自行缴纳。同样，缴纳社会保险费也是职工的法定义务，职工不得拒绝用人单位依法代扣代缴社会保险费。

3. 灵活就业人员缴费

灵活就业人员，可以直接向社会保险费征收机构缴纳社会保险费。灵活就业人员缴纳社会保险费应当按照国家规定的标准，根据自己的收入水平，量力而行，同样需具备连续性、长期性。

（四）用人单位未按时足额缴纳社会保险费的情形

1. 责令限期缴纳或者补足

用人单位未按时足额缴纳社会保险费的，社会保险费征收机构首先应当责令其限期缴纳或者补足。由用人单位自己改正违法行为，履行法定义务，是社会成本最小的处理方式。征收机构不能随意省略这一程序，剥夺用人单位自己改正的机会。

2. 查询存款账户

社会保险费征收机构责令用人单位限期缴纳或者补足，用人单位逾期仍未缴纳或者补足社会保险费的，征收机构可以向银行和其他金融机构查询用人单位的存款账户。对于社会保险费征收机构依法进行的查询，银行和其他金融机构应当予以配合，及时提供用人单位存款账户信息，不得拒绝、拖延。

3. 申请有关部门划拨社会保险费

经查询，用人单位在银行和其他金融机构的存款账户有余额的，社会保险费征收机构可以申请县级以上有关行政部门做出划拨社会保险费的决定，书面通知其开户银行或者其他金融机构划拨社会保险费。

相关链接

对剩余的社会保险费，征收机构可以要求该用人单位提供担保，签订延期缴费协议。用人单位在延期缴费协议规定的期限内未履行缴纳社会保险费义务的，征收机构可以根据延期缴费协议的规定，对用人单位用于担保的财产依法进行处置，以处置所得抵缴社会保险费。

4. 申请人民法院扣押、查封、拍卖

用人单位未足额缴纳社会保险费且未提供担保的，社会保险费征收机构可以申请人民法院启动强制执行程序。人民法院经审查认为符合条件的，可以做出扣押、查封决定，将用人单位相当于应缴社会保险费的财产予以扣押、查封，并可以将扣押、查封的财产依法进行拍卖，以拍卖所得抵缴社会保险费。

四、社会保险基金

（一）社会保险基金的类别

按照一个社会保险险种设立一个独立基金的原则，分别有职工基本养老保险基金、职工基本医疗保险基金、工伤保险基金、失业保险基金和生育保险基金。

（二）社保基金的财务规则

1. 分别建账、分账核算

各项社会保险在保险目的、覆盖人群、筹资模式、运行模式、支付项目等方面不尽相同，应彼此保持相对独立性，分别建立账户，分别设置会计科目和编制会计报表，原则上不允许各社保基金之间调剂使用。

2. 执行统一的会计制度

社保基金关系到巨额资金，必须规范财务行为，执行统一的会计制度，规范基金收支行为，才能使社保基金的运行情况一目了然，更好地接受监督和检查，也能切实加强对社保基金的管理，维护参保人的合法权益。

3. 专款专用

社保经办机构、社保行政主管部门乃至各级人民政府及其工作人员，都不得违反社保基金专款专用的基本原则。社保基金主要用于社会保险待遇支出，除了有关国家规定的支持项目外，一律不得支出。除了依照法律法规规定进行一定的投资运行外，不得挪作他用，更不得侵占。

（三）社保基金的统筹层次

社保基金的统筹层次越高，基金的规模和调剂使用的范围就越大。社保基金统筹层次低是我国社保制度存在的突出问题之一。目前，除基本养老保险基金多数地方做到省级统筹外，其他四项社保基金的统筹层次很多还处于县市一级，全国共有一万多个相对独立的社保基金，背离了社会共济的社保基本原则。

提高统筹层次，可以整合机构，发挥整体优势，降低运行成本。但提高统筹层次不是要实行一个待遇标准，在一个省内经济发展水平不同地区之间的待遇标准可以有所差异。提高社保基金的统筹层次存在客观障碍，最大的障碍来自财政分灶吃饭问题，一旦提高统筹层次，必然会上收基金收入，形成“富帮穷”，一些基金结余较多的地方会有抵触情绪。

五、社会保险经办与监督

（一）社保经办机构的设置及经费保障

1. 社保经办机构的设置

我国对社会保险工作机构实行政事分开原则，社会保险行政部门主要负责社会保险有关法规、政策的制定；社保经办机构依据法律法规的授权和社会保险行政部门的委托，负责贯彻实施国家有关社会保险的法规、政策，承办具体业务管理服务工作。目前，我国的社保经办机构是人力资源和社会保障部门所属的全额拨款事业单位，分为中央、省、市、县四级。社保经办机构在各地区一般以“社会保险基金管理中心”的名目出现。社保经办机构的设立，由统筹地区根据工作需要设立，不按照行政区划层层设立。

2. 社会保险经办机构的主要职责

社会保险经办机构的主要职责主要包括：负责办理社会保险登记；负责社会保险费核定，并确定用人单位缴纳工伤保险费的费率；负责建立管理用人单位社会保险档案，保管缴费数据和申报、支付或结算凭证等；负责建立管理参保人员缴费记录和社会保险待遇权益记录；负责审核支付社会保险待遇；负责提供社会保险查询、咨询等相关服务；负责定期向社会公布参加社会保险情况以及社会保险基金的收入、支出、结余和收益情况；定期向社会保险监督委员会汇报社会保险基金的收支、管理和投资运营情况；负责与医疗机构、药品经营单位签订服务协议，规范医疗服务行为；负责受理社会保险的举报、投诉。

3. 社保经办机构的经费保障

我国社保基金实行收支两条线管理，社保经办机构不得从社保基金中提取任何费用，所需经费列入财政预算拨付。

（二）社保经办机构的管理制度

1. 建立健全业务管理制度

1997年，原劳动部印发了《社会保险业务管理程序》，这是第一个社会保险经办规程。之后，原劳动和社会保障部陆续颁布了《城镇职工基本医疗保险业务管理规定》《关于城镇居民基本医疗保险经办管理服务工作的意见》《基本养老保险经办业务规程（试行）》《工伤保险经办业务规程（试行）》等规定，社会保险业务管理制度日趋健全。

2. 建立健全财务管理制度

1999年6月15日，财政部和原劳动和社会保障部联合下发了《社会保险基金财务制度》，对社保基金的基本财务制度做出了规定，如收支两条线、专款专用等制度。同年6月21日，财政部颁布了《社会保险基金会计制度》，规定社保基金的会计核算应当正确划分会计期间，分期结算账目和编制会计报表；采用收付实现制，会计记账采用借贷记账法；会计处理方法前后期应当一致，会计指标应当口径一致，不得随意变更；各社保基金应分别设置会计科目，编制会计报表。

3. 建立健全安全和风险管理制度

2007年1月17日，原劳动和社会保障部颁布了《社会保险经办机构内部控制暂行办法》。所谓"内部控制"，是指各社保经办机构对系统内部职能部门及其工作人员从事社会保险管理服务工作及业务行为进行规范、监控和评价的方法、程序、措施的总称。内部控制由组织机构控制、业务运行控制、基金财务控制、信息系统控制等组成。"内部控制"的目标是在全系统内建立一个运作规范、管理科学、监控有效、考评严格的内部控制体系，对社会保险机构各项业务、各个环节进行全程监督，提高社会保险政策法规和各项规章制度的执行力，保证社保基金的安全完整，维护参保者的合法权益。

（三）支付社保待遇的职责

社保待遇支出是指按规定支付给社会保险对象的基本养老保险待遇支出（包括基本养老金、医疗补助、丧葬补助金、抚恤金）、基本医疗保险待遇支出（包括按规定分别形成社会统筹医疗保险待遇支出和个人账户医疗保险待遇支出）、失业保险待遇支出（包括失业保险金、医疗补助金、丧葬补助金、抚恤金、职业培训和职业介绍补贴、国有企业下岗职工基本生活保障补助和其他费用）、工伤保险待遇支出（包括治疗工伤的医疗费用和康复费用等九项费用）和生育保险待遇支出（包括生育医疗费用和生育津贴）。

《社会保险基金财务制度》规定，不按时、不按规定标准支付社保待遇的有关款项，属于违纪或违法行为。个人对社保经办机构不支付社保待遇的行为，可以依法申请行政复议或提起行政诉讼。

（四）社保经办机构获取社保数据、建立档案和权益记录

1. 获取社保数据

社会保险工作数据包括社会保险登记情况、用人单位和参保人员缴费记录、参保人员享受待遇记录、社保基金的收支情况等。社保数据是经办社会保险业务必需的基础情况，社保经办机构通过业务经办、统计、调查等手段，获取这些数据。当社保经办机构向有关单位和个人进行调查时，有关单位和个人应及时、如实提供。

2. 建立用人单位社保档案

社保经办机构对社会保险业务的原始资料以及办理过程中涉及的相关资料，按照档案管理规定，及时留存、归档、立卷、保管，由此建立的档案称为“社会保险业务档案”（简称社保档案）。社保档案包括社保经办机构在办理社会保险业务过程中，直接形成的具有保存和利用价值的专业性文字材料、电子文档、图表、声像等不同载体的历史记录。2009年7月23日，人力资源和社会保障部与国家档案局联合发布了《社会保险业务档案管理规定（试行）》。

3. 个人权益记录

参保人员个人权益记录是参保人员缴费和享受社保待遇的证明，社保经办机构应当及时、完整、正确地记录参加社会保险的个人缴费和用人单位为其缴费，以及享受社保待遇等权益记录，并定期将个人权益记录单免费寄送本人。

4. 查询、核对社保权益记录

对参保人员的权益进行记录，并提供社会保险咨询服务时社保经办机构的服务内容之一，明确将权益记录和咨询服务定为社保经办机构的法定义务，同时也是用人单位和参保人员的法定权利。这里需要强调三点：一是用人单位和参保人员既能查询权益记录，也有权核对权益记录；二是查询和核对是免费的，社保经办机构不得向用人单位和个人收取费用，相应的成本作为运行成本由财政负担；三是随时都可以查询和核对，只要在正常工作时间内，没有特殊情况的，均可以查询和核对。

（五）社会保险的监督

1. 各级人民代表大会常务委员会实施社会保险监督的规定

各级人民代表大会常务委员会实施社会保险监督方式有听取政府专项工作报告、组织对本法实施情况的监督检查、其他监督方式等。

2. 社会保险行政部门的监督

国务院社会保险行政部门即人力资源和社会保障部对全国范围内用人单位和个人遵守社会保险法律、法规的情况进行监督检查。县级以上地方政府社会保险行政部门对本行政区域内用人单位和个人遵守社会保险法律、法规的情况进行监督检查。

社会保险法律、法规，除《社会保险法》外，还包括《工伤保险条例》《失业保险条例》《社会保险费征缴暂行条例》等。

用人单位和个人遵守社会保险法律、法规的情况主要包括以下几个方面：职工是否依法参加社会保险；用人单位是否依法缴纳社会保险费；是否依法享受社会保险待遇。

3. 财政监督

财政部门对社保基金收支、管理和投资运营情况实施监督主要是指财政部门负责拟定社保基金的财务管理制度，组织实施对社保基金收支、管理和投资运营的财政监督。

4. 审计监督

审计监督是指审计机关依法独立检查被审计单位的会计凭证、会计账簿、财务会计报告以及其他与财政收支、财务收支有关的资料和资产，监督财政收支、财务收支真实、合法和效益的行为，属于行政机关内部监督中的一种专门监督形式。审计机关对审计事项做出客观公正的评价，并提出审议报告。审计机关对社保基金的财务收支进行审计监督，即按照国家财务会计制度的规定，对社保基金实行会计核算的各项收入和支出进行审计。

【本章学习反馈】

一、单项选择题

1. 用人单位自（　　）起即与劳动者建立劳动关系。

A. 订立书面劳动合同之日　　B. 用工之日

C. 试用期满次日　　D. 订立书面劳动合同次日

2. 以下条款（　　）不是劳动合同的必备条款？

A. 劳动合同期限

B. 用人单位的名称、住所和法定代表人或者主要负责人

C. 劳动报酬和社会保险

D. 试用期

3. 无雇工的个体工商户、未在用人单位参加职工基本医疗保险的非全日制从业人员以及其他灵活就业人员可以参加职工基本医疗保险，由（　　）按照国家规定缴纳基本医疗保险费。

A. 个人　　B. 用人单位　　C. 用人单位和个人　　D. 各级财政

4. 职工应当参加工伤保险，由（　　）缴纳工伤保险费。

A. 个人　　B. 用人单位　　C. 单位和个人共同　　D. 国家补贴和单位

5. 用人单位自用工之日起满 1 年不与劳动者订立书面劳动合同的，视为用人单位与劳动者(　　)。

A. 已订立无固定期限劳动合同　　B. 已订立为期 1 年的固定期限劳动合同

C. 未订立劳动合同　　D. 未建立劳动关系

二、案例分析题

1. 曹某于 2011 年年初进入 A 外企公司工作，双方签订有无固定期限劳动合同。2011 年 12 月 30 日，A 公司书面通知曹某，不同意其提出的口头辞职申请，要求曹某近期上岗。2012 年 1 月 8 日，曹某书面向 A 公司提出解除劳动合同，理由为 A 公司未为其缴纳社会保险费，违反了《劳动合同法》第 38 条第 3 项的规定。2012 年 1 月 21 日，A 公司再次表示不同意曹某提出的解除劳动合同要求。2012 年 2 月 2 日，曹某向朝阳区劳动争议仲裁委员会提起申诉，要求解除双方之间的劳动合同，并

要求A公司补缴社会保险费、支付经济补偿等。劳动争议仲裁委员会经审理，裁决支持了曹某的申诉请求。A公司不服，诉至朝阳区法院要求撤销劳动争议仲裁委员会的裁决。

问题：

法院会支持A公司的诉讼请求吗？

2. 到某公司应聘填写录用人员情况登记表时，隐瞒了自己曾先后2次受行政、刑事处分的事实，与公司签订了3年期限的劳动合同。事隔3日，该公司收到当地检察院对小A不起诉决定书。经公司进一步调查得知，小A曾因在原单位盗窃电缆受到严重警告处分，又因盗窃原单位苫布被查获，因小A认罪态度较好，故不起诉。

问题：

该公司调查之后，以小A隐瞒受过处分，不符合本单位录用条件为由，在试用期内解除了与小A的劳动关系是否合理？

参 考 文 献

财政部会计资格评价中心．2013. 经济法基础[M]. 北京:中国财政经济出版社．

财政部会计资格评价中心．2013. 中级经济法[M]. 北京:中国财政经济出版社．

陈小燕．2008. 物权法研究[M]. 北京:人民出版社．

程延园．2009. 劳动合同法教程[M]. 北京:首都经济贸易大学出版社．

丁丽瑛．2008. 知识产权法专论[M]. 北京:科学出版社．

范健．2011. 商法[M]. 4 版．北京:高等教育出版社,北京大学出版社．

高程德．2009. 经济法(民商法)[M]. 14 版．上海:上海人民出版社．

贵立义,林清高．2013. 经济法概论[M]. 大连:东北财经大学出版社．

郭富青．2009. 中国非公司企业法研究[M]. 北京:法律出版社．

李永军,易军,王利明．2009. 合同法[M]. 北京:中国法制出版社．

吴佩江．2009. 税法教程新编[M]. 3 版．北京:科学出版社．

杨映忠,孙顺强,刘新智．2015. 经济法[M]. 2 版．北京:清华大学出版社．

杨紫烜．2008. 经济法[M]. 3 版．北京:北京大学出版社．

于杨曜,董溯战．2010. 经济法[M]. 上海:华东理工大学出版社．

赵威．2012. 经济法[M]. 4 版．北京:中国人民大学出版社．

中国注册会计师协会．2013. 经济法[M]. 北京:中国财政经济出版社．